文明实践
在北京

中共北京市委宣传部
首都精神文明建设委员会办公室 编著

北京出版集团
北京出版社

图书在版编目（CIP）数据

文明实践在北京 / 中共北京市委宣传部，首都精神文明建设委员会办公室编著. — 北京：北京出版社，2023.3

ISBN 978-7-200-17866-1

Ⅰ. ①文… Ⅱ. ①中… ②首… Ⅲ. ①社会主义精神文明建设—北京 Ⅳ. ①D648.3

中国国家版本馆CIP数据核字（2023）第058283号

文明实践在北京
WENMING SHIJIAN ZAI BEIJING

中共北京市委宣传部
首都精神文明建设委员会办公室 编著

*

北京出版集团
北京出版社 出版

（北京北三环中路6号）
邮政编码：100120

网　　址：www.bph.com.cn
北京出版集团总发行
新华书店经销
中煤（北京）印务有限公司印刷

*

170毫米×240毫米　17.75印张　320千字
2023年3月第1版　2023年3月第1次印刷
ISBN 978-7-200-17866-1
定价：48.00元
如有印装质量问题，由本社负责调换
质量监督电话：010-58572393

前言

建设新时代文明实践中心,是以习近平同志为核心的党中央从战略和全局高度做出的重大决策,是宣传思想工作深扎基层、打牢基础的重大改革,是打通宣传群众、教育群众、关心群众、服务群众"最后一公里"的重要抓手。

按照中央有关文件精神和中宣部、中央文明办的工作部署要求,北京市注重顶层设计,围绕"四个中心"功能建设,坚持城区、郊区一体化推进,不断健全完善组织领导体制和运行机制,持续推动市级资源下沉基层,推进文明实践志愿服务精准化、常态化、便利化、品牌化,助推全国文明城区创建,着力打造新时代文明实践中心建设的"北京样本"。各区紧紧围绕建设新时代文明实践中心"一个目标、四个定位、五项工作、三个到位、六种能力"的工作路径,按照有场所、有队伍、有活动、有项目、有机制的"五有"标准,聚焦市民群众需求,深入构建中心、所、站三级组织体系,全面融合贯通新时代文明实践中心、融媒体中心和政务服务中心,整合各方资源,统筹调配志愿服务力量,广泛开展丰富多彩的文明实践活动,积极探索文明实践新思路、新机制、新载体,形成"点单、派单、接单、评单"志愿服务模式,涌现出"院长讲习""马克思主义读书会""红色直播间""新时代 学习路""文明实践大集""一米阳光"等一系列精细服务项目,取得良好成效。目前,全市已建成17个新时代文明实践中心、362个文明实践所、7072个文明实践站，评选出覆盖理论宣讲、文体卫等领域的市级文明实践基地100多家和区级文明实践基地1100多家。全市各新时代文明实践中心、所、站、基地旗帜高举、运行高效、活动高能，在传播党的创新理论上接地气，在服务市民群众中聚人气，在推进社会治理现代化中扬正气，展现出旺盛的生机和活力，已成为基层宣传思想文化和精神文明建设工作的"发动机""加速器"。

为更好展示成果、总结经验，推动形成交流互鉴、比学赶超的浓厚氛围，《文明实践在北京》一书应运而生，全面总结全市新时代文明实践中心建设工作，对各区的工作现状、特色亮点及取得成效进行提炼梳理，对涌现出来的好做法、好经验特别是创新案例进行交流展示，对市级文明实践基地进行推介宣传，供各区各单位参考借鉴，为人们到文明实践中心、所、站、基地参加文明实践活动提供帮助。

期待各区各单位能够从书中受到启发，更期待各区各单位能够将书中的有效做法和经验，结合自身实际和群众需求加以运用，积极探索群众乐于参与、便于参与的活动载体和方法路径，形成更多可学习、可复制、可推广的经验，不断推动新时代文明实践工作提档升级。

第一部分
综述

坚持首善标准 发扬首创精神
全面推进新时代文明实践中心建设..................2

各区新时代文明实践工作概述..........................8

东城区..8

西城区..10

朝阳区..11

海淀区..13

丰台区..15

石景山区..17

门头沟区..19

房山区 21

通州区 23

顺义区 25

昌平区 27

大兴区 29

平谷区 31

怀柔区 32

密云区 34

延庆区 36

经济技术开发区 38

第二部分
北京市新时代文明实践创新案例

理论传播 42

"红色直播间" "云"颂正能量 42

塑"红色香山"品牌 传香山"红色精神" 44

弘扬光荣传统 传承"红色背篓精神" 46

新时代"成校+党校"培训新模式 48

"院长讲习"助力党的理论宣讲出彩出新 50

"新时代 学习路"宣讲团 52

清华大学博士生讲师团 新时代思想理论宣讲的创新与实践 54

创新场景应用 提升党建品质 ... 56

老干部"三团" 志愿服务有奇效 ... 58

"声"入人心 让理论学习听得进记得住 ... 60

"红色经典诵读班" 打造新时代文明实践理论宣讲大讲堂 ... 62

"六融合五走进"工作法 推动党史学习教育走深走实走心 ... 64

剪桐传承百年史 凝心聚力铸辉煌 ... 66

文化惠民 ... 68

"花椒树"下听故事 社区美德永流传 ... 68

"流动服务站"绘就文明风景线 ... 70

"阅读北京 悦享好书"青少年经典导读活动 ... 72

牛街"身边+"邻里节 民族和合一家亲 ... 74

"红色文艺轻骑兵" 文化惠民进家门 ... 76

"暖·空间"中聚爱心 书香传递中国梦 ... 78

书香驿站飘书香 幸福满满暖陶然 ... 80

"月末喜相逢" 喝彩新民风 ... 82

"百姓学堂"打造流动的新时代文明实践基地 ... 84

北京外研书店·研课堂 ... 86

传承红色精神 争做爱国少年 ... 88

传承文化经典 "顺义朗读者"涂亮人生底色 ... 90

靶向供需 悦民润心 ... 92

"书香平谷"全民阅读活动......94

"冬奥业校"特色志愿服务项目 推动"文明延庆与冬奥同行"......96

"乡村大舞台"唱响"农情京韵"......98

"文艺进万家 健康你我他"
北京市文联新时代文明实践文艺志愿服务......100

品阅经典美文 尽享书香芬芳......102

教育科普 104

"花园心声"卫护居民精神家园......104

"花缘礼乐·公众学堂" 家门口的大学堂......106

兄妹"漫说"文明范儿......108

科技特派员 服务到田间......110

走进"水世界" 争做节水人......112

"首都科普"传递知识宝库金钥匙......114

"有爱的布拉德"点燃生命希望......116

居家健身"组合拳" 助力全民抗"疫"......118

"普法讲师团"让法治理念落地生根......120

"普法行"培养"法律明白人"......122

职教服务点对面 群众乐享新生活......124

科普宣讲进社区 健康生活新风尚......126

"大家讲给大家听"......128

每月"科学"流言榜......130

群众需要，法官来到 132

"暖心工程——共筑文艺梦想 关爱留守儿童"
艺术培训进校园志愿服务 134

传播总书记"口粮观" 弘扬爱粮节粮新风尚 136

"科学家精神进校园"系列宣讲活动 138

便民服务 140

送"一米阳光" 护生活无恙 140

"友邻志愿驿站"聚起暖心好邻居 142

"暖心橙"酿就幸福的味道 144

"三风五彩"传扬桥梓新风采 146

"民情前哨"助力"未诉先办" 148

文明实践积分兑换激励机制 150

"她时代"尽显她风采 152

雷锋车队战"疫"行 154

"八大员"传递"城市温度" 156

"欢乐公益行" 欢乐到万家 158

姐妹倾情送服务 巾帼建功新时代 160

"红色门头沟 红色龙泉镇"文明实践活动 162

文明齐家"亦家人" 164

我为群众办实事 点亮百姓微心愿 166

"幸福研修苑"打造社会化退休人员新家园 168

"189"服务圈 圈出强大合力 170

"首都老兵"京西志愿服务队 172

打造"零距离服务站" 让文明实践紧跟群众"跑" 174

小驿站,筑大爱 176

"今天我报到"专项活动 打通服务群众"最后一公里" 178

"好邻居"聚合力、破难题、强治理 打造协同治理品牌项目 180

以家庭"小美"绘乡村"大美" 182

"回天新愿"新时代文明实践志愿服务活动 184

"六个点"共建共治共享模式解决居民烦心事 186

"怀柔一家人"奏响新时代守望相助的和谐乐章 188

"点亮微心愿 幸福千万家"主题实践活动 190

为民服务做先锋,医院防疫第一关 192

机制创新 194

创新理论润心田 194

"指尖"服务 "融合"解忧 196

"乡亲议事会" 政民连心桥 198

点亮"微心愿" 情暖千万家 200

存爱心善举 展文明新风 202

"三同三联"聚力解决关键小事 204

"四+"机制建阵地 文明实践同心干 206

"聚爱暖客厅"里的"后厂直播间" 208

"白领文明驿站" 210

文明护照聚民心 社会治理显成效 212

"我为群众办实事"新时代文明实践大集 214

建立"四亦"机制 深化文明实践 216

党员群众代表提案制 218

第三部分
北京市级新时代文明实践基地

理论政策宣讲类 222

教育服务类 233

文化服务类 241

科技与科普服务类 258

健康健身类 269

第一部分 综述

坚持首善标准 发扬首创精神
全面推进新时代文明实践中心建设

建设新时代文明实践中心，是以习近平同志为核心的党中央从战略和全局出发做出的重大决策，是宣传思想工作守正创新、开拓新局的重要举措，焕发了基层精神文明建设工作的新活力。按照中央工作部署，北京市把建设新时代文明实践中心作为践行群众路线、做好群众工作的重要载体，以首善标准、首创精神加以推进，进而形成了新时代文明实践中心建设的"北京样本"。

一、基本情况

在中宣部、中央文明办的指导下，北京市于2018年年底启动了新时代文明实践中心建设试点工作。市委高度重视新时代文明实践中心建设，市委常委会审议通过系列工作方案，主要负责同志提出工作要求，市委常委、宣传部部长莫高义同志多次到文明实践中心、所、站、基地进行专题调研，研究部署新时代文明实践工作。几年来，市委办公厅印发了《北京市推进新时代文明实践中心建设工作方案》和《北京市关于进一步深化拓展新时代文明实践中心建设的实施方案》，北京市委宣传部、首都精神文明建设委员会办公室（以下简称"首都精神文明办"）印发了《北京市新时代文明实践工作规程（试行）》《北京市加强新时代文明实践志愿服务工作措施》《北京市新时代文明实践中心建设市级部门分工方案》等，全方位推进文明实践中心组织、队伍、项目、阵地、载体等建设，初步形成了"点单、派单、接单、评单"志愿服务模式，建成了17个新时代文明实践中心、362个文明实践所和7072个文明实践站，评选出覆盖理论宣讲、文体卫等领域的市级文明实践基地100多家和区级文明实践基地1100多家。北京市作为先进典型，在中宣部、中央文明办2021年推进新时代文明实践中心建设试点工作电视电话会上做交流发言。中宣部《宣传工作》刊发《北京上下联动深化新时代文明实践》《北京延庆贯通融合"三个中心"促进社会共治共享》《北京海淀打造新时代文明实践"科技范"》等文章推介北京市的好做法和好经验。北京市新时代文明实践中心、所、站的好做法、好经验被收录进中央文明办《建设新时代文明实践中心工作方法100例》《建设新时代文明实践中心怎么干》等出版物中。

二、主要做法

一是抓阵地统筹各类资源，构建"大集团作战"新格局。坚持城区、郊区一体化推进，在全市各区建立新时代文明实践中心，在各乡镇（街道）建立新时代文明实践所，在各村（社区）建立新时代文明实践站，率先实现了全域覆盖。通过建立文明实践服务岗（点）、文明实践驿站等方式，着力将文明实践延伸到书店、商务楼宇、公园等场所，让文明实践阵地触角延伸至基层"神经末梢"和每一个角落。围绕"五有"标准和创城细化指标要求，加强中心、所、站的规范化建设，推出全市统一的新时代文明实践活动标识，将工作制度、组织架构、工作流程等内容上墙展示，实现向群众常态化开放。融合贯通各区新时代文明实践中心、融媒体中心和政务服务中心，加强对图书馆、博物馆等宣传阵地资源的统筹整合，以及对党群服务中心、综治中心等其他战线资源的统筹、对接和调度，着力打通涉及文明实践工作的社会单位资源，推动形成文明实践阵地同心圆。统筹整合23家市级部门资源，出台工作任务分工方案，成立11家市级部门专业志愿服务总队，面向基层所、站提供卫生健康、水电气热等专业技能服务。通过建联盟、搞结对、挂点等方式，畅通首都高校与地方联动互动渠道，推动丰富的高等教育资源直通基层群众，形成了高等学校机制化、常态化、品牌化助力文明实践的"北京模式"。组织首都地区科研院所、文艺院团与文明实践中心、所、站挂点联系，打通科、教、文、体、卫等各系统阵地资源，整合形成理论宣讲、教育、文化、科技科普、健身体育、卫生健康等专业服务平台。

二是抓宣讲落实首要任务，让党的声音进入千家万户。引导全市6300多支宣讲队伍，全天候活跃在居民大院、群众议事厅和田间地头，广泛传播党的创新理论和党的二十大精神。联合首都高校马克思主义学院开展"院长讲习""马克思主义读书会"等活动，组织引导各院长以志愿者身份深入街道社区进行宣讲。成立市民"新时代 学习路"宣讲团，讲述习近平总书记成长、工作背后的点滴故事，以故事讲述思想，以思想指导实践。打造"清华大学博士生讲师团"品牌，广泛开展"沉浸式宣讲""师生联讲""接力宣讲"等新模式宣讲，使理论宣讲更鲜活、更"入味"、更具"青年感"。通过《习语用典》系列字帖、"理论宣传车"、"村书记播报"等方式，开展讲述"中国故事、中国共产党故事、习近平总书记故事"的活动，阐释故事背后的思想价值和理论魅力。推出"文艺思政课""杏坛宣讲""清河故事会"等宣讲活动，推动宣讲适应不同知识层次市民的需求。打造社区居民"红色直播间"品牌，通过"访谈+互动""线上+线下"等形式，将新时代文明实践融入百姓生活，让新时代文明实践更接地气。利用"三个中心"App，开设"理论书柜""慕课空间"等理论学习频道，上线"党的二十大课堂""习近平新时代中国特色社会主义思想解读"等电子书籍、有声读物。积极探索"专家解读+百姓宣讲+访谈直播"相融合的"云宣讲"模式，将"大理论"和"小故事"相结合，开展学习宣传贯彻党的二十大精神百姓宣讲融媒直播活动。积极开辟生活化、日常化的宣讲场景，深入田间地头、胡同小院、乡村林场等不同场所，打造"大运河林下讲习所""科技小院讲习所"等特色宣讲阵地，把理论宣讲的"主战场"搬到老百姓生产生活的现场，让理论宣讲有"形"更有"料"、有"量"更有"效"。

三是抓队伍开展多彩活动，推动文明实践蔚然成风。统筹区级层面成立17支党政"一把手"挂帅的新时代文明实践志愿服务总队，建立理论政策宣讲、文化文艺服务、教育服务、医疗健身、科学普及、法律服务、卫生环保、扶贫帮困8类常备专业志愿服务队伍，以及文明风尚引导、应急救助等特色志愿服务队伍。从党政机关、国有企事业单位选派6400余名"文明实践志愿服务指导员"，为社区（村）文明实践站提供包干服务和指导。将每个月的最后一个周末设定为首都"新时代文明实践推动日"，围绕学习宣传贯彻党的二十大精神、冬奥服务保障等重点任务，结合学雷锋纪念日、劳动节等重要时间节点，精心策划开展"百年征程路 筑梦双奥城""佳节尚文明 志愿关爱行"等文明实践活动，做到"月月有安排、周周有行动、天天有活动"。在新冠疫情防控中，文明实践三级组织体系随时吹响集结号，动员大批机关党员干部下沉一线，引导210多万名志愿者参与核酸检测引导、体温测量、社区值守等工作，累计服务时长达1743.3万小时。2022年北京冬奥会和冬残奥会期间，组织1.8万名赛会志愿者参与对外联络、媒体运行与传播等10类志愿服务，累计服务时长达394万小时；组织9所高校的1200名城市志愿者在开闭幕式的远端集结、近端落客等15个点位为近8万名观众提供志愿服务；组织城市志愿者20万人次在涉及冬奥会、冬残奥会重点区域的758个站点开展专业志愿服务,书写"双奥之城"志愿服务新华章。组织实施"冬奥有我"文明实践主题活动,通过志愿沙龙、线上答题、知识竞赛、展览展示、视频直播等多种形式,全面激发群众参与冬奥热情,其中举办"我们和冬奥一起向未来"广场舞系列活动近2万场次,举办冬奥主题曲艺、剪纸、书画等各类文化活动近47.6万场次。

四是抓宣教深入移风易俗,推动新风新貌花开京华。健全村民议事会、红白理事会等群众组织,制定完善村规民约,做到白事硬约束、红事软引导,着力破除大操大办、铺张浪费等陈规陋习。开展"诚信村、厚德果、幸福人"创建活动,将诚信教育融入农民生产生活。以"文明积分"等机制为抓手,将垃圾分类、堆物堆料、不规范停车等基层治理重点难点纳入积分管理,通过积分回馈调动群众参与治理的积极性、主动性,促进自治、法治、德治"三治"融合,有力调节基层道德秩序。创新移风易俗宣教方式方法,组建"移风易俗流动宣传队",广泛开展移风易俗原创文艺作品征集、文艺演出等活动,把喜事新办、勤俭节约等文明健康理念融入作品和节目,通过群众喜闻乐见的形式提高人们对移风易俗的认识。大力倡导文明健康生活方式,广泛开展"光盘行动""V蓝北京"等主题活动,对随地吐痰、遛狗不拴绳等不文明行为进行劝导。打造"外卖行业文明监督队",联合美团、饿了么、京东等多家公司对骑手不文明骑行行为进行劝导。深入开展"文明驾车 礼让行人""门前三包""小广告"等专项治理,动员党员干部值守"创城文明监督岗",积极开展"文明骑行入栏结算""文明行为随手拍""烟头换礼"等活动,不断掀起践行文明新风的热潮。

五是抓项目为民利民惠民,精准化常态化服务群众。通过12345市民热线、"心愿箱"及入户走访等方式,深入了解群众需求,形成群众需求"菜单"。针对群众需求"菜单",分类梳理出理论宣讲、文化文艺、医疗健身等普惠性志愿服务项目12000多个,有效满足市民群众需求。着力加强志愿服务供需精准对接,推出"文明实践大集""一米阳光"等精细化服务项目,提升精准化服务水平。设计实施特色志愿服务项目,根据空巢老人、残障人士等群体需求,打造"情暖夕阳 空巢有爱""银龄卫士""数字反哺""189服务圈""相'育'在一起"等特惠性志愿服务项目。针对部分远郊乡镇、村医疗资源不足问题,策划实施"天使巡诊送关爱"项目,动员组织专业医生每周开展1次巡诊志愿服务,每年有6万余山区村民受益。打造"夕阳再晨"科技助老志愿服务项目,教老年人使用电脑、智能手机等电子科技产品，帮助老年人融入信息科技社会。打造"将小爱"暖心驿站，为快递员、网约车司机、保洁员、保安、家政服务员等新业态群体提供长期服务和关怀。依托新时代文明实践网络互动平台，建立志愿服务项目发布、招募、实施、评估、优化闭环管理机制，形成了线上线下群众"点单"，文明实践中心、所、站第一时间"派单"，志愿服务团队或志愿者"接单"，群众多渠道"评单"的工作模式。截至目前，完成"点单、派单、接单、评单"全流程闭环管理志愿服务事项近20万件。

六是抓机制强化组织领导，形成文明实践整体合力。经市委常委会专题研究部署，印发全市新时代文明实践中心建设总体工作方案，成立23个市级部门参与的工作领导小组，把新时代文明实践中心建设纳入意识形态工作责任制专项巡查，纳入群众性精神文明创建，纳入区委书记月度点评会、乡村振兴考核等机制，将建立新时代文明实践活动体系纳入地方立法。落实"一把手"工程，由各区委书记担任各中心主任，由各乡镇（街道）党（工）委书记任所长，由各村（社区）党支部（总支）书记任站长，明确文明实践中心、所、站的目标任务，制定三级书记和23家相关委办局任务清单，在各区形成"1+23+N"的工作格局。建立各相关委办局会商联动机制，以部门联动有效带动各类阵地资源、文化资源、人才资源贯通联通，广泛开展送政策、送项目、送服务活动。结合"街乡吹哨、部门报到""1+1手拉手行动""双报到"等工作机制，推动市区级优质资源向基层下沉。推出文明实践志愿服务奖励制度，明确奖励对象、奖励规则、奖励流程等相关工作要求，通过奖励措施吸引群众积极参与理论宣讲、文明引导、社会治理、邻里互助等活动。组织开展"五星级志愿者""十大明星志愿者""五个100"等先进典型评选表彰，推动形成从"要我参加"变为"我要参加"的良好氛围。

三、工作成效

一是构建了传播党的创新理论的大众平台。新时代文明实践中心的首要任务是，学习传播习近平新时代中国特色社会主义思想。北京市重视用好新时代文明实践中心、所、站三级平台，锲而不舍地推动党的创新理论"飞入寻常百姓家"，探索出许多传播党的创新理论的新路径、新方式、新载体，在推动习近平新时代中国特色社会主义思想深入人心、落地生根上发挥了重要作用。

二是形成了动员组织群众的高效便捷载体。新时代文明实践中心拥有三级组织体系,在宣传发动群众、服务大局大事上具有独特优势。在庆祝建党百年,举办北京冬奥会、冬残奥会,抗击新冠疫情等大事中,北京市通过文明实践三级组织体系广泛发动数百万志愿者和广大市民积极有序参与服务保障,为大型活动的成功举办和战胜新冠疫情做出了重要贡献,文明实践三级组织体系的动员组织群众功能得到充分彰显。

三是开辟了服务群众的精准直达路径。坚持在服务中教育引导群众,持续开展"我为群众办实事"活动,承接了大量群众线上线下的诉求,特别是12345市民服务热线的诉求,为市民群众解决了大量的实际问题,探索出了"文明实践大集""一米阳光"等一系列精细化服务创新项目,使文明实践真正做到圆民愿、解民忧、暖民心。

四是搭建了弘扬文明新风的百姓大舞台。新时代文明实践中心大力培育和践行社会主义核心价值观,广泛开展守法普法、科技科普、道德评议、模范选树、文明礼仪、光盘行动、垃圾分类、文艺会演、体育比赛等丰富多彩的文明实践活动,丰富人们的精神文化生活,持续深入移风易俗,积极助推社会治理和文明创建,有效搭建起弘扬社会文明新风尚的群众大舞台。

五是激发了基层工作创新的生机活力。新时代文明实践中心建设探索出了许多鲜活有效的文明实践创新举措,打破了基层资源条块分割状态,盘活了基层资源,打牢了基层基础,重塑了基层工作格局,牢固树立起创新创造的鲜明导向,为基层工作创新注入了强大动力。

各区新时代文明实践工作概述

◎ 东城区

一、基本情况

东城区秉承"崇文争先"理念，以培育和践行社会主义核心价值观为出发点，立足新发展阶段，贯彻新发展理念，融入新发展格局，做好文化文明"敬"字文章，全面推进东城区新时代文明实践中心建设再上新台阶。

1. 健全体制机制

东城区委区政府高度重视新时代文明实践工作，印发《东城区关于进一步深化拓展新时代文明实践中心建设的实施方案》，修订新时代文明实践中心办公室工作规则和办公室成员岗位基本职责，进一步夯实区委区政府领导，区委宣传部统筹推动，各部门协同配合，各街道、社区整体推进的工作体系。现设有1个新时代文明实践中心、17个新时代文明实践所、168个新时代文明实践站，实现街道、社区全覆盖。

2. 强化硬件建设

依托区文化馆建立区新时代文明实践中心，占地面积约8229平方米，设立理论宣讲室、市民教育室、文化活动室、科普宣传室、健身活动室等文明实践活动场所，并配齐各项设施，实现新时代文明实践中心建设提档升级，满足市民群众需求。

3. 建强志愿服务队伍

构建"1+10+N"志愿服务体系，即1支区级新时代文明实践中心志愿服务总队，10支理论政策宣讲队伍、健康服务队伍等新时代文明实践专业志愿服务队，以及N支青年志愿服务队、体育志愿服务队等新时代文明实践特色志愿服务队。

二、主要做法

1. 推出课程"菜单"

紧紧围绕学习宣传贯彻党的二十大精神，为东城区干部群众提供包括政治类、文史类、法律类、艺术类等9类社科普及讲座"菜单"，邀请理论专家为东城区干部群众送上优质的社科普及精品讲座。

2. 满足群众需求

开展"我为群众办实事 点亮百姓微心愿"文明实践活动，用心用情用力解决好民生问题，线上线下共征集"微心愿"1247个，全部办结，满意率达100%，群众点赞10956人次。

3. 助力疫情防控

印发《关于东城区新时代文明实践助力疫情防控的倡议书》和招募令，组织全区各类志愿者依托新时代文明实践所、站，开展防疫宣传、卡口值守、应急演练、心理咨询等新时代文明实践志愿服务8000余次。

三、工作成效

1. 一是党的创新理论"飞入寻常百姓家"

以学习宣传贯彻党的二十大精神为主线，依托"胡同里的红色讲坛"、周末社区大讲堂、马克思主义读书会等学习载体，在各新时代文明实践所、站组织宣讲，将宣讲工作延伸到基层"神经末梢"，全年共开展宣讲活动500余场，直接受众达20余万人。

2. 实现"三个中心"融合发展

打造并优化"北京东城"App文明实践互动平台，打造"四单"（百姓点单—中心派单—志愿者接单—群众评单）制志愿服务运行机制，通过"指尖上的文明实践"，为群众办实事、办好事。

3. 志愿服务活动成效显著

深化"东城社工"品牌建设，开展"扮靓美丽家园 共建文明城区"周末卫生日活动、"圆梦冬奥会 一起向未来"志愿精神宣讲主题活动等文明实践活动2800余场，大力弘扬雷锋精神和志愿服务精神，切实提高文明实践传播力。在全区民意测评中，新时代文明实践活动群众满意率达99.8%。

◎ 西城区

一、基本情况

西城区将新时代文明实践中心建设作为"一把手工程"统筹谋划，建有1个中心，由区委书记任中心主任、志愿服务总队总队长；15个街道均建有实践所，由街道工委书记任所长、志愿服务中队中队长；263个社区均建有实践站，由社区书记任站长、志愿服务分队分队长，形成三级书记带头抓、亲自抓、具体抓的工作态势。

二、主要做法

1. 坚持理论指引，形成常态化、多样化文明实践新风尚

邀请全国知名专家就西城区新时代文明实践中心建设路径开展调查研究，为中心可持续发展提供理论支撑。以深入学习宣传贯彻党的二十大精神为主线，开展"青年讲习"等理论宣讲、原创话剧《西城大妈》等文化文艺、"西环君有'说法'"等环境保护、"云上'趣'运动"等医疗健身、"相期云汉逐梦星河"等科学普及、"创城我知道"等市民教育、"身边+"邻里守望等504个志愿服务项目共21580场线上线下活动，受益群众达586万余人次。

2. 规范化促进基层文明实践建设，助力文明实践"换挡提速"

精准对标文明城区创建标准，盘活现有阵地资源，通过优化升级的方式，打造新时代文明实践示范站，站点专门配备了"强国机顶盒"，丰富理论宣讲形式。中心大力支持特色文明实践活动示范项目，着力打造"自信的文化育文明"新时代文明实践特色品牌，以文育人、以文化人，坚定文化自信，不断提高广大群众思想道德素质和社会文明水平，为争创全国文明典范城区提供内生动力。

3. 精准对接群众需求，让文明实践服务群众到"最后一公里"

建立"百姓点单—中心派单—志愿者接单—群众评单"的"四单"式贯通模式，梳理形成9大类1462份服务"菜单"，充实"志愿服务优选超市"。重点围绕宣传贯彻习近平新时代中国特色社会主义思想，会集首都高校马克思主义学院、北京市社会科学界联合会宣讲资源，打造"青年讲习"等理论宣讲品牌；向基层实践站派遣青年讲师、非遗传承人、文艺院团，开展理论宣讲、文化文艺活动；打破条块管理局限，提供排练室、阅读空间、手工作坊，供社区居民健身休闲。一年来，共派单12360件，其中12217单志愿服务获群众点赞，获得图文评单7558条，满意率达98.8%。

三、工作成效

依靠科学规范的运行制度，西城区有力有序推进新时代文明实践中心建设，形成了上下贯通、协同推进的工作格局，在坚定群众信仰信念、提升群众精神风貌、培育社会文明风尚等方面发挥了作用，特别是推动了全区党员干部群众的思想和行动迅速统一到党的二十大精神上来，提升了西城区社会文明程度。

◎ 朝阳区

一、基本情况

2019年4月26日，朝阳区新时代文明实践中心作为第二批全国试点，在城六区中率先成立，中心坚持以习近平新时代中国特色社会主义思想为指导，紧扣首都功能定位和区域发展特点，聚焦"文化、国际化、大尺度绿化"三个主攻方向，积极探索行之有效的工作模式和建设路径，高标准推进新时代文明实践中心建设工作，推动习近平新时代中国特色社会主义思想深入人心，落地生根。

二、主要做法

1. 高度重视、精心设计，高起点谋划新时代文明实践中心建设工作

一是强化组织体系建设。朝阳区既将新时代文明实践中心建设工作作为一

项重要的政治任务，也将其作为推动区域经济高质量发展、提升社会治理现代化水平的有利契机，坚持高位谋划、高标推进，将新时代文明实践中心建设纳入区委区政府重点工作，构建纵向贯通区、街（乡）、社区（村），横向连接宣传教育等21个职能部门的"3+1+X"工作体系，实现全区文明实践所、站全覆盖，中心、所、站、分中心、基地辐射带动，织密工作网络，为扎实推进新时代文明实践中心建设夯实基础。二是强化制度机制建设。建立责任落实体系，区委书记和区长共同担任中心主任，各单位坚持"一把手"挂帅抓总、亲自部署、亲自参与，先后制定下发《朝阳区新时代文明实践中心建设工作方案》《朝阳区关于深化提升新时代文明实践中心建设的实施方案》等文件；建立例会制度、宣讲制度、规范化建设标准等11项工作制度，下发《工作指导手册》和《活动手册》，形成"七有四化"文明实践所、站建设标准，有效指导新时代文明实践中心建设深入推进。三是加强考核评价。将新时代文明实践中心建设纳入全区处级领导班子综合考核、意识形态工作责任制落实情况监督检查、群众性精神文明创建标准。

2. 统筹整合、全域发动，高标准推动新时代文明实践中心建设工作

一是注重部门联动。发挥21家中心成员单位作用，建立会商联动机制，以部门联动有效带动各类阵地资源、文化资源、人才资源互通、贯通、联通，广泛开展送政策、送项目、送服务、送关爱等活动。二是推动均衡发展。建立片区协作机制，通过专题培训、座谈交流和观摩交流，促进街（乡）横向交流、优势互补。推动优质资源向街（乡）下沉，结合"街乡吹哨、部门报到""1+1手拉手行动""双报到"等工作，实现69个区级机关和43个街（乡）文明实践所、站拉手共建。三是凝聚社会合力。组织和引领社会组织共商区域发展、共育先进文化、共同服务群众，不断拓展文明实践的广度和深度，在全市率先成立"志愿者关爱冠名慈善捐助金"，构建志愿者关爱"1+N"模式，为志愿者提供多元化关爱服务。区内高校中国传媒大学与高碑店乡高井村文明实践站共同打造"高井美丽乡村研究所"，积极探索融合社会力量，推进移风易俗，大力倡导文明新风尚。

3. 紧扣主题、创新载体，高质量开展新时代文明实践活动

一是强化思想引领。坚持以学习宣传贯彻习近平新时代中国特色社会主义思想为主线，构建"1+9+43+T"宣讲体系，培育"新时代朝阳群众诵读宣讲团""红色直播间"等理论宣传品牌，将思想引领融入新时代文明实践活动，让理论传播接地气、有活力、有温度。二是推进志愿服务。持续擦亮"朝阳群众微火聚光"志愿服务品牌，着力打造"今天我报到""将小爱"等一批高质量志愿服务项目，以品牌项目汇聚力量、凝聚群众。全区共有各类志愿服务队伍10164支，实名注册志愿者达60万余人。三是精准对接需求。推动新时代文明实践中心、融媒体中心和政务服务中心"三个中心"融合贯通，建成"文明实践网络互动平台"，积极探索百姓"点单"、中心"派单"、志愿者"接单"、群众"评单"的工作模式，加强供需对接，着力吸引群众参与，拓宽与群众沟通联系的渠道，不断提高凝聚群众、服务群众的能力和水平，进一步推动新时代文明实践在朝阳区落地生根，形成生动实践。

三、工作成效

朝阳区高位谋划、高标推进新时代文明实践中心建设工作，建成1个区级新时代文明实践中心、2个地区级分中心，43个街乡建成新时代文明实践所，627个社区（村）全部建立新时代文明实践站，实现全区文明实践所、站全覆盖。始终坚持凝聚群众、引导群众、以文化人、成风化俗，依托每月文明实践推动日和各类文明实践活动，传播党的声音，引领社区文明风尚，打造"朝阳群众 微火聚光"志愿服务品牌，有力有效推动习近平新时代中国特色社会主义思想深入人心、落地生根，不断提升群众的获得感、幸福感，其中酒仙桥街道的"文明实践'直播间'"项目入选中央文明办《建设新时代文明实践中心工作方法100例》。

◎ 海淀区

一、基本情况

海淀区新时代文明实践中心建设立足"首都站位"、对标"首善标准"、弘扬"首创精神"，落实"两新两高"战略，大胆创新，探索出一线城市新时代文明实践的"海淀经验"，为打造现代化、高品质强区，率先建成国际一流的中关村科学城，提供了强大的精神力量。海淀区新时代文明实践中心入选全国第二批试点和10个"先行试验区"。中央电视台《新闻联播》4次报道海淀，中宣部《宣传工作》3次刊发推介"海淀经验"。"海淀经验"材料入选中央文明办《建设新时代文明实践中心指导手册》等图书。

二、主要做法

1. 立足"首都站位"

坚持"传播新思想"，整合协调资源到位。一是落实"一把手"工程，探索党政"双主任"责任制，高位统筹。二是强化"一盘棋"思想，用好15个中宣部局级单位的下沉资源，推进和中央驻地、市属单位的合作共建，探索高校和29个实践所"结对"机制，建立中科院等113个实践基地，推动优质资源惠及百姓。三是加强"一揽子"设计，在北京市社会科学院成立研究基地，推动文明实践融入首都功能建设。

2. 对标"首善标准"

坚持"以人民为中心"理念，服务群众精准到位。一是因地制宜服务群众。根据海淀区高校、园区和新农村并存的多元化格局，建立"2+9+N"志愿服务体系，满足群众对理论、教育、科技等方面的多样化需求。二是常态开展实践活动。每月开展700余场文明实践推动日活动，满足群众常态化需求。三是探索海淀特色品牌建设。开展高等院校马克思主义学院"院长讲习""红色香山故事"等理论宣讲和"后厂直播间""行走的理发店"等志愿服务满足群众个性化需求。

3. 弘扬"首创精神"

大力发扬中关村创新精神，创新引领探索实践。一是打造智能应用新生活。让科技回归都市，打造"三个中心"贯通的综合服务平台，用好"城市大脑"系统，提供VR（虚拟现实技术）、LBS（基于位置的服务）、智能推送等精准服务，让智慧城市造福群众。二是培育科技创新新风尚。开展"两弹一星与海淀"巡展、"格致论道·海淀"、"未来公民"等科普活动，培育具有科创基因的"海淀公民"。三是倡导友邻互助新文化。弘扬"海淀友邻"理念，倡导"大社区"共生模式，打造"石油共生大院""文明实践暖客厅"等品牌，营造比邻为美、守望相助的友邻文化氛围。

三、工作成效

1. 群众信仰更加坚定

市民群众服务中关村科学城建设的信念更加坚定，汇聚了高水平科技自立自强的磅礴力量。

2. 文明素养持续提升

丰富的实践活动倡导文明、健康的生活方式，提升了海淀市民文明素养和社会文明程度。

3. 社区治理更加和谐

各类人才共同参与文明实践活动，居住生活环境更加和谐美丽。

◎ 丰台区

一、基本情况

丰台区新时代文明实践中心建设工作坚持以习近平新时代中国特色社会主义思想为指导，进一步强化主体责任、优化资源统筹、彰显实践引领，构建多元参与、充满活力的志愿者队伍，开展切合主题、丰富多彩的实践活动，推动形成共建共享的"全民实践"格局，为"妙笔生花看丰台 拼搏奋斗见行动"汇聚强有力的思想保障和精神动力。

1. 中心、所、站三级联动，搭建上下协同、多方合作的工作体系

突出标准化建设。贯通工作矩阵，建成区级新时代文明实践中心1个、街（镇）新时代文明实践所26个、社区（村）新时代文明实践站397个，确保区域全覆盖并全部实现标准化建设。统一悬挂新时代文明实践标识，全力打造辖区新时代文明实践"一盘棋"格局。

2. 强化队伍建设、完善线上功能，打造多元参与、充满活力的新时代文明实践志愿服务团队

完善志愿服务线上服务平台，以精准服务提质增效。依托新时代文明实践网络互动平台，打造"百姓'点单'—实践所协调—站点'接单'—志愿者'打卡'—百姓评价"服务闭环，解决群众实际问题。

3. 充分发动群众、创新活动载体，开展内容丰富、形式新颖的新时代文明实践活动

丰台区新时代文明实践中心结合重要时间节点和传统节日等，策划了"喜迎新春 情暖佳节""为冬奥助力 为文明点赞""强国复兴有我""喜迎党的二十大""党的声音进万家"等新时代文明实践活动，提升群众对国家大事的参与感，充分调动辖区群众参与创建全国文明城区和国家卫生区的积极性、主动性。

二、主要做法

1. 以文明实践推动文明城区创建

通过组织志愿者推动日活动营造人人知晓、人人参与创建全国文明城区的社会氛围。推动"文明观察团"文明实践活动与"您查我改"工作深度融合，助力文明城区创建，提升文明城区创建工作的总体成效。

2. 围绕重点工作，不断提升服务水平

推出"文明365"理论宣讲新课堂，打造"专家讲理论、领导讲政策、百姓讲故事"的多层次、立体式宣讲架构，深入推进学习宣传贯彻党的二十大精神往深里走、往心里走、往实里走。

3. 扩展线上宣传渠道，扩大文明实践影响范围

充分创新线上传播方式，通过抖音、视频号、新浪微博、微信公众号等渠道，提升文明实践活动的群众知晓率。开启新时代文明实践线上直播活动，动员辖区广大群众积极参与志愿服务工作，巩固提升全国文明城区创建成果。

三、工作成效

1. 实践阵地标准化

全区新时代文明实践中心、所、站已全部实现阵地标准化。同时整合区内资源，发挥宛平城地区红色资源、东高地地区航天资源等优势，打造了一批特色实践基地。

2. 志愿服务精准化

依托网络互动平台，建立"群众'点单'、所站'派单'、志愿者'接单'、群众'评单'"的志愿服务机制。结合教育文化、医疗卫生、法律服务等群众共性需求，推出常态化志愿服务项目，组建"丰台好人"志愿服务队伍。

3. 实践活动多元化

将每月最后一个周末定为"新时代文明实践推动日"，结合群众需求确定1~2个主题开展常态化实践活动，全年实现新时代文明实践工作全覆盖。

丰台区新时代文明实践工作，领导组织规范有力、运行保障机制健全、志愿服务供需匹配，不断提升群众对新时代文明实践工作的满意度，有效打通了服务群众的"最后一公里"。

◎ 石景山区

一、基本情况

石景山区坚持以习近平新时代中国特色社会主义思想为指导，深入贯彻落实党的二十大精神，紧扣"凝聚群众、引导群众、以文化人、成风化俗"的目标定位，区文明委全面统筹，不断夯实三级文明实践组织体系建设，全方位整合服务资源，集中力量搭建理论宣讲、教育服务、文化服务、科技与科普服务、健身体育服务"五大服务平台"，有序、有力、有效推进新时代文明实践中心建设工作。

强化组织领导，绘好"施工图"。健全完善"1+9+151"文明实践中心、所、站三级组织架构，实施"一把手"工程，由区委书记任中心主任，街道党工委书记任所长，社区党组织书记任站长，落实三级主体责任。印发中心、所、站志愿服务工作制度等6个制度性文件，推动文明实践中心标准化、规范化、科学化运行。

夯实队伍建设，用好"主力军"。区委书记、区长任总队长的志愿服务总队每个季度带头开展文明实践活动。组建161支"专职+兼职+志愿者"三合一的文明实践工作队伍，成立50个城市管理、医疗卫生等专业志愿服务队，全面"接管"文明实践活动。引导党政机关、国有企事业单位干部职工就近加入文明实践团队，入队人员比例达到在职人员的1/3。

优化服务资源，建好"主阵地"。强化阵地联动，培育党校、体育馆、文化馆等31个服务单位成为实践基地。依托"北京石景山"App"中央厨房"，全面贯通新闻中心、政务中心、文明实践中心。升级建设新时代文明实践掌上服务系统，推动"点单—派单—接单—评单"闭环运行。

二、主要做法

1. 宣讲党的创新理论，打造"直通车"

组建"1+3+N"宣讲队伍，策划文明实践大讲堂等文明实践项目，把党的创新理论、惠民政策等细化为小话题，邀请亲历者、见证者讲理论、说政策、谈发展，宣传展示广大干部群众勠力同心推动习近平新时代中国特色社会主义思想在京西大地形成的生动实践。

2. 丰富群众文化生活，烹调"特色菜"

依托文明实践阵地打造活动品牌，烹调石景山区"特色菜"。区图书馆举办的"共助冬奥力量 同享健身快乐"主题活动，古城街道文明实践所开展的"文化古城反哺邻里"志愿服务活动，让新风正气充盈街头巷尾。八角街道文明实践所"四进楼门"活动、京西五里坨民俗陈列馆诗歌朗诵会、石景山体育场趣味运动会，为群众生活增添了文化色彩。

3. 解决群众现实需求，圆梦"微心愿"

建立培育健康护卫队、应急小分队等特色志愿队伍，开展邻里守望、关爱帮扶、慰问走访等活动2000余次，受益群众2万余人次。依托文明实践掌上服务系统收集服务需求，打造55个志愿服务"订单"。10万余名志愿者结合疫情防控需要，开展卡口值守、防疫宣传、心理援助、代购代办等志愿服务工作，为抗击疫情做出了积极贡献。

三、工作成效

1. 传播了科学理论

通过开展专题宣讲、教育培训、健康义诊、法制宣传等文明实践活动，向群众讲解、传播党的创新理论和惠民政策，使群众更加明德明理，感受到政策理论的切实效用，增强对习近平新时代中国特色社会主义思想的认同，更加坚定走中国特色社会主义道路的信心和决心。

2. 凸显了文明底色

群众的文明素养、健康意识、节约意识、卫生环保理念显著增强，"奉献、友爱、互助、进步"的志愿精神不断弘扬，扶贫济困、邻里相助等好人好事蔚然成风，封建迷信活动明显减少，铺张浪费、大操大办等陋习得到有效遏制，社会主义核心价值观在基层落地生根。

3. 助力了区域发展

通过将文明实践与疫情防控、环境整治、移风易俗、垃圾分类等工作紧密结合，开展"我为群众办实事"等特色文明实践活动，增进了民生福祉、优化了城市环境，全面助力全国文明城区创建工作，为高水平建设好首都西大门提供坚强的思想保证、强大的精神动力、丰润的道德滋养和良好的文化条件。

◎门头沟区

一、基本情况

2019年10月23日，门头沟区被列为全国第二批新时代文明实践试点区。门头沟区深入贯彻落实习近平新时代中国特色社会主义思想和党的二十大精神，重点围绕"突出一个引领、聚焦一个方向、依托一个抓手、完善一个载体、构建一个模式"的"五个一"工作思路,突出"红色门头沟"党建引领,聚焦绿色发展方向,以创建全国文明城区为抓手,完善整合现有基层公共服务载体,构建全覆盖建设模式,承担起举旗帜、聚民心、育新人、兴文化、展形象的使命任务,着力推动新时代文明实践走心、走实、走深、走远。

二、主要做法

1. 构建"实践中心—实践所—实践站"三级组织体系

建设1个实践中心,由区委书记担任实践中心主任;13个实践所,由镇(街)党(工)委主要负责同志担任所长;301个实践站,由村(社区)党支部书记担任站长,以各级"一把手"为统领,形成新时代文明实践合力。以"第一书记"、党建助理员和村(社区)两委成员等为骨干,打造一支扎根基层的村(社区)级文明实践团队,与区级文明实践团队形成"一帮一"志愿服务互动机制。成立31个新时代文明实践基地,推动文明实践活动进一步向基层延伸拓展。

2. 建立"9+13+N"文明实践志愿服务队伍,打造文明实践志愿服务生力军

由区委书记、区长任文明实践志愿服务总队总队长,成立涵盖全区所有委办局的9个专项志愿服务中队,涉及理论宣讲、教育服务、文化服务、科技与科普、健身体育、医疗卫生、法治服务、生态环保、文明引导等领域。600余支3万余人的"门头沟热心人"志愿服务队伍长期活跃在志愿服务一线,是新时代文明实践志愿服务的生力军。在建设新时代文明实践试点区和创建全国文明城区目标的引领下,月月有主题、周周有行动、日日有志愿,文明实践志愿服务品牌效应不断扩大,立起"风向标",示范带动市民群众践行文明行为。

三、工作成效

"一米阳光"服务品牌成功入选全国《建设新时代文明实践中心工作方法100例》,中央文明办一局、中国文明网联合推出"看试点"专题,对入选案例进行重点宣传。"'站自助—所互助—中心协助'的运转流程"及"市民为新时代文明实践中心志愿服务打分"等典型工作方法被《北京日报》、《北京青年报》、北京广播电视台等市区两级媒体报道。

◎ 房山区

一、基本情况

2019年以来，按照党中央决策指示和市委部署安排，房山区深入推进新时代文明实践中心建设，实现全区域覆盖，在坚定群众信仰信念、融洽党群干群关系、提升群众精神风貌、培育社会文明风尚等方面发挥了重要作用。

成立由区委书记任主任的新时代文明实践中心，构建完善区、乡镇（街道）、村（社区）三级组织领导体系，出台《房山区新时代文明实践中心建设实施方案》《房山区新时代文明实践工作规程》。依托北京开放大学房山分校建设1个区新时代文明实践中心、1个燕山地区分中心，建成27个乡镇（街道）实践所、618个村（社区）实践站，挂牌成立60个实践基地。成立区新时代文明实践志愿服务总队，构建"10+N"文明实践志愿服务工作体系，建立文明实践网络互动平台，纵横连接起文明实践中心、所、站、基地及各相关单位，实现与融媒体中心、"学习强国"学习平台贯通，形成一网联通、覆盖全区、基地支撑、直面群众的新时代文明实践工作体系。

二、主要做法

1. 做实做好新时代文明实践工作实体阵地

区级实践中心建在区成人教育中心（北京开放大学房山分校），实践所、站建在相应乡镇（街道）、村（社区）成人教育学校，各成人教育学校教职工成为文明实践兼职工作人员或志愿者。区实践中心建有宣教、培训等功能完备的活动室，设有志愿服务指导站、未成年人心理健康辅导站及户外活动场所。各实践所（站）整合基层党群服务中心、文化活动中心等建成"一站式"为民服务平台，盘活爱国主义教育基地、科技示范基地等成立60个文明实践基地，3个文明实践基地入选市级文明实践基地。

2. 做大做强新时代文明实践志愿服务活动

精心设计思想理论传习、文明行为引导、科学普及传播等15个文明实践志愿服务项目，依托网络互动平台"点单—派单"系统，坚持"一月一主题"，围绕理论宣讲、政策解读、疫情防控、助力创城等开展文明实践和志愿服务活动7000余次，培育出"房山好邻居""红色天使在山乡""农业科普宣传"等优质志愿服务项目和"柠檬黄引导员""燕山老工友"等30多个优秀志愿服务品牌，打通了组织群众、宣传群众、服务群众的"最后一公里"。

三、工作成效

1. 推动党的创新理论在基层走深走实

为推动党的创新理论"飞入寻常百姓家"，区新时代文明实践理论宣讲志愿服务队深入文明实践中心、所、站宣讲习近平新时代中国特色社会主义思想、党的二十大精神，阐释解读社会主义核心价值观。"喜迎二十大 奋进新征程"系列宣讲、"强国复兴有我——厚积薄发看房山"百姓宣讲活动走进新时代文明实践中心、所、站，以多种形式讲好中国故事、中国共产党故事、习近平总书记故事。

2. 丰富活跃了基层群众精神文化生活

文明实践中心、所、站克服新冠疫情影响，以抖音直播、微信面对面等形式举办声乐、书法、绘画等线上培训，为村（社区）培养"留得住、用得上"的文化骨干。在春节、元宵节、清明节等传统节日期间，统筹图书馆、博物馆、纪念馆等文化资源，组织开展文艺会演、科学普及、文明礼仪等文明实践活动，推动更多优秀文艺作品进入村（社区），丰富基层群众精神文化生活。

3. 提升社会文明程度和市民文明素质

以培育和践行社会主义核心价值观为根本，聚焦"创建文明城、先育文明人"目标，深入学习宣传贯彻文明行为促进条例，印发新版《房山区市民文明公约》，围绕"迎冬奥盛会，展首都风采——做文明有礼的房山人""上一线、做贡献"等主题，持续开展冬奥保障、文明交通、文明祭扫、疫情防控等宣传引导和文明实践活动6000余次，巩固社区治理"五件小事"和100个交通文明示范路口创建，提升社会文明程度和市民文明素质，推动形成社会文明新风尚。

◎ 通州区

一、基本情况

自2019年5月启动新时代文明实践中心建设以来，通州区将新时代文明实践中心建设作为推动习近平新时代中国特色社会主义思想深入人心的政治工程、加强和改进基层思想政治工作的民心工程、助推乡村振兴的示范工程，以及满足群众精神文化生活新期待的民心工程，纳入区委重点工作。构建"3+19+N"组织架构，形成区委领导，区委宣传部牵头，19个成员单位协调联动，中心、所、站协同的高效工作格局。全区形成1个中心、22个实践所、630个实践站、23个实践基地、128个驿站、967个志愿服务站的文明实践阵地体系，构建起贴近群众、点多面广、功能完备的"15分钟文明实践服务圈"，实现"群众在哪里，文明实践就延伸到哪里"，奋力答好新时代文明实践的"副中心答卷"。

二、主要做法

1. 强引领，突出首要任务

建设学习科学理论的大众平台，牢牢把握学习宣传贯彻习近平新时代中国特色社会主义思想的工作主线，拓展理论常态化进基层的有效途径。建设特色理论宣讲阵地——理"响"驿站、大运河林下讲习所、科技小院讲习所，设置"学习强国"书屋、"平"语近人读书角1743处。壮大科学理论宣讲队伍，建立理论宣讲基地，打造"五个一百"理论宣讲队伍，形成文明实践理论宣讲队伍培训体系。学习宣传贯彻党的二十大精神，成立新时代文明实践志愿服务总队理论宣讲志愿服务队，组建党的二十大精神百姓宣讲团，深入乡村、社区、林场、学校等地开展"沉浸式"宣讲700余场。创新科学理论传播路径，在"新时代文明实践中心网上平台"开设"理论书柜""慕课空间"等理论学习频道，上线党的二十大主题学习专栏，上线理论学习电子书籍、有声读物3500余册，阅读点击量达37.6万余次。打造理论学习直播间，开展新时代文明实践志愿服务总队理论宣讲直播课堂活动，持续推动党的创新理论走深走实走心。开展"二十大和咱老百姓"文艺宣讲进基层活动,通过丰富多彩、生动活泼的艺术表现形式,以小切口、小故事,用心用情讲述大道理、大情怀,不断增强党的二十大精神的吸引力、感染力。

2. 融资源,筑牢基础支撑

优化现有资源,有效整合党群服务中心、综合文化站(综合文化服务中心)、职工之家、社区青年汇等1053处教育群众、服务群众的阵地资源,提高综合效益、整体效能。打通封闭资源,延伸文明实践阵地触角,选择与群众紧密相关的生活场景,赋予文明实践功能属性,把理论宣讲的"主战场"搬到老百姓的生产生活现场。建成书香、交通、助老、医疗健康、助残、白领、劳动者、园艺8类新时代文明实践驿站以及特色驿站共128个。融通网络资源,推动"三个中心"贯通建设,依托"融汇副中心"App建成"新时代文明实践中心网上平台"和"通州区12345市民热线网上受理平台",集成理论宣讲、"点单接单"、新闻资讯、政务办理等28项功能模块,形成集"文明实践、信息发布、政务服务"于一体的综合服务平台。通过文明实践码、文明实践地图建设,实现文明实践各类平台信息联通,线上线下智能互动。

3. 优服务,践行为民理念

突出需求拉动,充分发挥文明实践所、站"民情前哨"作用,组织志愿者进院入户、走近群众,主动问需于民、听取群众呼声,做到群众有反映、迅速有行动,群众未反映、预先已行动。2022年,根据群众反映共性问题形成项目清单145项,提供理论政策宣讲、重点人群关心关爱、卫生环保志愿服务2700余次,满意率达97%。优化"点派"互动,以解决群众实际问题为工作导向,建立"五单"精准化服务模式。通过"网格员'征单'—实践站'填单'—站、所、中心层层'派单'—服务队'接单'—群众'评单'"的志愿服务信息化流程,推进志愿服务精准匹配、优化服务供给,实现"群众吹哨、志愿者报到"。目前,通州区新时代文明实践中心网上平台已发布志愿服务活动1.9万余场,精准服务群众5.1万余人次。坚持项目带动,着眼凝聚群众、引导群众,围绕学习宣传贯彻党的二十大精神,组织专家、领导干部、百姓名嘴、文艺爱好者等理论宣讲志愿者开展"百人百讲进基层"志愿服务项目;着眼满足广大群众普遍、共性现实需求,围绕全国文明城区常态化创建,实施"七彩文明 万家同行""等灯等灯"文明交通引导志愿服务项目;着眼满足群众个性化、差异化需求,以为老、为小、为困难群体为目标，以帮事、帮教、帮扶为途径，实施"三为三帮"志愿服务公益行项目，从举手之劳的小事做起，把关怀和温暖送进百姓心坎里。截至目前，通州区登记注册志愿者36.5万名，各类志愿服务组织5600余支，服务总时长达6100余万小时。聚焦中心联动，利用新时代文明实践资源整合、社会动员优势，有效弥补短板、提升基层治理水平。围绕北京环球度假区开园后周边交通服务保障、新冠疫情防控等问题，延伸文明实践工作触角，探索社会动员新模式，实施北京环球度假区周边保障新时代文明实践志愿服务项目。截至目前，累计动员、整合全市8000余名志愿者参与志愿服务项目，开展志愿服务活动400余场次，服务游客620万余人次，在探索大型主题乐园周边保障志愿服务模式上积累了成功经验，获得第六届中国青年志愿服务项目大赛银奖。

三、工作成效

通过对文明实践"副中心模式"的探索实践，新时代文明实践中心、所、站三级贯通的体制、机制不断完善，文明实践常态长效发展基础日趋巩固，习近平新时代中国特色社会主义思想在城市副中心深入人心、落地生根，筑牢城乡基层思想文化阵地，满足了人民群众日益增长的美好生活需要，社会文明程度得到显著提高。

◎顺义区

一、基本情况

2019年5月，顺义区全面启动新时代文明实践中心工作，建设实践中心1个、实践所25个、实践站560个、实践基地100个，实现了区、镇、村三级组织管理体系全覆盖。建立完善"3+9+N"志愿服务体系，组建文明实践指导员、宣传文化组织员、青年志愿者3支骨干队伍，成立理论宣讲、文化文艺、科学普及等9类26支区直属专业志愿服务队和46支综合志愿服务队，基层所、站建立扶贫帮困、邻里互助等志愿服务队伍2148支。实践中心依托新时代文明实践云平台，统筹调配全区志愿服务资源，开展文明实践活动。

二、主要做法

1. 理论宣讲入脑入心

强化理想信念教育，新时代文明实践中心、所、站吸纳青年讲师、百姓名嘴等建立各级理论政策宣讲志愿服务队105支，通过"大喇叭""大篷车""快板书"等群众喜闻乐见的宣传形式开展"喜迎党的二十大""听党话、感党恩、跟党走""强国复兴有我"等群众性主题宣传教育活动，覆盖近20万人次。

2. 实践中心功能齐全

顺义区高标准打造新时代文明实践中心，作为区内首个大型公共文化综合体，实践中心总建筑面积6.38万平方米，包含"三馆一院"（图书馆、博物馆、文化馆、大剧院），主动对接地区群众日益增长的高质量精神文化生活需求，将教育培训、文化交流、展览表演、休闲文创等功能融为一体，将文化中心的综合性优质公共文化资源面向全区群众免费开放，打造顺义区"文化地标"及百姓文化生活"精神高地"，目前已累计接待参与实践活动的市民群众210万人次。

3. 实践基地规范管理

印发《顺义区新时代文明实践基地及补贴资金管理办法》，科学规范文明实践基地管理，将其划分为理论政策宣讲、教育服务等7大类。采取年初申报、年底考核、补贴激励等动态管理措施，培育实践基地100家、示范基地10家，发放补贴资金300余万元。实践基地为群众提供优质文明实践资源，接受群众定制化"点单"，累计开展主题宣讲、参观实践、教育培训等实践活动1.2万场次，群众满意率高达98.5%。

三、工作成效

顺义区持续深化拓展新时代文明实践中心建设工作，坚持示范引领，在全区率先建设新时代文明实践所、站示范点4家。选推中北华宇党群服务中心、马坡镇电影公益放映点2家实践基地,其中马坡镇电影公益放映点获评北京市新时代文明实践基地。"'暖心橙'酿就幸福的味道""'她时代'尽显她风采""文明护照聚民心 社会治理显成效""传承文化经典 '顺义区朗读者'涂亮人生底色"4个项目入选北京市新时代文明实践优秀创新案例及提名创新案例。

◎ 昌平区

一、基本情况

昌平区新时代文明实践中心于2019年4月成立,同年10月,昌平区成为第二批全国新时代文明实践中心建设试点区。以区、镇(街道)、村(社区)为基本单位,构建中心、所、站三级组织体系,分级分类推进建设工作。由区委书记担任中心主任,镇(街道)党(工)委书记担任所长,村(社区)党组织主要负责同志担任站长,形成区、镇(街道)、村(社区)三级书记抓推进的工作格局。

昌平区新时代文明实践中心坚持以志愿服务为基本形式,组建新时代文明实践志愿服务总队1支,由区委书记、区长任总队长。设置理论政策宣讲、教育服务等6支专项志愿服务队,设置普法宣传、国防教育2支特色专项志愿服务队。成立中队23支、分队561支,由各级党政正职担任队长。组建各类新时代文明实践志愿服务团队1400余支,线上累计注册志愿者4499人。认定挂牌区级新时代文明实践基地61家。其中,流村镇狼儿峪村红色教育基地、天通苑文化艺术中心入选第二批市级新时代文明实践基地。率先依托"三个中心"贯通融合优势,创建"北京昌平"App新时代文明实践对接平台,建立"四单"运行机制,累计创建各类志愿服务项目3525项,开展线上"点单"、线下"接单"志愿服务9829次,参与服务志愿者达85774人次,服务群众达926368人次。

二、主要做法

1. 突出学习宣传贯彻习近平新时代中国特色社会主义思想

在新时代文明实践中心建设中,结合乡村振兴、基层治理、创文明城区等重点工作,突出学习宣传贯彻习近平新时代中国特色社会主义思想的首要任务。2020年8月,组建"新时代 学习路"宣讲团,以讲述习近平总书记成长历程中的感人故事为主要内容,该项目被市委宣传部、首都精神文明办评为2021年北京市新时代文明实践优秀创新案例。2020年至今,围绕党史学习教育、学习宣传贯彻党的二十大精神、弘扬北京冬奥精神等主题,通过"宣讲+志愿服务"模式,下基层、进村居开展宣传教育122场,录制宣讲视频48部,出版发行《奋进新时代 共走学习路》故事汇编,累计宣传覆盖10万余人。

2. 打造"回天新愿"新时代文明实践志愿服务品牌

接续助力新一轮"回天"(回龙观、天通苑地区)五年行动计划,不断丰富"回天"基层治理创新内涵,广泛凝聚"回天"地区社会组织、党员干部群众合力,2021年培育形成"回天新愿"新时代文明实践志愿服务品牌活动。通过"6项常态化志愿服务活动+7支特色志愿服务队"的志愿服务模式,开展惠民服务1393次,惠及"回天"居民23594人次。"回天新愿"被评为2021年度首都精神文明建设工作十佳案例。

3. 提升群众性精神文明活动参与水平,助力创城落实落细

2022年聚力打造"唱响主旋律 共享新时代"新时代文明实践主题活动品牌项目。依托区文化馆,盘活用好区文旅局、文联文化艺术资源,以志愿服务为抓手,每周开展1~2场"新·声"宣讲、"新·悦"读书会、"新·品"艺术鉴赏、"新·知"文化课堂、"新·炫"文艺演出及"新·映"红色电影展映6项文明实践志愿服务活动,真正实现宣传文化资源全面整合,精神文化需求精准对接,文明实践常态化开展。

三、工作成效

经过近4年的建设,目前全区建成新时代文明实践中心1个、实践所23个、实践站561个,通过区、镇(街道)、村(社区)三级联动,聚焦群众需求,常态化开展接地气、具活力、有温度的新时代文明实践志愿服务活动，让居民群众在"文明实践"中增强获得感、在"文明实践"中弘扬时代新风，真正打通宣传群众、教育群众、关心群众、服务群众的"最后一公里"，有力推动了习近平新时代中国特色社会主义思想在昌平落地生根。

◎大兴区

一、基本情况

1个新时代文明实践中心、22个新时代文明实践所、582个新时代文明实践站、79个新时代文明实践基地，实现全区100%覆盖，这是大兴区的文明实践"数字档案"。为有效推进文明实践工作落到实处，大兴区建立"1+3+3"工作机制，建立党委主导、上下贯通、各负其责的三级组织架构，健全完善新时代文明实践中心、所、站、基地4级"组织链"，构建"网络+网格"文明实践运行体系，实现文明实践活动全域统筹。同时，建立联席会议机制，并将文明实践工作纳入区委意识形态、乡村振兴考核，纳入文明单位、文明校园等文明创建考核，不断激活文明实践阵地效能。

二、主要做法

1. 志愿服务激发文明实践新动能

大兴区发动6612个志愿服务团体、582名志愿服务指导员、43.1万名注册志愿者面向各行业领域开展社会实践服务，构建双向互动、精准对接新机制。为凝聚志愿力量服务群众，大兴区组建由区委书记、区长任总队长的志愿服务总队，区直属单位牵头成立理论宣讲等12支总队，各文明实践所、站分别成立102支中队、1132支小队，吸纳1万余个志愿家庭。先后推出"京南国门宣讲团""支书讲堂"等特色宣讲团20余支。同时，各文明实践阵地广泛吸纳社会力量，动员群众，特别是动员科技能人、"五老"（老干部、老战士、老专家、老教师、老模范）

人员、文化工作者、先进人物、大学生志愿者、创业返乡人员等组建志愿服务队伍，实现新时代文明实践指导员队伍全覆盖。

大兴区搭建"点派接评"功能齐备的线上平台，依托"北京大兴"App建立文明实践网络互动平台，借力吹哨报到、接诉即办等工作机制，积极回应和解决好群众诉求。同时，健全完善志愿者注册管理、褒奖激励等机制，做到群众需求有回应、"接单"质量有保证，群众"评单"满意率达99.37%。

2. 突出特色打造文明实践品牌

大兴区以阵地为基、人才为本、活动为媒，积极探索新时代文明实践品牌化发展路径，创新打造"双50"文明实践工程，打造小院讲堂、三心志愿服务队、店小二志愿服务品牌、仁好志愿服务队等一批群众亟需、特色鲜明、高质量的志愿服务项目。同时，始终坚持把新时代文明实践中心建设作为全国文明城区创建的重要抓手，深化文明行为养成，推动背街小巷环境精细化整治提升，组织"垃圾分类""光盘行动""公筷公勺""文明驾车、礼让行人"等文明实践活动。

3. 宣讲惠民凝聚强大合力

为优化文明实践服务供给，大兴区开展"听党话、感党恩、跟党走"宣传教育活动，把理论课堂搬到居委会小院、社区小广场、田间地头，通过"村庄大喇叭""支书讲堂""理论轻骑兵"等方式，广泛传播党的创新理论。同时，充分依托图书馆、博物馆、文明实践基地等阵地，组织开展群众性文艺会演、技能培训、法治宣传、科学普及、流动书展等活动，进一步丰富群众精神文化生活。

三、工作成效

大兴区始终坚持以习近平新时代中国特色社会主义思想为指导，在总结完善以往经验的基础上，不断深化拓展新时代文明实践中心建设工作，奋力开创基层宣传思想工作和精神文明建设新局面，为新大兴、新国门建设凝聚起强大的精神力量。

◎ 平谷区

一、基本情况

自2019年4月以来，平谷区建设新时代文明实践中心1个、实践所18个、实践站320个、基地40个，实现"三个中心"贯通，搭建区、镇（街道）、村（社区）三级联通的组织体系。组建理论宣传、教育服务、文化服务等8支专业规范的志愿团队和各类文明实践志愿服务团队1781支，每年开展志愿服务项目4000余个。

二、主要做法

1. "平谷的哥"创建打造京城的哥参照标杆

聚焦平谷籍出租车司机占全市出租车司机数量1/7的情况，发动全区所、站组织"平谷的哥"创建活动，"平谷的哥"在新冠疫情防控、保运力等工作中成为志愿新力量。开展五星级"平谷的哥"创建活动，评选的哥榜样，综合乘客服务投诉、遵守交通安全法规、开展志愿服务等指标落实精准考核，让诚信经营、热情服务的工作理念深入的哥内心，他们成为首都地区诚信建设的流动宣传员，涌现出了张井东、史振利等一批优秀"平谷的哥"典型人物。"平谷的哥"创建活动获时任北京市委书记蔡奇同志批示。

2. "以文化人"推动新时代文明实践深入人心

一是整合文化资源。明确文化组织员兼职文明实践指导员，整合文化服务中心、扫黄打非办公室等场地与职能，统筹开展文明实践活动4000余场。二是举办特色活动。发挥书法之乡资源优势，全区文明实践所、站均开设书法、国画培训班，每年开展培训1000余场，2万余人次参与培训。三是典型示范引领。重点打造马坊镇和夏各庄镇2个文化类实践所，带动其余16个文明实践所共计创编舞蹈《高大尚马坊美》、快板《小龙河水清清》等作品20余个，用群众听得懂的语言、喜欢听的形式，将新思想、新政策唱出来、演出来、展出来。

三、工作成效

1. 新思想直抵群众心坎

开办"云上党校",组建"党的二十大精神宣讲团"、"强国复兴有我"百姓宣讲团、"五老讲师团"和"榜样宣讲团",每年组织区级理论宣讲100场,让习近平新时代中国特色社会主义思想"飞入寻常百姓家"。

2. 新风尚吹到群众身边

开展"文明驾车礼让行人""喜迎二十大文明实践行"等主题活动1470余次,组织"讲家训、传美德、树家风"、"光盘行动"、"门前三包"、"卫生大扫除"、"架空线治理"、车位施划等文明村镇创建活动。选树"平谷榜样""美德少年"等典型人物,使崇德向善氛围更加浓厚,精神文明创建落地生根。

3. 新政策惠及群众生活

针对百姓需求,开展"乡村桃花大舞台"等各类文化惠民演出1000余场,公益电影放映4000余场,"朗读者"沙龙、"我是领读者"等全民阅读工程接待读者40万人次,惠及群众90万人次。

◎ 怀柔区

一、基本情况

2019年以来,怀柔区作为全国第二批新时代文明实践中心试点单位,牢牢把握学习宣传习近平新时代中国特色社会主义思想这条主线,建强文明实践中心、优化文明实践所、抓实文明实践站,让文明实践中心、所、站成为群众心有所系、情有所寄的"心灵驿站",成为传播新思想、满足新期待的信仰中心、指挥中心和服务中心。

1. 建设新阵地

按照"三个规范"标准,建设完成覆盖城乡的"1个中心+16个所+317个站"三级新时代文明实践阵地。培育了区级文明实践基地84个、市级文明实践基地3个。

2. 守住新阵地

区委、镇（街道）、村（社区）三级书记分别担任中心主任、所长、站长和志愿服务总队长、中队长、分队长，各级阵地配置专、兼职工作人员689人，注册文明实践志愿队伍1421支、志愿者2.3万余人。

3. 传播新思想

围绕学习宣传习近平新时代中国特色社会主义思想，利用聊天点、棋牌点、乘凉点等群众聚集处，创新宣讲方式，把党的创新理论送进百姓心坎里。

4. 引领新风尚

以弘扬和践行社会主义核心价值观为核心，常态化组织开展议事评新风、村规定新风、书画展新风、诗歌颂新风、祭扫传新风、引导亮新风等文明实践活动，积极培育时代新风新貌。

5. 满足新期待

以城乡社区、公共文化设施、窗口单位为重点，构建起点多面广、功能完备、便利快捷的具有怀柔特色的新时代文明实践"15分钟服务圈"349个，通过提供普惠性、个性化志愿服务活动，实现与群众新需求精准对接。

6. 助力新治理

按照人口规模和居住状况，科学划分文明实践一级网格1个、二级网格16个、三级网格317个、四级网格908个，配置文明实践网格员908人，赋予文明实践网格员进院入户宣传科学理论、及时了解掌握群众需求等6项基本职责。

二、主要做法

1. 创新文明实践"一图一圆一圈一格"

绘制文明实践地图，画出文明实践同心圆、建设文明实践服务圈、划分文明实践网格。

2. 形成"怀柔一家人"志愿服务品牌

将全区1900多个志愿服务组织统一命名为"怀柔一家人"，广泛开展亲帮亲、邻帮邻等互助式志愿服务活动，培育了"沟门满天星""同音暖夕阳"等"怀柔一家人"志愿服务品牌活动项目45个，编辑印发了《怀柔一家人新时代文明实践志愿服务品牌项目案例选编》。

3. 开展"'五员'齐上岗 同防疫助创城"活动

动员2.4万名文明实践志愿者上街面，充当文明城市宣传员；站路口，充当文明交通引导员；到店前，充当门前三包保洁员；进社区，充当创城实地测评员；进楼门，充当文明实践网格员。在全区营造起了有形、有势、有效的同防疫、助创城的浓厚氛围，书写了抗疫史诗，坚定了创城必成的信心。

三、工作成效

近4年来，怀柔区始终坚持高质量推进新时代文明实践中心建设工作，在实现三级文明实践阵地规范化建设的基础上，打造了金牌文明实践所6个、金牌文明实践站64个、金牌文明实践基地5个。搭建了新时代文明实践中心信息化平台，研发了文明实践中心大循环、所中循环、站小循环的三级"点单—接单—派单—评单"全流程闭环系统，群众累计"点单""评单"2.1万次，城乡群众对新时代文明实践知晓率为100%、参与文明实践活动满意率为100%，打通了宣传群众、教育群众、关心群众、服务群众的"最后一公里"。

◎ 密云区

密云区全面落实"保水、护山、守规、兴城"的总要求，持续深化拓展新时代文明实践中心建设，发挥好新时代文明实践平台作用，用好新时代文明实践阵地，整合全区各级、各类资源形成文明实践矩阵，助力密云区新时代文明实践中心建设进一步开展。

一、基本情况

密云区在全区建立文明实践三级体系，严格落实"一把手"工程，成立由区委书记担任主任，其他党政领导担任副主任，区属27家部门为成员单位的区新时代文明实践中心，中心办公室设在区委宣传部，由区委宣传部部长担任办公室主任；20个镇（街道）成立新时代文明实践所，由镇（街道）党（工）委书记任所长；385个村（社区）成立新时代文明实践站，由各村（社区）党支部书记任站长。

组建"2+9+N"志愿服务队伍，"2"即宣传文化组织员、新时代文明实践志愿指导员2支队伍；"9"即理论政策宣讲、文化文艺服务、助学支教、医疗健身、科学普及、法律服务、卫生环保、扶贫帮困、应急救助9支专业志愿服务队；"N"即乡风文明、邻里守望、生态保水等特色志愿服务队。

二、主要做法

1. 开展"一十百千"大宣讲系列活动

组建一个区级宣讲团、十个学习宣传贯彻党的二十大精神理论宣讲分团，百名处级以上干部深入基层宣讲，千名各级党组织书记讲党课。开展宣讲活动2600余场。

2. 成立志愿服务资源库

摸底全区机关事业单位、人民团体、社会组织、非公企业等资源，组建理论宣讲、文化文艺、法律服务等9类志愿服务项目共享资源库，解决基层志愿服务资源紧张的问题。

3. 打造特色志愿服务项目

结合密云生态保水成立"绿水青山青春力量""水库儿女""小蜜蜂"等志愿服务队，开展生态宣讲、捡拾垃圾等志愿服务活动1200余次。

三、工作成效

1. 理论宣讲别开生面

密云区充分动员各级、各类人员参与新时代文明实践工作，形成领导干部带头讲、专家学者深入讲、百姓群众铺开讲的良好局面，全面推动习近平新时代中国特色社会主义思想入脑、入心。

2. "点单派单"精准对接

全区新时代文明实践活动均通过"点单派单"系统在线发布信息，最大化扩大活动传播力和影响力，精准对接群众需求。

3. 志愿服务氛围浓厚

区级志愿服务总队及各所、站志愿服务队围绕春节、学雷锋日、抗战胜利纪念日、全国文明城区创建、学习宣传贯彻党的二十大精神等重要的时间节点和重点工作，精准对接群众需求，在全区范围内积极组织开展各类文明实践志愿服务活动7400余场。

◎ 延庆区

一、基本情况

延庆区新时代文明实践中心位于庆园街16号。2018年10月，延庆区被评选为全国首批50个新时代文明实践中心建设试点之一。延庆区每年制定新时代文明实践中心建设要点和志愿服务工作要点，建设党员干部和群众携手并肩的"3+8+N"志愿服务队伍体系，在18个乡镇、街道成立志愿服务协会，将志愿服务体系延伸到基层，不断扩大新时代文明实践的覆盖面与影响力，目前注册志愿者总数达到8.5万余人。

二、主要做法

结合本地区群众的生活习惯、信息接受习惯，聚焦"四史"学习教育、冬奥会筹办、"两山"理论实践、高质量绿色发展、疫情防控、防汛防火等内容，创新策划"村书记播报""乡村课堂""冬奥业校"等载体，用通俗易懂的语言解读重要决策部署，在寓教于乐中有效推动党的创新理论"飞入寻常百姓家"。

统筹全区各部门，整合各类公共服务资源，通过"点单派单"数字化服务平台下沉基层、精准对接群众需求，有效破解农村公共服务难题、补足农村公共服务短板，助力解决社会治理问题，助推基层社会治理。"点单派单"数字化服务平台实现了村民"点单"、中心"派单"、志愿者"接单",让农村公共服务不"落单"。同时,构建"延庆乡亲"志愿服务体系,为群众工作凝聚了强大力量,为群众自治做足了思想准备、提供了有效路径、夯实了现实基础,增强了志愿者们"我为人人、人人为我"的内生动力。

以新时代文明实践中心统筹、激活、整合、下沉全区红色资源,打造大庄科乡红色教育主题文明实践基地,不仅体现了延庆区厚重的历史文化,更是对红色精神的大力发扬与传承。根据课程内容采取沉浸式体验、专题教学、现场教学、仪式教育等不同教学形式,让人耳目一新,吸引了大批党员前来体验学习,每年接待20余万人次。依托文明实践基地建设,大庄科乡不仅盘活了自身丰富的红色资源,还通过招聘、培训当地农民成为讲解员,开设"忆苦思甜食堂"等方式,增加百姓收入,将红色资源转化成当地百姓增收的推动力。延庆区现有51家新时代文明实践基地,成为丰富群众精神生活的重要阵地。

创新文明实践志愿服务的对接机制和下沉方式,开办"新时代文明实践大集",整合70余家区级单位、52个文明实践基地的100余项文明实践志愿服务项目资源,以"展台"的形式集中展示,与基层干部群众现场洽谈对接,切实把"键对键"的精准与"面对面"的温度统一起来。"新时代文明实践大集"已签约5万余个相关服务意向,推动解决1.5万余件"群众身边关键小事"。

三、工作成效

延庆区作为全国首批50个试点和第二批500个试点之一,在中央文明办、北京市委宣传部和首都精神文明办的指导下,牢牢把握传播新思想、弘扬新风尚、实践新理念的工作目标,使新时代文明实践中心逐步成为学习传播科学理论的大众平台、加强思想政治工作的坚强阵地、培养时代新人和弘扬时代新风的精神家园、开展中国特色志愿服务的广阔舞台。延庆区成立区级文明实践中心1个、镇(街)文明实践所18个、村(社区)文明实践站428个、文明实践基地52个,志愿服务队伍从最初的124支发展为575支,注册志愿者增长到8.7万人。《新时代文明实践 涵养文明,有迹可循》在《半月谈》刊登,推介全区新时代文明实践中心建设情况,阅读量达7.6万人次。《打造"点单派单"服务平台 破解农村公共服务难题》入选第四批全国农村公共服务典型案例。

◎ 经济技术开发区

一、基本情况

北京经济技术开发区（以下简称"经开区"）按照中央和北京市推进新时代文明实践中心建设决策部署，积极开展新时代文明实践志愿服务方面的实践探索，坚持在常态化、长效化上下功夫，积极打通在产业新城宣传群众、教育群众、服务群众的"最后一公里"。经开区新时代文明实践中心挂牌在区党群服务中心，下设19个新时代文明实践所、40个新时代文明实践站，拥有4个市级文明实践基地，组建60支志愿服务队。

二、主要做法

1. 突出思想引领，用"理论"武装群众

通过建立理论会客厅、打造政策大讲堂、成立工委讲师团和特色宣讲队等方式，开拓线上党史党建微党课、展厅参观讲解等途径，推动理论宣讲直达一线，激发全区上下学习新思想、践行新理论的热情。

2. 突出需求导向，用"服务"关爱群众

建立群众需求搜集反馈机制，精准对接群众关切，把解决思想问题与解决实际问题结合起来，把需求侧和供给侧统一起来，按需供给、有效供给，着力解决群众的操心事、烦心事、揪心事。

3. 突出融合发展，用"有为"凝聚群众

建立文明"亦联盟"。统筹党、政、工、团、群等各方面的现有资源向新时代文明实践中心聚合，共享政务服务中心、融媒体中心等阵地资源，推动服务资源"下沉"、服务阵地"贯通"、服务功能"融合"。成立文明"亦学院"。与2家北京高校的马克思主义学院、4家区内企业大学成立新时代文明实践学院，承担宣讲、培训、践行和研究职能，形成党、政、校、企四方资源共享的实践新模式，推动经开区新时代文明实践工作深入发展。打造文明"亦课堂"。依托北京经开区区史馆、党群服务中心和区内50家科技馆资源，组织社区群众、企业职工、学校学生进行参观学习，使之成为繁荣创新文化的特色载体、提升学校思政教育水平的特色课堂、提高群众科技素养的特色阵地。上线文明"亦平台"。推进网络平台建设，着眼群众需求，提供线上志愿服务预约、志愿者上门服务等功能，为各类企业需求事项、建议事项、咨询事项、助困事项设立专门的志愿服务队伍予以解决，资源的有效整合促进了文明实践工作的深入开展。

三、工作成效

经开区盘活利用区内各类宣传教育传播平台，整合区史馆、公园科普基地、工委党校、"科技馆之城"建设成员单位等阵地资源，广泛开展新时代文明实践工作，每年开展活动百余场。同时充分利用区属融媒体平台"尚亦城"App，将新时代文明实践活动同融媒体宣传有机结合，贯通"三个中心"建设，扩大新时代文明实践工作社会影响力，增强新时代文明实践在思想教育、引导群众方面的实效。经开区新时代文明实践中心成为接地气、有活力的"百姓之家"，有效提升了全社会的文明程度。

第二部分

北京市新时代文明实践创新案例

> 理论传播

"红色直播间" "云"颂正能量

> **摘要** 北京市朝阳区酒仙桥街道运用互联网技术,开创红色直播间,探索新时代"互联网+文明实践"工作新模式。结合传播科学理论、宣传党的政策等6项实践内容,以直播形式宣讲政策理论,开展红色教育,传播正能量,激发爱国情,打造从"实体空间"走向"虚拟空间"、从"有形覆盖"走向"有效覆盖"、从"权威发布"走向"社会共识"的"红色网络",汇聚成"文明传播矩阵",让新时代文明实践活动有活力、可持续。

"我的中国心 我的中国梦"红色直播活动

北京市朝阳区酒仙桥街道产业园区密布,非公企业众多,辖区十大园区3000多家单位中有非公企业1000余家,年轻人集聚,思想多元化。结合辖区园区业态高端、社会群体多元、文化需求多变的新形势,街道紧扣"传播新思想、引领新风尚"定位,打造文明实践"红色直播间",严格把关内容、流程、标准,探索学习传播科学理论的新路径、新形式,扩大新思想宣讲的覆盖面。

功能瞄准"四大定位",夯实红色根基。 以学习宣传习近平新时代中国特色社会主义思想为首要任务,紧紧聚焦新时代文明实践中心功能定位,坚持党管意识形态,搭建党政声音传播的载体,传递党的声音;搭建基层党组织活动阵地,推动基层党组织共建共享;搭建党

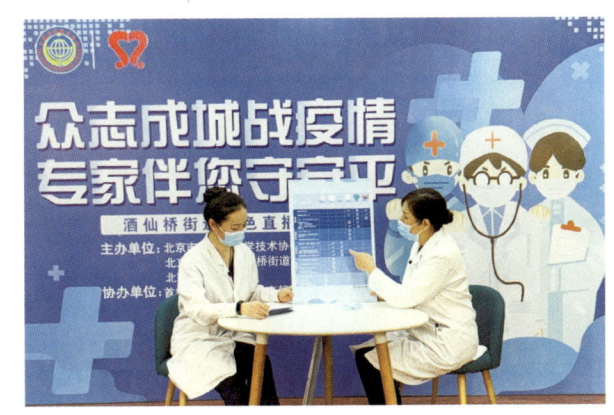

"众志成城战疫情 专家伴您守安平"
红色直播活动

员风采展示平台,带动文明志愿者当"网红"、展风采、讲奉献;厚植党的群众基础沃土,吸引大量网友点赞评论,激发群众参与社会治理的活力。

直播实现"三个多元",唱响红色强音。 创新直播形式,打造立体化红色直播体系。一是主题多元,涵盖党的二十大精神、党史学习教育、冬奥会、疫情防控等主题,将理论宣传转化成群众语言。二是渠道多元,多平台直播,"同心e桥"公众号、"抖起的红色酒仙桥"抖音平台同频宣传,扩大宣传覆盖面。三是形式多元,访谈+互动、线上+线下、场内+场外,让直播接地气、涨人气。

集聚整合"八方资源",传承红色基因。 广泛集聚基层党组织和党员参与力量,直播地点从京东方、798艺术区、751园区等辖区内园区,扩展到辖区外京津冀文化产业协同发展中心。充分挖掘社区、园区、企业、学校、部队、医院等八方人才资源担任直播嘉宾。同时,充分发挥"久久爱"志愿品牌引领作用,有效整合地区党建资源,形成凝心聚力、共促发展的良好局面。

"红色直播间"是酒仙桥街道网络意识形态、社会治理、志愿服务等阵地的一次创新实践,该项目被评为2018年度北京市社会领域优秀党建活动品牌、2019年度朝阳区社会领域优秀党建活动品牌、2020年度北京市新时代文明实践优秀创新案例,被"学习强国"、人民网等媒体广泛报道,并入选中央文明办编写的《建设新时代文明实践中心工作方法100例》一书。

(推荐单位:北京市朝阳区)

塑"红色香山"品牌 传香山"红色精神"

> **摘要** 香山街道新时代文明实践所充分发挥地区红色文化资源优势，开展"红色香山"文化传播系列活动，线上线下联动，将新时代文明实践与百姓宣讲工作有机结合，传承香山红色基因，传播党的新思想，弘扬爱国主义精神。

香山街道新时代文明实践所围绕"红色香山"主题，以宣讲团为主要抓手，依托街道新时代文明实践站、实践基地、志愿服务点位开展系列宣讲活动，创新推进讲、演、服务"三融合"，让香山故事进楼门、进庭院、进单位、进课堂"四走进"，打造香山特色宣讲品牌项目，传承香山红色精神，弘扬正能量，为香山建设凝聚强大的精神动力。

拓展线上阵地，筑牢传播基础。自2019年年初，香山街道依托"美丽香山"微信公众号，每周发布一期"红色香山"，连载《红色香山第二届文化论坛文集》文章80余篇，传扬香山地区的红色历史文化故事，阅读量达2万余人次。2020年7月起，开展"红色香山"专题云宣讲，在"美丽香山"及6个社区微信公众号上发布"红色历史大事件"共11期，讲述中共中央在香山时的历史故事，阅读量达4000余人次。长期坚持的红色文化线上传播，为后续工作打下坚实的群众基础。

组建专业队伍，打造特色品牌。组建"红色香山"宣讲团，召集香山地区的规划者、建设者、服务者、传承者、见证者等多种身份的宣讲员，讲述香山地区时代发展变迁、红色文化与革命精神传承的故事。作为海淀区唯一代表承办了"强国复兴有我——北京冬奥精神宣讲海淀区专场报告会"，邀请北京冬奥宣讲团成员讲述冬奥故事。组织干部开展"喜迎二十大 奋斗新征程——我心中的香山红色

香山街道举办"喜迎二十大 奋斗新征程——我心中的香山红色故事"演讲比赛

香山街道理论学习中心组开展《习近平谈治国理政》第四卷研讨式学习

故事"演讲比赛,挖掘香山革命历史,增强爱香山、建香山的责任感和使命感;参与第三届"香山革命纪念馆红色故事集中展示活动",受多方好评;参与第二届香山红亭诗会,演出情景剧《这里是个好地方》,被央视频等各级媒体全程直播。

融合多种形式,扩大受众群体。香山地区的红色文化资源既包含革命活动遗址及革命历史纪念馆和革命先烈、进步人士墓葬地,又包含中共中央在香山时期特殊的历史贡献、重大的理论成果、承载革命精神的文学作品等,具有重要的历史人文价值、文明传承价值、思想教育价值及开发利用价值。香山街道新时代文明实践所充分发挥红色资源优势,在香山革命纪念馆"赶考书吧"、香山公园双清别墅、北京植物园"一二·九"运动纪念亭、抗战名将纪念馆等红色点位,开展参观学习、理论宣讲、互动体验等多种形式的思想教育及实践活动,使香山红色文化影响来自世界各地的游客。

"红色香山"文化传播系列活动紧扣红色主题,除了举办传统歌舞乐器表演外,还融入红色故事宣讲、诗朗诵、主题情景表演等,用百姓喜闻乐见的方式传播红色文化,传承红色基因。被《劳动午报》、《北京日报》、《北京青年报》、北京头条等众多媒体报道。

(推荐单位:北京市海淀区)

弘扬光荣传统 传承"红色背篓精神"

摘要 北京市房山区周口店镇于2019年建成红色背篓精神纪念馆,打造了新时代文明实践教育的重要阵地。4年来,接待中央、市、区等1680个单位、团体,6万余人次接受"红色背篓精神"的教育洗礼。同时,注重发挥"劳模之乡"特色、彰显榜样力量,通过开展丰富多彩的实践活动将光荣传统根植于群众心中。

当年,《红色背篓》电影曾得到刘少奇、李先念等国家领导人的高度评价,在全国引起很大反响。"红色背篓"不仅是一个工具,更是一种精神象征。在开展新时代文明实践活动的今天,总结提升"红色背篓精神",让其永葆青春、代代相传。

强化平台建设,红色背篓精神纪念馆让学习传承看得见、学得来。周口店镇新时代文明实践所深入挖掘"背篓商店"的精神内涵和在新时代传承"红色背篓精神"的重要意义,提炼出"坚决听党话、坚定跟党走、坚持为人民"的"红色背篓精神"并加以弘扬,于2019年建成红色背篓精神纪念馆,纪念馆展陈内容丰富,并配有电影放映厅,可以播放《红色背篓》老电影。4年来,共接待中央、

2019年10月29日,周口店新时代文明实践所在黄山店村举办新时代传承"红色背篓精神"主题论坛

市、区等1680个单位、团体达6万余人次。

强化榜样带动，劳模精神宣讲团让学习传承更清晰、有榜样。新中国成立以来，周口店先后涌现卢翠英、徐庆文、孙书新和张进刚等4位全国劳模，以及11位市级劳模，被称为"劳模之乡"。其中，黄山店村党支部书记张进刚是全面推进新时代文明实践活

2019年6月27日，周口店新时代文明实践所在红色背篓精神纪念馆举办"传承'红色背篓精神'用红色基因铸魂育人"新时代文明实践推动日活动

动后培养的全国劳模，也是第三代"红色背篓精神"传承人。为彰显榜样作用，周口店新时代文明实践劳模宣讲团应运而生，目前已进行宣讲20余场次，2000余人次接受了劳模教育。

强化责任担当，红色背篓志愿服务队让学习传承有行动、有实践。2019年10月，周口店新时代文明实践所举行"不忘初心、牢记使命"争做新时代"红色背篓精神"传承人系列活动启动仪式，成立"邻里守望""爱心医疗""美丽龙乡""文明旅游""社会治安""巾帼亲情""巡河护河"7支红色背篓志愿服务队，并发挥作用至今。

强化实践内核，"红色背篓精神"文化推广让学习传承有品牌、有载体。周口店新时代文明实践所在如何发挥"红色背篓精神"文化内涵的驱动力、形成刻骨铭心的品牌形象等方面持续探索和实践。参加房山区百姓宣讲剧《北京西山那抹红》剧本编排，传唱《红色的背篓 红色的歌》，创编《红色背篓》（期刊），承办红色背篓沙龙论坛，组织红色文化大讲堂挖掘红色资源，新时代文明实践所、站打造民之所需的"1+X"课程资源，以服务社区居民终身学习。

多年来，周口店新时代文明实践所围绕"传承红色背篓精神"，以红色背篓精神纪念馆为平台，推动体验教育与景区旅游相结合，持续打造"重走背篓路"文明实践经典项目，让越来越多的人加入到"红色背篓"队伍中来，让"红色背篓精神"永续传递。

（推荐单位：北京市房山区）

新时代"成校+党校"培训新模式

摘要 为充分发挥乡镇成人学校学习、教育、培训的平台作用,使之成为新时代党员教育和党的建设的有效载体,北京市房山区阎村镇党委研究探索了"成校+党校"培训新模式,在党校建设、党员教育、干部培养、工作推进上积累实践经验,有效促进了党建事业发展。

阎村镇党群活动服务中心

为把党的路线、方针、政策及时传达到基层,特别是让习近平新时代中国特色社会主义思想深入人心,阎村镇创新新时代"成校+党校"培训模式,在加强基层党组织建设、强化党员干部理论学习等方面发挥了重要作用,解决了"最后一公里"的问题。

坚持党校姓党,以红色主线彰显党校功能使命。 把学习宣传贯彻党的历次大会精神作为中心工作,充分履行干部培训"主阵地"、党性教育"大熔炉"、党委决策"思想库"三大职能,分期、分批组织全镇基层党组织和所有党员开展集中培训。

推动学以致用，以强基工程锻造干事创业队伍。着力塑造"党的二十大精神大讲堂""中青年干部培训班""农村'两委'干部培训班"等一大批高质量的培训品牌。

新一届村和社区"两委"干部培训班开班仪式

以党校为起点，打造党建示范一条街、党群活动服务中心，建立爱国主义教育基地，集中建设村级分校示范点、"两新"组织党群活动站。

紧贴群众需求，以终身学习服务阎村创新发展。延伸党校服务功能，在种植、养殖、计算机等传统实用技术的基础上，开展财会、物业管理等培训，帮助学员取得大专、中专毕业证书，培养了一批能经营、善管理的新型职业农民。成立"中国农民合唱培训基地"，创办"梓萌书社"，培养了一批优秀的农民音乐和文学爱好者。

依托现代网络，以智慧党校实现党员教育全时覆盖。利用"互联网+"技术，打造线上"微党课+微论坛"，建立"学习超市"，党员可通过自选课堂、自助平台、自主管理3种方式参与党校学习教育和实践活动，形成了"党员'点单'、支部'下单'、党校'接单'"的学习模式。

阎村镇"成校+党校"培训模式，增强了基层党组织的战斗力，有力促进了全镇机关干部、村干部及党员等各个层级做好新形势下的群众工作、加快项目落地、破解拆迁拆违等难题的能力，为全力建设"六大房山"、接续谱写"一区一城"新房山现代化建设新篇章，提供了坚强的思想保障和组织保障。

（推荐单位：北京市教育委员会、北京市房山区）

"院长讲习"助力党的理论宣讲出彩出新

摘要 学院路街道新时代文明实践所通过街区、校区、社区、园区"四区联动",不断深化校地合作,联合辖区内多所高校的马克思主义学院组建"学院路街道马克思主义学院院长讲习团",并开设"院长讲习"品牌栏目。"院长讲习"通过"线上+线下"宣讲形式,将高校智力优势与社区治理相结合,广泛传播习近平新时代中国特色社会主义思想,广泛传播厚重的理论和百年辉煌党史,让党的创新理论走出"象牙塔","飞入寻常百姓家"。

学院路街道科研院所林立、高等院校密集,集聚10所高等院校,有80位院士、854位专家,来自100多个国家和地区的8000多名外籍人士在此学习、工作和生活。"院长讲习"品牌项目是新时代文明实践工作的具体实践,通过邀请高等院校马克思主义学院院长深入街道、社区进行宣讲,传播党的理论。自2020年开设以来,"院长讲习"项目在地区营造了浓厚的理论学习氛围。

激活地区高校资源。将高校智力优势与社区治理结合,让地区居民群众有更多机会"沉浸式"学习党的新思想、新政策、新理论。各位院长主动深入街道社区进行宣讲,结合新时代背景,深入浅出地讨论马克思主义理论、习近平新时代中国特色社会主义思想,以及如何将其在工作生活中加以实践,以透彻的学理分析支撑思想引领,用通俗易懂的语言和引人入胜的案例广泛传播厚重的理论和百年辉煌党史,让观众在潜移默化中明理悟道。

"线上+线下"宣讲形式灵活新颖。通过"线上+线下"宣讲形式,多角度挖掘理论内涵,广泛传播习近平新时代中国特色社会主义思想,让理论学习有政治高度、理论深度、文化广度。先后在中关村创业大街、学院路街道新时代文明实践所、学院路街道二里庄社区、石油共生大院完成10次宣讲活动。各高校院长通过"从小往大讲""虚实结合讲",提炼与升华容易引发大众心灵共鸣的思想、价值、情感,让"高大上"的理论变得更接地气、更有"烟火气"、更易于理解。

构建立体化传播矩阵。持续优化组合传播平台,打出理论宣传"组合拳",

"学院路街道马克思主义学院院长讲习团"在中关村创业大街举行首场宣讲

掀起学习宣传贯彻党的创新理论的热潮。"院长讲习"是新时代文明实践工作的具体实践，在新媒体平台的总点击量达到50余万次，线下受众达600余人次，受众涵盖企业员工、机关干部、社区工作人员、党员群众、志愿者等，大家对这种学习形式表示赞同与肯定。"院长讲习"为观众留下了深刻的印象，培养了一批高黏性"粉丝"，为学院路街道理论宣传品牌注入活力。

"院长讲习"让党的创新理论走出"象牙塔"，"飞入寻常百姓家"，让党的理论宣传"出圈""破界"，让党的声音传得更广、更远、更深入！

（推荐单位：北京市海淀区）

"新时代 学习路"宣讲团

摘要 昌平区切实把握新时代文明实践中心在传播党的创新理论成果中的重要作用,借助百姓宣讲这个有效抓手,积极占领基层阵地,深入推进文明实践工作提质增效。依托"北京昌平"App新时代文明实践对接平台,通过"点单""派单"的服务模式,将宣讲内容与听众需求精准有效对接,旨在以基层居民群众喜闻乐见的"讲故事、传思想"的形式,切实推动习近平新时代中国特色社会主义思想在昌平大地落地生根。

"新时代 学习路"宣讲团在天南街道开展宣讲活动

2020年8月,昌平区新时代文明实践中心成立"新时代 学习路"宣讲团。宣讲团先后围绕"循足迹、讲故事、传思想、占阵地""学党史、悟思想、办实事、开新局"主题策划宣讲内容。宣讲团自成立以来,全力开展进机关、进企业、进学校、进社区、进乡村的"五进"活动，截至目前，共开展线下宣讲124场，让党的创新理论化作"堂前燕"，"飞入寻常百姓家"。

凝聚群众力量，构建宣讲队伍。 宣讲团立足把宣讲对象转化为宣讲主体，集中打造一支群众身边的"草根"宣讲队伍。通过群众推荐、单位推荐、个人自荐等方式，在全区范围内选拔思想政治过硬，善于表达交流，对宣讲故事内容有切身感受、亲身经历，与祖国共成长的基层群众，组建昌平区"新时代 学习路"宣讲团。目前，宣讲团成员包括：昌平区榜样人物、教师、村第一书记、志愿军后代、基层职工等，构建了本乡本土、来自群众的宣讲团队，成为打通学习贯彻"最后一公里"的主力军。

强化主题内涵，打造精品内容。 一期宣讲团以"循足迹、讲故事、传思想、占阵地"为主题。围绕《习近平的七年知青岁月》《习近平在正定》《习近平在厦门》《习近平在宁德》等著作中的感人事迹，深入挖掘提炼习近平成长背后的点滴故事。二期宣讲团围绕"学党史、悟思想、办实事、开新局"主题，从建党百年历程中昌平区涌现出的英雄模范、革命事迹及党史沿革等方面，挖掘红色历史，讲述红色故事。

拓展宣讲渠道，巩固壮大阵地。 一是依托"北京昌平"App新时代文明实践对接平台，通过"点单""派单"式宣讲服务模式，进机关、进企业、进学校、进社区、进乡村，扎实开展常态化宣讲活动。二是充分发挥融媒体改革优势，将宣讲故事录制视频，通过"电视、新媒体"等推广宣传，提高传播速度，扩大宣传覆盖面。三是将宣讲团的优秀宣讲稿整理成册，编印《奋起新时代 共走学习路——昌平区"新时代 学习路"宣讲团优秀宣讲故事汇编》，在每篇文章末页配以宣讲视频二维码，供读者扫码观看宣讲视频，多方式、立体化展示宣讲内容。

"新时代 学习路"宣讲团作为昌平区新时代文明实践中心的重点培育项目，以小故事讲透"大道理"，把党的理论政策、时事热点、先进典型事迹带入老百姓日常生活中，获得了广大居民群众的好评。

（推荐单位：北京市昌平区）

清华大学博士生讲师团 新时代思想理论宣讲的创新与实践

摘要 清华大学博士生讲师团是清华大学探索以"朋辈宣讲，浸润教育，场景教学"为理念展开思政教育的重要团队，以"学以致讲——以讲促学——讲学相长"为育人理念，构建了"重大主题宣讲、校园沉浸宣讲、融媒线上宣讲、基层实践宣讲"的多元宣讲格局。讲师团以全国高校青年宣讲联盟和"这十年·青年讲"全国高校宣讲联赛为重要抓手，带领青年学子将"天下事"讲成"身边事"，将"书面语"讲成"知心话"，有效助力党的创新理论的传播。

清华大学博士生讲师团成立于1998年，25年来坚持以"朋辈宣讲，浸润教育，场景教学"为核心理念开展理论宣讲。党的十八大以来，累计培育1500余名青年讲师，面向社会各界开展4000余场主题宣讲活动。

以朋辈宣讲实现个人与时代的双向互动。一是组织讲师扎实开展学习备课和理论宣讲，形成"学以致讲——以讲促学——讲学相长"的朋辈宣讲育人机制。二是围绕习近平总书记考察清华大学等系列重要讲话精神推出专题宣讲课程，在建党百年、建团百年、北京冬奥会等重大时间节点积极发声，成立全国高校第一支"冬奥宣讲队"，宣讲覆盖16万余人次。三是举办"这十年·青年讲"首届全国高校青年宣讲联赛，133所高校的4400余名青年讲师参赛，党的二十大召开后第一时间推出179门课程，开展400余场宣讲，用青年话语讲好党的二十大精神。

清华大学博士生讲师团发布"宣讲者计划"宣讲短视频

全国高校党史接力宣讲活动

以宣讲创新助推理论成果"飞入寻常百姓家"。一是依托校园红色资源建立19处"沉浸式宣讲站",开展网络直播宣讲,录制VR宣讲视频,实现"云端共学"。二是开展"走一路,学一路,讲一路"宣讲实践,覆盖基层干部群众4000余人次,同时在巴西、印度、泰国等"一带一路"沿线国家开展英文宣讲。三是出版《清华学子学习新思想20讲》等讲稿集,推出25期"宣讲者计划"宣讲短视频,解读时政热点、科技前沿、国际局势,全网播放量超2000万次。

以"宣讲共同体"引领宣讲事业发展。一是在校内建立23个院系分团,指导各分团开展具有专业特色的宣讲活动。二是推动成立北京高校学习习近平新时代中国特色社会主义思想博士生宣讲团,发起成立全国高校青年宣讲联盟并开展15场党史接力宣讲。三是推广"立言计划"青年讲师培养项目,在培养校内学员的基础上,每年为各大高校宣讲团培养讲师300余人。

清华大学博士生讲师团的宣讲工作形成了"朋辈宣讲,融媒创新,沉浸体验,高校联动"的鲜明特色,持续带领青年学子将"天下事"讲成"身边事",将"书面语"讲成"知心话",引领高校学生宣讲团实现从无到有、从有到优的转变,为各高校宣讲团提供了经验和示范。

(推荐单位:北京市委教育工作委员会)

创新场景应用 提升党建品质
——宛平实景云党课 "不断档"的学习平台

摘要

北京市丰台区宛平街道充分利用辖区丰富资源，通过云转播技术与党课相结合打造新时代文明实践特色品牌——宛平实景云党课，将党课搬上"指尖"、上传"云端"，赋予党员"沉浸式"学习体验，实现学习"零拖堂"、交流"零距离"，增强党组织活动的时代感和辐射力，成为党史学习教育的重要平台。

宛平城地区党工委、丰台区融媒体中心和北京国际云转播公司联合打造新时代党员教育培训平台

受新冠疫情影响，原有线下集中授课的党课教育形式受到限制，线上党课教育形式成为各级党组织的迫切需求。宛平实景云党课依托宛平的抗战、历史、生态等实景，围绕全民族抗战、卢沟桥的历史、永定河生态修复等主题，经过细致打磨形成党课教案。

深挖资源，提升"云端"品质。 宛平街道深挖辖区资源，发挥党建协调优势，围绕绿色生态、红色历史、文化传承等不同主题，由中国人民抗日战争纪念馆、卢沟桥文化发展中心、北京市永定河管理处等各领域专业团队打造内容丰富、特色鲜明、受众广泛的高品质"云端"课程。40分钟的党课有了实景的"加持"，有了专家"大咖"的亲自授课，犹如磁石吸铁，引来众多粉丝，让每节课都引人入胜。

与时俱进，搭建"云端"桥梁。 宛平街道通过云转播技术将实景教学、课堂教学相结合，搭建党群服务中心直播间，将党课融入实景中，边走边讲，通过高清大屏播放实景教学实况，让课堂上的党员有身临其境的感受，突破了场地容纳人员少的限制。宛平实景云党课第一场直播，通过"丰台发布"客户端和"丰台

2020年10月30日，宛平街道50余名党员代表在宛平新时代文明实践所现场观看云党课直播

发布"快手号进行直播，高峰时在线人数高达2万。

涵养队伍，汇聚"云端"力量。 搭建"云端"桥梁的同时，宛平街道注重"云下"实践，建强党课主讲人队伍。邀请义务讲解抗战故事70多年的郑福来老人、爱唱红歌的"院儿长"张耀、"雷锋车队"队长王凤进、"北京榜样"刘宝中等榜样加入党课师资队伍，以春风化雨的方式，让党课"营养"入心田。辖区单位青年干部组成"行走宛平"宣讲团，围绕党史学习教育，结合抗战时期宛平中心县委领导党员群众在平西地区展开的英勇抗战故事，打造了一堂特色主题党课，让更多党员成为党课主讲人，学有所悟、悟有所为。

自开课以来，宛平实景云党课成效显著，中国人民抗日战争纪念馆的罗存康馆长宣讲了"铭记抗战历史 弘扬抗战精神"，卢沟桥文化发展中心的李卫书记宣讲了"做新时代的'守桥人'"，这两节优质课都被"学习强国"选用，受众持续增多，进一步提升了广大党员的思想认识，筑牢了以人为本、服务基层的坚定信念。

（推荐单位：北京市丰台区）

老干部"三团" 志愿服务有奇效

摘要 在北京市党建引领老干部工作向基层延伸试点工作中,做好老干部工作、为老干部服务是街道、社区党组织的政治责任,是必须要做好的工作。石景山区八角街道统筹协调辖区资源,在社区建机制、搭平台、送服务,注重挖掘离退休干部中的"银发人才",通过组织协调,充分发挥他们的独特优势,搭建多个社区治理平台,推动老干部管理服务和基层治理深度融合。

老干部新时代讲习团成员曹荣恒到八角中里社区为辖区党员、群众上了一堂生动的党课

八角街道老干部"三团"由"社会治理老干部顾问团""老干部新时代文明实践团""老干部新时代讲习团"组成,先后组织学习宣传贯彻十九届六中全会精神、共商共治建成景阳东街第二社区"融景小乐园"、举办书画作品展等文明实践活动数十场,老干部发挥自身专业素养、政治优势,突出党建引领,传递正能量,积极投身基层治理工作。

老当益壮,参与社区治理老干部"老有所为"。2020年8月,八角街道成立了"社会治理老干部顾问团",由街道聘请居住在辖区的多位退休局级干部参与党建、社区治理、群众工作、疑难问题处理等工作，充分发挥老干部的政治优势、经验优势、威望优势，发挥其智囊、纽带和标杆作用，为八角街道的社会治理建言献策。顾问团的成立，进一步加强和完善了八角街道共商、共建、共治、共享的社会治理体系。

2020年8月，"社会治理老干部顾问团"成立

老骥伏枥，当好新时代的文明"践行者"。 八角街道"社会治理老干部顾问团"成立后，八角街道将老干部资源进行整合，成立"老干部新时代文明实践团"。他们的实践活动覆盖文化宣传各领域，用"模范长辈"的影响带动周围群众，共同营造社区良好文明氛围。坚持发扬"离岗不离党、退休不褪色"的光荣传统，积极引导老干部参与志愿服务、文明城区创建等新时代文明实践活动，弘扬正能量，传递好声音，助力营造人人参与文明实践的良好氛围。

老而弥坚，用好"红色传声筒"。 "老干部新时代讲习团"由9名局处级老干部组成，宣讲团成员深入包片社区了解情况，并结合自身特长优势，抓重点、找弱点、展强点，通过分工合作的模式进行包片宣讲，对标对表不断修改宣讲稿，内容从理论到实例，从历史到现代基层治理难题，包罗万象，既长知识又强意识，加强了党的声音在基层的传播。八角街道"老干部新时代讲习团"深入社区、学校等开展宣讲30余场次，场场爆满，不断创新宣讲内容，增强宣讲的时代性、吸引力，用生动活泼的形式、精彩感人的内容，讲好身边故事，弘扬主旋律，让党史学习教育真正走进群众的内心。

八角街道通过织密组织网络、搭建和用好活动平台等举措，带动越来越多的老干部走出家门、参与社区治理，推动离退休老干部融入社区工作大格局，在社区治理中发挥更大作用。这支"银发队伍"多次被《北京老干部》杂志、《北京日报》、《北京社区报》等媒体广泛报道，被大家亲切地誉为"八角街道智囊团"。

（推荐单位：北京市石景山区）

"声"入人心 让理论学习听得进记得住

摘要 北京市石景山区老山街道老山东里北社区新时代文明实践站充分发挥社区社会组织的作用,主动占领思想政治阵地,围绕党史学习,积极开展各种党员群众喜闻乐见的宣传活动,使广大党员群众听得进记得住,实现"声"入人心的教育目标。

在推进北京市石景山区新时代文明实践站建设试点工作中,老山东里北社区积极引荐社会资源,用实事实办赢得居民信任,用多彩活动凝聚群众力量,用实际行动贯彻为民服务宗旨,用心用情用力解决好民生问题,得到广大居民群众的拥护和好评。

身教为先,让声音更"有力"。 社区书记带头讲党课,各支部书记分别登台,结合庆祝中国共产党成立100周年的大形势及年度工作安排,实施授课。2021年分别组织了10次党课学习,授课主题主要有党章学习、党的十九大精神学习等。通过上党课、观看录像和红色电影、重温入党誓词等主题党日活动,进一步强化广大党员的党性观念,坚定了听党话、感党恩、跟党走的政治觉悟。针对电动自行车充电设备未启用、小区花园增加座椅及凉亭、居民楼下水管道狭窄等问题,社区党委第一时间响应,多方协调,使问题逐步得到解决。

文艺其从,让声音更"嘹亮"。 为庆祝建党100周年,社区隆重举办"红歌演唱比赛",不仅满足了居民文娱交流的需求,还促进了社区和居民的鱼水之情。2021年6月9日,社区举办老街坊联欢活动,原创群口快板《红船颂》、歌曲《双双草鞋送红军》《唱支山歌给党听》,评剧《绣红旗》,合唱《毛委员和我们在一起》《光荣与梦想》,以及集体大合唱《没有共产党就没有新中国》等,充分展示了新时代社区共产党人的良好形象,进一步增强了基层党员及党组织的创造力、凝聚力和战斗力。6月28日,社区党委举办"庆祝中国共产党成立100周年暨党史学习'声'入人心文艺演出",180余名党员参加活动。丰富的文艺节目,表达了广大党员群众热爱党、感恩党、跟党走的真情实感和美好祝福。

资源引荐,让声音更"悦耳"。 为更好地服务社区居民,社区与全国先进社会组织恩泽社会工作事务所结成共建对子,帮助扶持培育和孵化社区社会组织,

老山东里北社区党员群众党史学习"声"入人心

助力推动社区新时代文明实践建设。由恩泽社会工作事务所引荐的北京演讲与口才学会联合东里北新时代文明实践站共同举办"诗行歌盛世 雅诵感党恩"原创作品朗诵会,朗诵爱好者等150余人欢聚一堂,用精彩纷呈的原创诗歌朗诵庆祝建党百年。

社区党委依托新时代文明实践站,通过党史知识竞答、红歌赛、参观红色教育基地、观看红色影视剧、"我为群众办实事"实践活动等,持续开展党史学习教育。丰富多彩的文艺活动,不仅展示了社区奋发进取、朝气蓬勃的精神风貌,更增进了邻里之间的感情交流,有力推动了和谐社区建设。

(推荐单位:北京市石景山区)

"红色经典诵读班" 打造新时代文明实践理论宣讲大讲堂

摘要 北京市通州区新时代文明实践中心创新推出"红色经典诵读班"理论宣讲品牌活动,助推党史学习教育走深走实、暖人暖心,在全区范围营造了"处处是课堂、时时受教育、人人学党史"的浓厚氛围,形成了本土化、特色化的理论宣讲矩阵和百花齐放的生动局面。

"红色经典诵读班"示范课

北京市通州区新时代文明实践中心以党史学习教育为契机,依托新时代文明实践所、站及成员单位,创新推出"红色经典诵读班",通过"五个一"标准模式,建立起覆盖全区的理论宣讲大课堂,推动党史学习教育不断深入基层、贴近群众、落地生根。

横向推广,打造标准模式。 依托新时代文明实践所、站及成员单位,建立起覆盖全区的752个"红色经典诵读班",通过"读一本红色书籍""学一段红色历史""讲一个红色故事""抄一篇习语用典""唱一首红色歌曲"的"五个一"标准模式,固化课程设置,保证学习效果。截至目前,全区各新时代文明实践所、站及成员单位共开展"红色经典诵读班"活动6800余场,累计参与人数达10.7万余人。

纵向扩散,打造示范课堂。 制作"红色经典诵读班"精品示范视频课,具象化展示"五个一"标准模式的体现方式,并通过直播在全区进行推广。全区各新时代文明实践所、站及成员单位迅速行动,组织"红色经典诵读班"学员根据示范课堂指导流程同题操作,从理论维度、历史维度、实践维度深刻学习党的光辉

潞城镇开展"红色经典诵读班"活动

历程,汲取精神营养、凝聚奋进力量。

多维融合,打造特色路径。全区各新时代文明实践所、站及成员单位在完成规定动作的同时,结合地域实际、人群特点,打造多维学习阵地,例如:北苑街道通过领导干部"带头学+引导学"、支部党员"自主学+组队学"、地区党员"体验学+线上学"、媒体平台"天天学+反复学"等形式,奏响党史学习"主旋律";九棵树街道创新"板凳学习班"形式,让诵读班在居委会、办公室、小区的"板凳"上开展,将"专题特意学"转变为"随时自主学";玉桥街道开展"庆建党百年,颂时代华章"文艺演出,将"五个一"标准模式充分融入歌曲、小品、相声等文艺节目中。

"红色经典诵读班"经过长期实践真正做到了上连"天线"、下接"地气",用群众听得懂、听得进、愿意听、记得牢、用得上的理论课,传播主流价值和主流文化,让宣讲更生动、更明白、更接地气,让党的创新理论"飞入寻常百姓家"。

(推荐单位:北京市通州区)

"六融合五走进"工作法 推动党史学习教育走深走实走心

> **摘要**　北京市通州区新时代文明实践中心用"六融合五走进"工作法打造党史学习教育立体化模式,推动理论学习融入不同场景,融入各个群体,融入日常生活,力求学在当下、学在平时,持续深入引导人们深刻领悟习近平新时代中国特色社会主义思想的真理力量、实践伟力,坚定不移听党话、跟党走。

北京市通州区新时代文明实践中心围绕讲好党的故事,通过融合看、听、说、读、写、展,走进机关、基层、军队、工地、学校的"六融合五走进"工作路径,结合党史学习教育,大力弘扬伟大建党精神,以理论学习载体、模式创新,推动党史学习教育走深走实走心。

融合多种形式,让理论学习有品牌、有品质。 围绕"看",制作播出3个系列38期电视专题节目。围绕"听",制作播出《聆听红色故事 汲取奋进力量》广播专题节目,收听达68.2万人次。围绕"说",组建"永远跟党走"红色宣讲团,开展巡回宣讲50场。围绕"读",成立752个"红色经典诵读班"。围绕"写",制作《习语用典》字帖,组织党员、干部、群众、青少年开展字帖临摹活动。围绕"展",举办"红星照耀大运河——中国共产党北京市通州区历史主题展览",吸引约12万人参观。

运用媒体矩阵,让理论学习有广度、有热度。 一是用好传统媒体营造良好氛围,进行全方位持续性报道。二是用好新媒体进行互动性传播,通过互动话题、电台直播、慕课视频等增强思想引领感染力。三是用好科技手段打造沉浸式展厅,在"红星照耀大运河——中国共产党北京市通州区历史主题展览"搭建中运用数字化方式实现沉浸式党史学习体验。

聚焦分众传播,让理论学习有实践、有实效。 在活动组织动员上,针对群体差异开展分众化思想政治教育,采取走进机关、基层、军队、工地、学校的"五走进"工作法。走进机关,将理论学习中心组活动纳入"红色经典诵读班",将参观"红星照耀大运河——中国共产党北京市通州区历史主题展览"纳入理论学

红星照耀大运河——中国共产党北京市通州区历史主题展览

习中心组学习内容。走进基层、部队、工地，开展红色宣讲团巡回宣讲，组织近百场送文化、送健康、送知识、送技能文明实践志愿服务活动，在服务群众中凝聚、引导群众。走进校园，开展参观"学党史知家乡"党史展览新时代文明实践活动，开设《习语用典》毛笔字帖临摹校本课程，教育引导青少年从小树立共产主义远大理想。

通州区新时代文明实践中心"六融合五走进"工作法构建起党史学习教育立体化模式，持续深入引导人们深刻领悟习近平新时代中国特色社会主义思想的真理力量、实践伟力，坚定不移听党话、跟党走。

（推荐单位：北京市通州区）

剪桐传承百年史 凝心聚力铸辉煌
——"剪说党史"系列文明实践活动

摘要 2021年，正值中国共产党建党100周年，作为朝阳区新时代文明实践基地，北京市朝阳社区学院（职工大学）以优秀传统文化传承与传播为主线，开展以"剪桐传承百年史 凝心聚力铸辉煌"为主题的系列剪纸作品创作活动，通过"剪说党史"的形式，展现中国共产党的百年光辉征程，通过回望党史来感悟中国共产党历久弥坚的初心使命。作品融入朝阳区红色文化、人文景观、典型事件，传承红色基因，讲好朝阳革命故事。

北京市朝阳社区学院（职工大学）将百年党史融入剪纸艺术，使理论宣传和思想教育更接地气、更加鲜活、更有温度。在建党百年之际，以"剪说党史"的形式再现中国共产党百年奋斗的岁月底片，进而达到红色文化和民间传统艺术双向传承与创新，推动了传统文化的创造性转化和创新性发展，进一步增强了党史教育的吸引力与感染力。

主题剪纸教学成果展示

"剪"刻文化塑历史经典。作为朝阳区区级非物质文化遗产项目蔚县剪纸（北京支）的保护单位，朝阳社区学院（职工大学）以传统与现代相结合的设计理念，把对建党百年光辉历程的美好情感和愿望寄托在剪纸艺术中。组织老师（非遗传承人）创作的同时，还组织专家团队深入学校、社区，开展党史主题系列剪纸创作活动。活动以"百年百幅作品"为抓手，让学生在艺术创作中学党史、感党恩。

面向社区居民举办的主题剪纸教学活动

"说"学党史创品牌课程。为团结社区的党员、群众，发挥新时代文明实践基地宣传群众、教育群众、关心群众、服务群众的功能，基地整合艺术创作成果，开发"学剪纸 知党史""巧手剪纸颂党恩""'时光'剪纸带你回忆百年党史""感受红色精神 庆祝建党百年"等主题宣讲，深入5个街（乡）的10个社区开展剪纸艺术讲座及体验活动，近300位社区党员和群众通过创作体验感悟党的历史。

"展"鉴精品传文化精髓。通过剪纸系列创新活动，基地进一步发挥新时代文明实践活动的示范和引领作用。剪纸作品《古丝路 新征程》参加第七届"艺术朝阳"社会主义核心价值观原创文艺作品征集和展示；"剪桐传承百年史 凝心聚力铸辉煌"系列剪纸作品之《希望》《和平解放》《朝阳巨变》参加2021年首届"京潮·京品"朝阳礼物征选活动，获提名奖；学生作品《长征精神》参加"红色印记·童心向党"2021年全国青少年创意剪纸大赛，荣获三等奖。

"剪说党史"系列文明实践活动取得积极成果，让广大党员干部群众深刻感受中华优秀传统文化博大精深的同时，传播了社会正能量，传承了红色精神，弘扬了时代主旋律，丰富了新时代文明实践活动内容，拓展了服务群众途径，提升了文明实践影响，促进了基层社区治理。

（推荐单位：北京市教育委员会）

文化惠民

"花椒树"下听故事 社区美德永流传

摘要 北京市丰台区西罗园街道以居民在花椒树下纳凉讲故事的休闲活动为契机,打造"讲故事、聊家常、话变迁"的新时代文明实践项目——花椒树故事会,构建居民交流学习新平台。以"街道引领,社区搭台,居民唱戏"为主线,故事会一期一主题,不设条框,不定形式,让百姓在接地气的身边人、身边事、身边语中,感受时代风貌、传承传统文化、共话文明榜样。

随着时代变迁,群众对于思想宣传有了新的需求,传统的宣传方式难以引发大家的共鸣。创新话语方式,让群众爱听爱看、入眼入心至关重要。西罗园街道以花椒树故事会为载体,让群众成为宣传主角,拓宽空间和形式,逐渐探索出一套适应基层宣传思想工作的新模式。

立足"以民为本"。故事会创立之初,街道工委确立了"街道引领,社区搭台,居民唱戏"的发展主线,将舞台搭在社区,让居民成为主角,让群众决定形式,从群众中挖掘故事线索。故事会的话题都是老百姓看得见、摸得着的身边事,让居民群众能说、会讲,带动感染周围的人们。

坚持"百花齐放"。故事会以"讲故事、聊家常、话变迁"的形式展开,不设置条条框框,也不追求形式上的统一,充分拓宽故事会活动的空间和形式。"生日故事会""党员故事会""板凳故事会""邻里故事会"等应运而生,话题朴实而接地气,如"零食的记忆""自行车的故事""年夜饭的变迁""大杂院印象",

花椒树故事会——"我的战疫记忆"

花椒树故事会开展"垃圾分类 文明有我"活动

等等。故事会一改过去一人讲、大家听或台上讲、台下听的做法,宣讲员围绕主题自由讲述,参与者随时插话,极大地引起参与者的共鸣。

实现"薪火相传"。多年的努力使花椒树故事会不断发展壮大,宣讲员从最初的15名故事会志愿者骨干,发展到现在的140余人,队伍也越来越趋于年轻化,55岁以下的宣讲员达到80%。前辈带后辈、美德永流传,榜样的力量代代传承,有力推动了新时代文明实践的发展。

西罗园街道花椒树故事会不断探索组织形式、积累经验,先后举办了"凉水河的变迁""家国家风家训""我眼中的十九大""改革开放40周年""勿忘初心做自己""战疫有我""垃圾分类 文明有我"等一系列兼具知识性和趣味性、弘扬时代正能量的主题活动,累计已达千余场,参与居民达到3万余人次。同时故事会将区域党建共建单位纳入活动中,引导各共建单位的广大党员干部积极参与其中,共同大力宣传身边的典型事迹,凝聚人心,弘扬时代主旋律,引领时代新风尚,在推动新时代文明实践在基层不断深化方面发挥着重要的作用。

(推荐单位:北京市丰台区)

"流动服务站"绘就文明风景线

摘要 北京市海淀区新时代文明实践中心在"三纵一横"（纵向建立实践中心、实践所、实践站三级体系，横向建立100家新时代文明实践基地）组织体系的基础上，坚持"一静一动"原则，打造了100个滴滴网约车"流动服务站"。

海淀区新时代文明实践中心办公室联合滴滴出行公司共同推出"流动服务站"，以7万余辆网约车为载体，司机在日常服务中践行"文明播报、文明展示、文明示范、文明宣讲、文明我行"五大文明行动。

整合资源，搭建文明实践流动播报站。在海淀区新时代文明实践中心和滴滴出行党委的指导下，在北京大街小巷的7万余辆网约车上推行文明播报。乘客乘坐滴滴网约车，上车后就能听到文明播报——"海淀区新时代文明实践中心温馨提示：文明实践，你我同行，志愿服务，人人受益，让我们一起来做新时代文明实践志愿者"。文明播报上线后，每日在网约车上播放10万余次，受到市民热烈欢迎。同时，30万辆青桔单车上线文明播报，每天的播报量达100万余次。

多元宣传，打造文明实践流动宣传车。依托礼橙专车重点打造100辆网约车"流动服务站"，在日常服务中践行"文明播报、文明展示、文明示范、文明宣讲、文明我行"五大文明行动。每一辆滴滴礼橙专车内张贴文明实践宣传海报，车内播报温馨宣传短语，让用户一上车就能感受到新时代文明实践的浓郁氛围和

滴滴网约车"流动服务站"宣传标语

滴滴网约车"流动服务站"宣传标识

滴滴网约车"流动服务站"志愿者上岗

内涵。

示范带动，激发文明实践志愿服务新活力。 发挥党员司机及优秀司机的先锋模范作用，组建新时代文明实践宣讲队，前往社区、学校、企业等开展系列宣传活动，持续传递社会正能量，营造人人参与新时代文明实践的氛围。

"流动服务站"启动前4个月，网约车和共享单车的播报累计覆盖群众超过1300万人次，打造了开展理论宣讲和志愿服务的流动平台和阵地，打通了宣传群众、教育群众、关心群众、服务群众的"最后一公里"，真正做到了"群众在哪里，文明实践就延伸到哪里"。

（推荐单位：北京市海淀区）

"阅读北京 悦享好书"青少年经典导读活动

摘要 "阅读北京 悦享好书"青少年经典导读活动是首都图书馆针对中小学生以"整本书阅读"方式开展的经典图书导读活动。活动以中小学生群体为导读对象、以经典名著为阅读内容、以领读志愿者为导读主体,以有指导的完整阅读时空为支撑,提供线上线下相结合的指导环境,丰富青少年阅读体验。活动的开展给学生提供一个交流共享的平台,充分发挥公共图书馆社会教育职能作用,提升中小学生对阅读的兴趣,促进未成年人健康成长。

2017年3月2日,"阅读北京 悦享好书"青少年经典导读活动启动

在国家倡导全民阅读的时代背景下,首都图书馆利用丰富的馆藏资源和品牌影响力,于2017年推出"阅读北京 悦享好书"青少年经典导读活动(以下简称"活动"),旨在为中小学生提供专业的"整本书阅读"方法,丰富青少年阅读体验。

创建学习平台,建立领读者队伍,保障活动开展。为保障活动开展,首都图书馆在其官网创建"青少年经典导读活动"平台(http://qsnjddd.clcn.net.cn),为学生提供学习与交流的园地，并根据活动特点，打造了一支由专家、作家、教师组成的领读者队伍，帮助学生解决阅读中遇到的问题。

导读老师在青少年经典导读活动空间给学生们介绍《红岩》

邀请名师、专家优选书目、录制课程，发挥专业指导作用。活动邀请名师、专家为学生优选书目，并录制导读课程，通过"整体感知"、"阅读鉴赏"及"表达交流"三段式讲解，由浅入深地为学生提供"整本书阅读"方法，使学生对"整本书阅读"有了一定的认知。

开展丰富的线上线下活动，提升活动广度与深度。活动依托首都图书馆的馆藏资源和专家资源，在不断丰富线上课程的同时，还面向学生开展自读指导、专家导读、成果展示等内容的图书馆阅读课，邀请专家、名师走进校园，邀请学生走进图书馆，通过诵读、绘制思维导图、头脑风暴等活动，让学生进一步掌握"整本书阅读"方法，提升阅读兴趣。

共享优质文化资源，助力文化扶贫。随着活动的深入推广，活动的服务范围进一步扩大，先后走进河北、天津、新疆、海南、四川等省、自治区、直辖市的公共图书馆和学校，把优质的文献资源、教育资源转化为教学资源，助力文化扶贫。

活动已持续开展7年，得到社会的广泛关注与认可，平台累计注册人数达74149人，参加学习人数累计达4111212人次。首都图书馆作为重要的知识信息枢纽和精神文明建设基地，通过全新的服务模式，联合社会、学校等各界力量，营造良好的阅读氛围，为未成年人阅读活动的开展保驾护航，以经典导读促进未成年人健康成长。

（推荐单位：首都图书馆）

牛街"身边+"邻里节 民族和合一家亲

> **摘要** 北京市西城区牛街街道新时代文明实践所立足区域实际与民族特色，探索建立"三三机制"（"三化标准"与"三贴进"），打通"街道—社区"两级公共文化服务体系，将志愿服务贯穿于文明实践活动中，在辖区居民群众与单位组织中广泛举办以"邻里学、邻里情、邻里帮、邻里颂"为主题的"身边+"邻里节传承活动，以民族文化凝聚精神共识，推进文明创建工作纵深发展。

"身边+"邻里节传承活动以服务机制建设为基础，突出"身边"属性，坚持"群众在哪里，文明实践就延伸到哪里"，紧紧围绕"民族文化""互助共享""榜样文明"三个方面凝聚群众、引导群众、服务群众。

探索建立"三三机制"，夯实实践基础。 以志愿队伍规范化、精品化，志愿活动项目化的"三化标准"提升志愿服务，引导志愿者参与文明实践，为"身边+"邻里节传承活动储备核心力量；以贴近民族特色、贴近身边典型、贴近群众需求的"三贴近"为活动原则，在满足群众需求中凝聚精神、宣传政策，带动群众践行主流价值观。

打造民族特色名片，丰富文化内涵。 "身边+"邻里节传承活动打破"课堂+讲座"的单向传输模式，转换话语方式，将党的理论、路线、民族政策有效地传达到群众中。街道举办"身边·诵读"红色经典主题故事读书会、"身边·创意"设计中的和合之美、"身边·徒步"打卡牛街地标感受和合新风等活动，围绕民族情、邻里情，讲述筑牢中华民族共同体意识的牛街故事，把理论政策融入民族文化活动中，将和谐、互助的民族情感贯穿其中。

搭建互助共享平台，实践融入治理。 街道坚持问题导向，把脉民需，开展"身边·志愿"便民服务月、"身边·家园"环境清洁日、"身边·创城"礼让斑马线等志愿服务活动，用文明实践让牛街人得到便捷服务。新冠疫情期间，辖区千余名志愿者纷纷加入"身边·守望"志愿服务活动，提供代购送餐、心理咨询、清扫消毒、包岗值守等志愿服务，把疫情防控落实到实处，让辖区居民充分体会到新时代文明实践的效率与优势。

"身边+"文化传承系列活动——打卡牛街地标 感受和合新风

讲好文明博爱故事，加强示范引领。街道坚持在群众身边树典型、立标杆，发挥示范引领作用，开展"强国复兴有我"百姓宣讲活动，举办"身边·影戏"对话百年特别活动，讲述牛街年轻人眼中的中国百年变迁，让"以文化人"的过程更加具象，将"志愿"与"文明"的火种传播到群众身边，营造良好的思想舆论氛围。

"身边+"邻里节传承活动通过志愿服务和文化交流的形式，为辖区居民创造沟通合作的平台，在服务群众的过程中壮大主流舆论、引领群众思想、弘扬民族文化、培育文明风尚，有效推动了新时代文明实践工作在牛街地区的全面展开。

（推荐单位：北京市西城区）

"红色文艺轻骑兵" 文化惠民进家门

摘要 自2019年5月成立以来,北京市密云区文学艺术界联合会(以下简称"密云区文联")坚持党建引领,利用资源优势,充分调动所属区域新时代文明实践文艺志愿服务队的积极性、创造性,整合挖掘所属区域文学艺术培训、创作、展示基地等机构的公共文化服务潜能,持续创新,深入基层,切实发挥"红色文艺轻骑兵"的志愿服务作用,让新时代文明实践更好地满足群众需要、服务发展大局。

密云区文联文艺家走进古北口镇河西村为村民书写春联、"福"字

2021年,"红色文艺轻骑兵"小分队以党员文艺家为先锋,将志愿服务活动与中华传统佳节、基层迫切需要和群众精神需求深度结合,走进群众的家门、心坎上,以群众喜闻乐见的文艺形式,弘扬传统文化,增强群众幸福感。

党建引领,创新模式,党员服务走在前。密云区文联创新推行"党建+志愿服务"工作模式,组织动员广大文艺家在党员先锋带领下,开展"党的十九大精神进万家""社会主义核心价值观进万家"等文化志愿服务活动。2021年春节前夕,先后走进密云区镇街的26个村居,面对面地为村民书写春联近8000副、"福"

字8000余个，画喜庆年画近1100幅，惠及村民7000余户，将党的声音传遍千家万户，让传统"年味儿"在新时代焕发出勃勃生机。

补齐短板，对接需求，专业培训更精准。密云区文联补齐志愿服务短板，提升"红色文艺轻骑兵"小分队的社

密云区文联邀请北京市文联文艺家在密云区大城子镇墙子路村举办"我们的中国梦·文化进万家"文化民俗庙会

会责任意识，创新"专业+骨干+爱好者"的梯级培训模式，主动对接基层需求，组织文艺家走进鼓楼街道、冯家峪镇、檀营满族蒙古族乡等地，为数百位社区舞蹈骨干进行广场舞、民族舞和原创大型舞蹈《我和我的祖国》培训，再由骨干们将其所学教授给广大的群众爱好者，在密云大地掀起了舞蹈学习的热潮，赢得了群众一致好评和广泛点赞。

精品下乡，门前看戏，文化服务更惠民。密云区文联疏通文艺服务"最后一公里"，积极挖掘北京市文联和基层文联文艺资源优势，邀请国家级、市级文艺家，组织区级文艺家走进太师屯镇、冯家峪镇、中国人民武警警察部队高岭训练基地等，将"我们的中国梦·文化进万家"文化民俗庙会、"一城三带"主题文艺创作展演、"庆元宵"戏曲专场演出、"'八一'建军节送文艺进军营"等专场演出活动送到群众的家门口，让群众在家门口就能看戏。贯彻了想群众所想、应群众所需的服务作风。

"红色文艺轻骑兵"是密云区文联深入践行我党"以人民为中心的发展思想"，带领文艺家远离"象牙塔"、走进田间地头，与人民群众音声相和、心意相通，真正使党的理论"飞入寻常百姓家"，是新时代文艺志愿服务主旋律的一次有益尝试，获得了密云区广大人民群众的真心赞扬。

（推荐单位：北京市密云区）

"暖·空间"中聚爱心 书香传递中国梦

> **摘要** 为深入贯彻习近平新时代中国特色社会主义思想和党中央关于全民阅读工作的重要部署,丰富新时代文明实践活动载体,北京市东城区交道口街道新时代文明实践所依托"暖·空间"阵地,开展线上"暖"系列活动之"捐一本书,书香传递中国梦"温暖传递活动,让更多的孩子享受阅读的快乐。

在街道工委的坚强领导下,交道口街道新时代文明实践所充分发挥街道工会、共青团、妇联的组织作用,整合职工之家、妇女之家、儿童之家、青年汇——"三家一汇"职能,集"工、青、妇、群、团"组织服务功能于一体,建立"暖·空间"阵地,开展线上"暖"系列活动之"捐一本书,书香传递中国梦"温暖传递活动。

多方联动齐参与。 积极协调号召辖区内社区、学校、机构团体积极行动起来,大兴社区、府学社区、黑芝麻胡同小学、东棉花幼儿园、北京乐信圣文科技有限责任公司、中国电影资料馆第二党支部等也积极参与进来;充分利用"暖·空间"地理位置的特殊性和便利性,通过南锣鼓巷辐射全北京,一起呼唤爱、倡导爱、传递爱,参与"捐一本书,书香传递中国梦"温暖传递活动,并通过"南锣暖空间"微信公众号、微信群等新媒体平台宣传。

志愿活动融其中。 通过"爱心书籍整理""福利院志愿服务"两类服务,让志愿活动更具参与感和实践意义。"爱心书籍整理"志愿活动通过号召青少年参与书籍分类、

学生们在"暖·空间"参与捐书活动

向北京天云语言无障碍康复中心儿童福利院捐赠图书活动

整理、打包,锻炼孩子们的动手能力、协作精神、团队精神。同时,在"暖·空间"活动微信群中大力宣传,发挥榜样作用,鼓励更多的孩子参与其中,培养奉献精神。"福利院志愿服务"活动让更多的青少年传递爱心、传播文明,为服务对象送去温暖,引导孩子们关注和帮助社会上需要帮助的人,懂得珍惜今天的美好生活。

捐赠书籍送温暖。"暖·空间"对募集到的书籍进行整理分类,并做好消毒工作,联合街道团工委、总工会、妇联和北京市兄弟服务中心,分别将1200本汉语图书捐赠至新疆和田地区的中小学,将1500本书籍捐赠至北京天云语言无障碍康复中心儿童福利院,让书籍发挥更大的价值,让更多的孩子享受阅读的快乐。

"捐一本书,书香传递中国梦"温暖传递活动,为有需要的中小学、福利院等建图书室,为孩子们提供良好的阅读条件。同时把爱心捐书的结果反馈给各界爱心人士,让大家认识到用"捐一本书"这种简单的方式就能传递爱心和温暖,从而形成良性循环,把奉献精神传递给更多的人,让公益理念在人们心中生根萌发,成为大家的一种生活方式和生活习惯。

(推荐单位:北京市东城区)

书香驿站飘书香 幸福满满暖陶然

摘要 北京市西城区陶然亭街道坚持完善新时代文明实践"17510"(1个"新时代文明实践所",7支"特色志愿者队伍",5个"新时代文明实践基地",10个"新时代文明实践站")体系建设,从搭平台、建队伍、创品牌、展文化4个维度,不断推动文明实践所、站、基地的阵地建设和队伍建设。街道着力推进、统一部署,积极开展了一系列文明实践活动,使文明行为遍地开花,打造出陶然亭亮丽文明风景线。

陶然亭书香驿站创新采用"321"工作法,为地区打造了一个高质量文化空间;坚持"四个细节",在地区产生"文明+"影响力,充分发挥其新时代文明实践基地的作用。

"321"工作法打造特色基地。"3"提升,以"提升公众参与、提升居民互助、提升平台影响力"为出发点,加强社会动员的效果,激发居民参与活力,关注活动的社会影响力;"2"推进,以"推进社区居民教育、推进和谐邻里建设"为目的,夯实本地具有品牌效应的学习平台和文化阵地,担起"举旗帜、聚民心、育新人、兴文化、展形象"的使命和任务;"1"整合,以"整合社区资源,共建美好陶然"为指南,调动各方力量,整合各种资源,创新方式方法,建设"传播思想、实践文明、成就梦想"的陶然亭地区特色实践基地。

主题活动营造居民幸福感。书香沁陶然得益于"阅读陶然"读书会这一品牌活动。自2018年开始,基地为推广全民阅读,营造地区书香氛围,开展读书会系列活动,针对不同人群,设置专门主题,通过共读实现社区教育目的。沙龙评陶然是书香驿站引导居民参与自治的成果。基地围绕社区热点、难点话题,组织楼门院长、居民代表开展座谈交流和议事活动,提升居民主人翁意识,发挥社区微网格的作用,让居民在议事中提升参与感、获得感。

"四个细节"探索成功模式。一是精准定位。书香驿站通过"大手拉小手"的方式,让"一老一小"更多地参与到社区活动和事务中,通过"一老一小"向更多人群传达社区印象。二是设置主题。书香驿站紧紧围绕新时代文明实践活动

陶然亭街道开展心理健康沙龙活动

主题，结合地区实际和受众人群，精细化分类，细致化服务，通过明确的活动主题，达到更精准的宣传效果。三是培养习惯。书香驿站基地积极探索，在活动中设置有仪式感的环节，并将其固化、常态化，最终潜移默化地培养居民的习惯。四是社群发酵。书香驿站注重社群建设，即便活动结束，居民依然可以通过社群进行交流互动，使活动对居民产生的影响能持续发酵，突破了时间、空间限制，在更大范围发挥影响力。

陶然亭书香驿站作为街道新时代文明实践基地之一，始终坚持以街道主题为指引，以文化活动为载体，开展常态化、系统化、规律化的新时代文明实践活动，提升了居民个人素养，促进了家庭文化建设，形成了社区文明氛围。

（推荐单位：北京市西城区）

"月末喜相逢" 喝彩新民风

摘要　北京市怀柔区桥梓镇北宅村新时代文明实践站借助村里连续多年保留的"月末喜相逢"文化活动品牌，在开展"志愿服务+"模式的系列活动中，紧紧围绕村风建设这个主题，在打通宣传群众、教育群众、关心群众、服务群众的"最后一公里"上下功夫，让群众在享受文化大餐中接受教育、传播正能量，在传承好家风中凝聚人人向往的正气村风，让"月末喜相逢"文化活动品牌，成为新时代文明实践志愿服务的精神大餐。

北宅村"月末喜相逢"文化活动始于2006年。为进一步丰富村民的精神文化生活，北宅村规定每月的28日为"月末喜相逢"文化日。在文化日当天，实践站会把音响设备安装好，按照报名顺序，让村民上台表演，同时让其他群众享受丰富多彩的表演大餐。

整合各方资源，形成合力。北宅村在整合新时代文明实践站资源的基础上，把党建活动室、扫黄打非工作站、爱国主义教育基地、乡情村史陈列馆等场所作为支点，连点成片，形成合力，为新时代文明实践站提供坚实的硬件支撑和更多

北宅村"月末喜相逢"暨"扫黄打非"专场演出

北宅村与北京华龄模特艺术团联合演出

的文化阵地。

开展爱心教学,提升技能。 北宅村新时代文明实践站每周邀请区社区教育中心的老师来村开展文艺教学,文艺教学分为三个课程,分别是色彩着装、舞蹈和歌曲。专业的指导让村民对表演有了更深层次的理解,提升了大家的舞台专业技能,也让"月末喜相逢"文化活动这道精神文化大餐更加赏心悦目。

加大宣传力度,扩大受众。 北宅村的"月末喜相逢"专场文艺晚会不仅吸引了十里八村的村民,更吸引了京城的文艺团队参与其中,不但活跃了村民的文化生活,还把都市的先进文化理念、文化水准带到了乡村,为村里培养了更多的文化人才,也扩大了"月末喜相逢"文化日的影响力和受众范围。

北宅村的"月末喜相逢"文化日是文明实践与志愿服务的一次创新实践,截至目前,"月末喜相逢"文化活动举办了127场,吸引村内外观众参与活动近6万人次。"月末喜相逢"文化日不仅丰富了村民的精神生活,还陶冶了人们的道德情操,对提升村民的文化生活水平和村风民风建设起到了积极的助推作用,让村民在精神上也能"吃得饱""吃得好"。

(推荐单位:北京市怀柔区)

"百姓学堂"打造流动的新时代文明实践基地

> **摘要** "百姓学堂"植根于社区,作为"新时代文明实践创新"典型项目,十余年来,坚持立德树人的办学方向,传播文化,凝聚民心,通过送教上门的流动课堂新颖形式,建立"家门口的学堂",学习课程延伸至东城区17个街道。2021—2022学年课程"菜单"上线课程达52门,突出"品牌引领,整合教育资源和社会资源,服务百姓多元学习需求",全面开放资源,不断拓展教育覆盖面。"百姓学堂"打造15分钟学习圈,传播的不仅是终身学习理念,更让广大市民切身感受到流动课堂给市民带来的学习便利。

2021年10月19日,"百姓学堂"国画班在龙潭街道正式开课

"百姓学堂"植根于社区,作为"新时代文明实践创新"的典型项目,始终以习近平新时代中国特色社会主义思想为指导,坚持公益性原则,充分发挥区位优势,将学习资源延伸到驻区部队、弱势群体和新市民教育服务中,畅通的管理渠

道推动了"百姓学堂"健康发展,展示了新时代文明实践工作的新作为、新贡献。

打造15分钟学习圈。 "百姓学堂"突出"品牌引领,整合教育资源和社会资源,服务百姓多元学习需求",按照学习内容滚动式设计课程,错班开学,开办"家门口的学堂",实现了就近学习;建立了送教上

东城区新时代文明实践基地开展流动讲堂代际沟通讲座

门的流动课堂,采取"点单""派单"式服务模式,学习时段一般在一个半小时左右。

设置个性化学习菜单。 2021—2022学年的课程"菜单"共推出4大类52门课程,通过统筹管理、上下联动的方式,反复征求基层与社区的选课意见,最终形成市民学习需求课程"菜单"。经统计,时尚穿搭、京剧、亲子阅读、家庭教育等31门深受东城区市民欢迎的课程走进社区、服务群众。

延伸教育服务受众面。 拓展宽度,将学习资源送到驻区部队,关注弱势群体的学习需求,推动形成新市民教育服务模式。深化党史学习教育成果,发挥"党员志愿者、学生志愿者和文教助理志愿者"的作用,立足社区教育,开展"我为群众办实事"实践活动。2021年10月,"百姓学堂"送课送学至东城区新中街社区养老服务驿站,推介包括摄影、绘画、声乐、器乐、书法、舞蹈等娱乐休闲公益性课程,为养老驿站送去学习便利。

作为流动的新时代文明实践基地,"百姓学堂"自2008年创办以来,始终坚持立德树人的办学方向,传播文化,凝聚民心,2012年、2017年先后被评为东城区和北京市"终身学习品牌项目"。作为区域传播先进文化、践行知识改变命运、提高生命质量的教育载体,"百姓学堂"体现了社区教育的公益属性,发挥了社区教育的主渠道作用,以教育回馈社会,赢得了社区百姓认可。

(推荐单位:北京市东城区)

北京外研书店·研课堂

摘要 北京外研书店成立于1993年,是隶属北京外国语大学(以下简称"北外")、外语教学与研究出版社(以下简称"外研社")的品牌书店,有3家门店。北京外研书店东升科技园店作为第一家分店,自开业以来一直注重"科技与文化相融合",积极开展各类文化活动,借助科技园区的地理优势,同时依托外研社与外研书店总店的文化底蕴与资源打造了"研课堂"这一全民阅读品牌,将研学的精神传递到每一个外研书店。

"来这里,读世界"是外研书店的宗旨,始终致力于为读者提供优质阅读资源,服务更多的读者。"研课堂"是外研书店开展的系列活动,依托外研社与外研书店总店的文化底蕴和资源,举办高端讲座、艺术展演、读书会、亲子阅读等,主讲嘉宾主要为北京各高校教师及外研社的作者资源,如大学教授、驻华大使、图书作者、主编、插画师等。

唱响时代主流的思想传播平台。作为海淀实体书店中的首家新时代文明实践基地,北京外研书店东升科技园店在传播新思想、引领新风尚上走在前列,开展以"青年马克思主义读书会"为主的学习交流活动,旨在依托外研书店的浓厚阅读氛围,践行习近平总书记"读马克思主义原著,悟马克思主义原理"的重要指示精神。目前,该系列活动已开展三季,分别围绕"讲好马克思主义中国化""习近平新时代中国特色社会主义思想""党的百年奋斗历史""红色故事会""二十大宣讲"等主题开展。

精彩纷呈的文化交流活动。外研书店始终致力于为读者精选好书、传播正能量,努力营造全民阅读的良好氛围,每年都会组织百余场高端讲座、艺术展演、读书会、亲子阅读等各类文化活动。其中不乏北京市委宣传部、海淀区委宣传部、海淀区文旅局、海淀区文联、海淀区作协、海淀区图书馆等上级单位发起的活动,吸引了各大高校、出版社、文化机构等活动方的参与,邀请学术界、文化艺术界等嘉宾数量超过500人。丰富的文化活动让"研课堂"形成了全系列、颇具影响力的活动品牌,受到社会广泛好评。

青年马克思主义读书会（第二期）——多维视野下的马克思主义中国化路径

落地生根的多元文化空间。作为以外语为载体、突出呈现中外文化的主题书店，外研书店具有鲜明的国际化特色和优势。外研书店的校园书店为学校及学生提供了全方位的支持与服务；园区书店为众多穿梭于园区的工作者提供了阅读与交流的空间，更提供了一方精神的栖息之所；社区书店举办形式多样的学术文化和亲子阅读活动，为四季青镇打造了"文化四季"特色文化品牌。外研书店的3家门店根据各自的地理优势，让各类活动遍地开花。

"研课堂"是外研书店自成立以来外化于行的标志，在书店的积极努力下，各门店先后获得国家级、市级等多个荣誉奖项。同时作为全国亲子家庭阅读体验基地、北京市新时代文明实践基地、北京市特色书店，外研书店也将扎实推进文化产业建设，推动全民阅读的高质量发展，更好地实现其社会价值与文化价值。

（推荐单位：北京市海淀区）

传承红色精神 争做爱国少年
——新四军林志愿服务活动

> **摘要** "爱国教育,国之重器",在青少年中营造爱国的良好氛围,是北京市丰台区新时代文明实践的重要课题之一。卢沟桥街道辖区的新四军林,在爱国教育中有着特殊的意义。卢沟桥是七七事变的发生地、中国全面抗日战争爆发地,新四军是中国共产党领导的重要抗日武装力量,新四军林以树为碑、以林为魂,将七七事变和新四军两个红色记忆交织在一起,寄托着革命先辈"育树育人"的情怀。

张仪村小爱新时代文明实践志愿服务队筹建于2017年,2018年1月4日在志愿北京官网正式注册。自成立以来,志愿服务队立足城乡接合部实际,发扬奉献、友爱、互助、进步的志愿精神,在新时代文明实践活动中不断开拓创新并完善志愿组织管理。

聚焦红色文化,打造志愿服务特色品牌。2017年年底,小爱志愿服务队以家庭为单位,依托卢沟桥街道辖区新四军林红色文化,把红色传承和志愿服务相结合,创造性地打造了新四军林志愿服务活动这一新时代文明实践特色品牌。活动注重学习与实践相结合,引导孩子们诵读革命先烈事迹、学习革命先烈精神、写感想体会,让红色志愿精神深入思想,有力提升了新时代文明实践活动在基层,特别是在青少年及其父母间的影响力。

聚焦爱国主题,丰富爱国铸魂核心内涵。新四军林志愿服务活动每周六开展一次,冬季在下午、夏季在早上,春秋两季时间适当延长,一年四季风雨无阻。活动前,统一规划,志愿者集合后由领队做宣传动员,统一着志愿马甲,亮明身份,文明言行;活动中,大家自觉轮流诵读《背负着民族的希望》里革命先烈的历史事迹,分小组擦拭纪念碑和展板,以行动致敬英魂;活动最后,大家自发在园林里捡拾垃圾,进行文明游园宣传和垃圾分类指导。活动的开展,让新四军林的环境有了很大改善。

聚焦少年群体,提升教育基地综合影响。小爱志愿服务队深耕新四军林爱国

2021年4月4日,"建党百年 2021清明祭英烈"纪念活动在天元公园新四军林举行

教育基地,活动影响力不断扩大。参与活动的志愿者由最初的三五人,发展到今天的两千多人,很多大、中、小学学生和党、团组织慕名而来。"爱国+志愿+环保"的活动方式,进一步提升了新时代文明实践在基层群众中的影响力。

传承红色文化、培育爱国情怀、学习革命榜样,新四军林新时代文明实践志愿服务活动,以全新的方式将红色文化融入青少年日常德育教育,丰富了新时代文明实践的内涵。2019年小爱志愿服务队被丰台区授予"新时代文明实践志愿服务先锋队"称号;小爱志愿服务队荣获2020年度全国学雷锋志愿服务"四个100"最佳组织奖;2021年首都志愿服务项目大赛中,"新四军林志愿服务"项目荣获创新奖。

(推荐单位:北京市丰台区)

传承文化经典 "顺义朗读者"涂亮人生底色

摘要 "顺义朗读者"文明实践志愿服务项目自2018年7月启动以来,以提高市民的阅读能力、鉴赏能力、艺术修养和人文素养为己任,致力于在社区、单位、学校开展经典诵读文化实践活动,准确把握新时代顺义区社区教育面临的新形势、新使命、新任务,为朗诵事业的发展提升、市民人文素养的提高做出了贡献。

2020年6月15日,顺义区新时代文明实践中心举办"庆建党百年华诞 展首都最美风采"朗诵汇演文明实践活动

"顺义朗读者"文明实践志愿服务项目作为全民阅读活动的重要抓手,服务对象涵盖各个年龄段、各类群体,辐射各镇街和各处级单位,力求做到有温度、有选择、有创新、有保障。

高度重视,全方位保障项目良性运转。 在项目创立之初,吸纳顺义区作家协会等社会团体组织加入,通过"招募—培训—考核—上岗—个人成长"5个环节保障项目良性运转。通过志愿北京平台组织大型朗诵活动,吸纳有热情、有能力的朗诵爱好者加入,同时开通顺义朗诵艺术团微信公众号,组建顺义朗读者微信群,目前已有300余名朗读爱好者加入。

创新形式,提升市民文化底蕴。 一是公益演出"文化善行"。在每年4月23日世界读书日举办全民阅读活动启动仪式,2021年至2022年,累计现场参与者

100人，辐射达5000人。到各镇街、单位开展巡演活动，组建朗诵志愿者团队，为退役军人等群体义务巡演。二是定期开展沙龙系列活动。每年举办10场线上线下沙龙活动，参与者达5000人，辐射达1万人。著名朗诵艺术家米欧、青年诗人雪

"顺义朗读者"朗诵手势培训

石、中央广播电视总台播音员商建超等专家都曾到场指导并示范朗诵。三是原创征诗及朗诵会特色彰显。先后举办了与时代结合的"爱家乡 书香满顺义""梦圆2020年全面建成小康社会""庆祝建党100周年""喜迎党的二十大"征诗活动，邀请知名作家评选诗作，特邀优秀朗读爱好者朗诵原创作品，让顺义人朗诵顺义人写的诗歌，参与者达400人，辐射达1万人。四是队伍培养平台广阔。免费开展朗诵基础班和提高班培训，让更多的市民加入到朗读队伍中来。选拔具有较好朗诵基础和较强表演能力的优秀朗读爱好者参加全国首届社会责任春晚、"放飞梦想"、"绽放夕阳"等各类活动，参与者达200人。

多元宣传，提高朗诵参与率和覆盖面。今日头条、凤凰新闻、北京市教委、顺义区教委等多家媒体对活动进行广泛深入报道，提高了"顺义朗读者"的知名度和美誉度，吸引越来越多朗诵爱好者加入队伍，成为忠实"粉丝"。各镇街把朗诵活动作为推动区域内全民阅读的有效手段，如马坡镇在镇域内开展朗诵培训，石园街道组织了"绽放夕阳"比赛，后沙峪镇组织了线上诗歌朗诵活动。

2018年至2019年，"顺义朗读者"文明实践志愿服务项目荣获北京市放飞梦想朗诵大赛优秀组织奖和首届社会责任春晚优秀组织奖；2020年，获评顺义区学习共同体和北京市终身学习品牌；2021年，区委宣传部对新时代文明实践中心直属教育服务"顺义朗读者"文明实践志愿服务队授旗，同年获评北京市新时代文明实践"提名创新案例"，并获得顺义区新时代文明实践志愿服务项目三等奖；2022年，荣获北京市新时代老年学习共同体5A级认定。

（推荐单位：北京市顺义区）

靶向供需 悦民润心

摘要 大兴区瀛海镇切实把新时代文明实践所打造成为思想引领、道德建设、文化传承的重要载体，聚合19个社区文明实践站和4个文明实践基地，将各类新时代文明实践服务活动与群众需求精准对接，使群众乐于参与、便于参与。"你需我供""点单配单"的靶向服务，不仅满足了群众多样化的精神文化需求，还达到以文化人、以文育人的目标，让群众在潜移默化中提升觉悟和素养，共创"文明瀛海"。

2019年5月，瀛海镇新时代文明实践所正式成立；2022年9月，实践所乔迁揭牌，内容更加完善、内涵更加丰富。自成立以来，实践所建阵地、强队伍、优服务、抓活动，健全各项服务保障机制，使之成为打通宣传群众、教育群众、关心群众、服务群众"最后一公里"的重要载体。

搭建实践阵地，构筑共享平台。 瀛海镇新时代文明实践所发挥统筹引领和资源整合作用，辐射全镇19个文明实践站和4个文明实践基地，通过党政成员带头讲党课、百姓宣讲进社区、走基层等实践形式，开设新时代文明实践理论课堂，打造"家门口"的实践阵地，满足周边群众文明实践活动需求，教育引导广大干部群众坚持真理、增强自信。

整合服务资源，壮大志愿队伍。 瀛海镇新时代文明实践所全面整合镇域志愿服务资源，一是结合"7个服务平台"（理论宣讲服务、教育服务、文化服务、科技与科普服务、体育服务、医疗卫生服务、法律服务）要求，构建"7+N"新时代文明实践志愿者服务队伍体系（7类瀛海特色的志愿服务队伍和"N"支特色群众文体

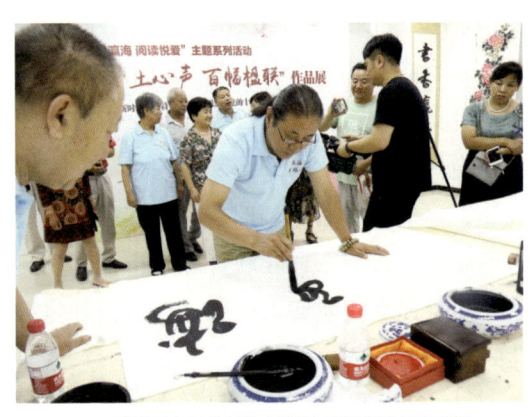

瀛海镇新时代文明实践推动日活动——
"乡土心声 百副楹联"作品展

瀛海镇"最美阅读空间"文化志愿者团队举办青少年书法班

队伍);二是携手企业、医院、学校等单位共建联盟,不断激发志愿服务新活力。截至2022年年底,共开展服务408场次,参与志愿者达6000余人次,志愿服务时长突破万余小时。

畅通问需渠道,开展靶向服务。一方面依托"大兴区新时代文明实践网络互动平台"问需"配单";另一方面通过"大兴瀛海"政务微信留言板、党员居民代表日、社区议事会等多种方式征集群众文化需求。实践所定制了书画摄影、中华诗词、舞蹈体育等13类个性化优质文明实践志愿服务"菜单",提供常态化、精准化文化服务。截至2022年年底,群众共计"点单"952次,累计服务24952人次。

创建品牌项目,丰富文化活动。整合公共服务资源,发布志愿服务项目30余个,扶持"草根诗社""书画协会"等多支优秀志愿服务队伍和"青少年暑期成果展"等多个优秀志愿服务项目,以品牌项目凝聚群众;深入开展"我们的节日"、清洁家园环境、国民体质测试、冰雪体验、榜样评选、红色文化传承等各类大型文化惠民活动50余场,以文化活动悦民润心。

靶向供需,悦民润心,大兴区瀛海镇不断建设提升新时代文明实践所,使之成为传播思想、实践文明、成就梦想的"百姓之家"。

(推荐单位:北京市大兴区)

"书香平谷"全民阅读活动

摘要 北京市平谷区图书馆作为新时代文明实践基地,以丰富的读书活动激发市民的读书热情,持续打造"书香平谷"全民阅读活动品牌,推进中华优秀传统文化教育,增强大众文化底蕴和文化自信,强化革命传统教育和爱国主义教育,厚植大众红色基因和爱国意识,培育和践行社会主义核心价值观,提升市民的文化素养,大力推动公共文化事业和文化产业的协同发展,一手抓"生态扎根",一手抓"书香铸魂",凸显平谷区"生态+文化"的品牌特色。

平谷区图书馆举办"互阅书香"图书交换志愿服务活动

"书香平谷"全民阅读活动自2009年启动,至今已成功举办14届。活动着力创新阅读载体,以线上线下相结合的方式,通过开展"名师导读""经典诵读""捐书助读"等形式多样的主题阅读活动,培养大众阅读习惯,提高大众文化素质。活动持续时间长,影响范围广,大众参与率高,在推广阅读、营造城市浓郁文化氛围中成效显著,年开展活动500余场次,受众近20万人次。平谷区图书馆先后被中国图书馆学会授予"全民阅读活动先进单位""全民阅读示范基地"等称号,在首都学雷锋志愿服务"五个100"先进典型活动中荣获"最佳志愿服务组织"等荣誉。

举办"名师导读"。邀请区内外名人,结合自己的著作或曾经阅读的经典,进行独家深度讲解,引导广大党员干部群众认真阅读经典、开拓文化视野、全面提升素质;聘请专业绘本阅读教师,通过推出"阅读+表演""阅读+手工

2020年10月29日，平谷区图书馆举办第五届京津冀诵读邀请赛活动

DIY""阅读+唱诵"等多种形式的培训课，全力打造"阅读+"系列绘本阅读活动品牌。

开展"经典诵读"。以传统节日为契机，开展清明诵诗会、中秋节音乐朗诵会等特色诵读活动；从阅读经典出发，结合不同主题，开展"书香平谷"全民诵读大赛、京津冀诵读邀请赛等活动，持续打造"书香平谷"全民阅读活动品牌。

策划"捐书助读"。招募优秀志愿者，举办志愿者沙龙，开展"互阅书香"图书捐赠交换、"法韵书香"法律咨询志愿服务、"心阅书香"助残文化志愿服务等活动，成功打造一支全面深入基层的志愿服务队伍，引领大众关注阅读、参与阅读、热爱阅读，助力城市精神文明建设。截至目前，共招募志愿者1800余人，累计开展志愿服务项目60余项。

今后，平谷区图书馆将在实践中不断丰富和创新"书香平谷"全民阅读活动，如加强数字阅读推广、深化荐书活动内容、做强精品特色活动等，策划更多、更优质、更具特色的读书活动，助推城市文化建设，打造书香之城。

（推荐单位：北京市平谷区）

"冬奥业校"特色志愿服务项目 推动"文明延庆与冬奥同行"

摘要 北京市延庆区新时代文明实践中心依托"点单派单"平台统筹冬奥主题资源,创新推出"冬奥业校"特色志愿服务项目,传播文明理念,增强群众黏性,激发长效活力。同时,"冬奥业校"通过营造浓厚的迎接冬奥、服务冬奥的社会氛围,在凝聚群众共建最美冬奥城方面发挥了重要的社会动员作用,也拓展了重大赛会对地区的影响力,推动文明实践更为深入地扎根基层、深入人心。

2022年4月15日,"冬奥业校"开展"学习贯彻习近平总书记在北京冬奥会、冬残奥会总结表彰大会上的重要讲话精神"活动

为准确把握党百年奋斗的重大成就、历史意义和历史经验,弘扬伟大建党精神,以冲刺状态决战决胜冬奥会,接续奋斗建设生态、文明、幸福的最美冬奥城,北京市延庆区新时代文明实践中心依托"点单派单"平台统筹冬奥主题资源,创新推出"冬奥业校"特色志愿服务项目,把百姓最需要的冬奥特色资源送到家门口,让冬奥走进千家万户。

以冬奥为主题,传播文明理念。在全区人民"争当文明东道主 建设最美冬奥城"的大形势下,"冬奥业校"应运而生,通过冬奥知识、冬奥故事、冬奥技能、文明礼仪、志愿服务、妫川文化6个板块，将文明理念与冬奥文化融合。始终把做强做精内容放在首位，依托新时代文明实践"点单派单"机制，统筹35个区级单位和10余个社会组织的冬奥主题相关资源，推出冬奥主题系列培训课程及体验项目108项，群众"点单"2300余次，覆盖15.3

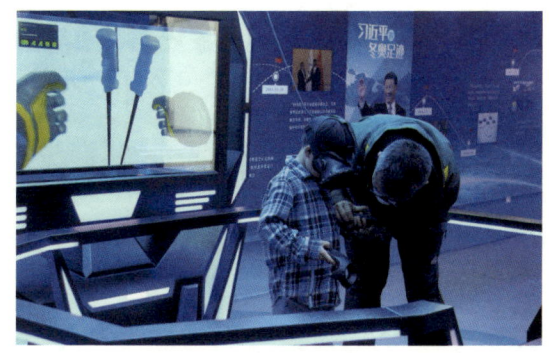

2022年4月15日，"冬奥业校"之"冰雪体验"活动在延庆区格兰二期南区新时代文明实践站举办

万余人次。策划"冬奥业校"三课一单，推出线上微课、线下精品课、现场公开课、"点单派单"线上专项服务，提升广大市民的主人翁意识和责任感。

线上线下协同，增强群众黏性。 通过线上线下两种形式、固定和流动课堂两种模式，邀请专业教师、冬奥建设者等，开展进机关、进乡村、进社区、进学校、进企业、进单位活动。通过开展"文明延庆与冬奥同行"访谈活动，邀请冬奥组委工作人员、冬奥领域专家、冰雪职业运动员等与当地群众欢聚一堂，让群众切实感受到冬奥会就在身边。"冬奥业校"将近5万人培养为冰雪运动爱好者、冬奥会志愿者。

突出互动体验，激发长效活力。 借助新时代文明实践推动日等载体，开展"长城脚下过大年 延庆乡亲迎冬奥"春节线上系列活动，参与群众14.5万余人次。成立由冰雪协会负责人、文明引导员等组成的"争当文明东道主 建设最美冬奥城"百姓宣讲团，把"延庆乡亲"志愿者奉献冬奥、参与冬奥的100余个事迹，形成11个生动故事开展巡回宣讲。以"文明助力冬奥"为主题，聚焦文明观赛、文明待客、文明出行，开展"冬奥社会文明行动""助力冬奥 文明观赛"实践活动，动员党员群众在互动体验中参与文明行动。

"冬奥业校"依托新时代文明实践所、站，推动冬奥精神和文明理念广泛进机关、进乡村、进社区、进学校、进企业、进单位，将百姓最喜欢的内容送到家门口，普及心坎里，推动文明更加深入地扎根基层，深入人心。

（推荐单位：北京市延庆区）

"乡村大舞台"唱响"农情京韵"
——北京农民艺术节"乡村大舞台"群众文艺展演系列活动

摘要 "乡村大舞台"群众文艺展演系列活动是北京农民艺术节的品牌活动,以农民为主角,通过文艺表演的形式,使其积极参与乡村文化振兴。2021年,紧密结合庆祝中国共产党成立100周年,活动在内容和形式上推陈出新,拓展至与农事体验、农产品集市、非遗文创展示、民宿休闲推介等有机结合,充分展现新时代农村群众的"精气神"。

"乡村大舞台"在朝阳区举办专场活动

"乡村大舞台"群众文艺展演系列活动,主要包括"乡村大舞台"专场展演和"乡村大舞台"市级优秀节目展演。京郊农民广泛参与,13个涉农区每个区举办一场专场演出,内容以原创为主,突出地方特色,内涵和格调积极向上,紧贴时代、突出主旋律。

突出农民主体地位,为农村群众"搭台唱戏"。"乡村大舞台"群众文艺展演系列活动,是第32届北京农民艺术节的一个品牌项目。面向13个涉农区,共举办13场专场演出，展演优秀节目141个（原创节目近百个）。其中包括红色歌曲、小戏小品、诗词朗诵、戏曲舞蹈、快板相声等，形式多样、内容丰富，振奋人心，在节目内容上注入红色基因、浸染红色底蕴，生动地展现出习近平新时代中国特色社会主义思想在京郊大地上的生动实践。

"乡村大舞台"活动现场观众反响热烈

聚焦农民文化需求，展示乡村文化振兴成果。 "乡村大舞台"广泛发动京郊13个涉农区的基层文艺爱好者参与其中，大多数节目由农民群众自编自演，生动讲述了决胜全面小康、推动乡村振兴的精彩故事。立足建党百年，2021年"乡村大舞台"深挖京郊红色资源，推出一批具有红色基因的特色节目，并结合中国农民丰收节北京市系列庆祝活动，与农事体验、农产品集市、非遗文创展示、民宿休闲推介等有机结合，活动现场还展示了北京地标性农产品和有机蔬果数十种，非遗文创作品上千件，全面反映出乡村振兴的丰硕成果。

多种媒体互动宣传，深入讲好乡村文化故事。 "乡村大舞台"以党建为引领，是奋进新时代的文化阵地和宣传载体。在活动组织的过程中，13个涉农区发动了100余个乡镇近万人次直接或间接参与活动。13个涉农区累计组织了5000余名观众现场观看节目，并通过各区融媒体矩阵和人民网、百度直播等进行直播，累计观看达百万人次，为全面推进乡村振兴、加快农业农村现代化建设，营造出浓郁的时代氛围。

乡村振兴，既要塑形，也要铸魂。北京农民艺术节"乡村大舞台"群众文艺展演系列活动作为推动乡村文化振兴、培育提升文明乡风的重要抓手，通过群众喜闻乐见、丰富生动的文艺表演形式，不仅实现了带动京郊农民广泛参与活动的愿景，也成为展示"京韵农味"优秀传统乡土文化的亮丽风景线。

（推荐单位：北京市委农村工作委员会）

"文艺进万家 健康你我他"
北京市文联新时代文明实践文艺志愿服务

摘要 为推动习近平新时代中国特色社会主义思想深入人心、落地生根，满足基层群众精神文化生活新需求，自2020年11月起，北京市文联、东城区文联、朝阳区文联、丰台区文联及9个街道、27个社区，组织"文艺进万家 健康你我他"新时代文明实践活动。北京市文联文艺志愿服务团围绕服务北京市中心工作，聚焦基层群众精神文化需求，开展惠民演出、文艺培训、节庆送"福"到家等活动，有力推动了优质文艺资源向基层延伸。目前，活动已在全市范围内推广。

北京市文联围绕举旗帜、聚民心、育新人、兴文化、展形象的使命任务，发挥组织优势和专业优势，广泛开展丰富多彩的文艺活动，加强思想政治建设、倡导文明健康社会风尚、推进基层社会治理。

坚持人民立场，倡导"一张网、一盘棋"的服务理念。以习近平总书记给乌兰牧骑队员回信3周年为契机，在朝阳区六里屯街道秀水园社区举办"人民需要艺术 艺术也需要人民"座谈会，发布新时代文明实践文艺志愿者之歌——《我们都是轻骑兵》，冒雨雪组织惠民演出。赴四川省什邡市，组织文学、书法、美术、摄影培训，举办"京什携手——百幅书画颂党恩"艺术展。赴广西壮族自治区，为南宁、百色的文艺工作者带来了8场文学、农民画、书法、摄影培训，覆盖约500余人次。

坚持服务为本，打造文艺志愿服务品牌。在房山区霞云岭乡堂上村，举办北京市庆祝中国共产党成立100周年"人民的心声"专场演出，呈现了一场气势磅礴、震撼人心的视听盛宴，在奥林匹克森林公园，举办"庆

2020年11月21日，北京市文联新时代文明实践活动在朝阳区秀水园社区启动

2021年7月18日，北京市文联新时代文明实践活动——北京老舍文学院作家讲堂（第一季），在美后肆时景山市民文化中心正式开讲

百年 迎冬奥"惠民演出，赴西藏拉萨、新疆和田、湖北十堰、河南南阳等地，开展文艺演出、文学讲座，以及美术、书法、摄影、音乐、舞蹈艺术培训，举办"桑皮纸上的魅力新疆"北京·新疆书画作品展，组织《高原天籁·魅力拉萨》西藏传统歌舞进京展演，举办"新时代拉萨文艺事业发展"专题研讨会。

坚持守正创新，弘扬中华优秀传统文化。2021年春节期间，通过线上线下相结合的方式，组织送"福"到家系列活动。线下，向各区及科研院所、学校、公安、铁路等单位，派送春联、"福"字2万余副/幅，组织书法家、民间艺术家走进门头沟区、北京第二外国语学院举办现场创作活动。线上，根据3万份高校学生问卷调查需求，录制文艺微课堂；公益舞蹈短片《幸福家园》、歌曲《幸福感》MTV，在微信平台、央视频展播。端午节期间，为市森林消防综合救援总队送去精彩的文艺演出及书法美术、民间文艺展示。中秋节期间，走进门头沟消防救援站、景山市民文化中心进行民间艺术互动教学。

文艺志愿服务，是志愿服务事业的重要组成部分，在新时代文明实践中心建设中发挥着十分重要的作用。2021年3月，北京市文联文艺志愿服务团入选2020年度全国学雷锋志愿服务"四个100"先进典型"最美志愿服务组织"。

（推荐单位：北京市文学艺术界联合会）

品阅经典美文 尽享书香芬芳
——"品阅书香"领读志愿者导读文化志愿服务项目

摘要 首都图书馆"品阅书香"文化志愿服务项目以阅读推广活动为主要形式,由阅读推广的领读志愿者队伍,引领青少年读者品阅经典。"品阅书香"作为推进新时代文明实践建设工作的有力抓手,倡导广大读者关注阅读、参与阅读、爱上阅读,传播知识能量,让读者尽享阅读之美。

"品阅书香"阅读推广志愿者风采

"品阅书香"领读志愿者导读文化志愿服务项目以阅读推广活动为主要形式,依托北京市公共图书馆志愿服务体系,以服务大众的阅读推广活动为媒介,以三级梯队领读志愿者为引领,整合多个渠道,让图书馆的导读文化志愿服务进家庭、进学校、进边疆地区,进到孩子们的心里。

依托三级梯队,完成导读闭环。 领读志愿者是活动的核心。领读志愿者包括专家名师、在校大学生、中小学生三类人群,志愿者采用线上线下两种形式服务：线上领读志愿者录制经典书籍的导读视频，青少年学生参与和分享导读实践；线下组织领读志愿者走进各地图书馆、各级学校与青少年志愿服务对象面对面交流。通过多种形式倡导青少年阅读经典书籍，并提供专业的阅读指导服务。近年来累计有

"品阅书香"志愿者深入学校举办阅读分享会

4650余人次志愿者参与其中，服务时长近4万小时，"品阅书香"活动已走进千所学校，针对6.8万个班级开展导读活动，参与线上学习人数达160万人次。

利用多个渠道，面向多元主体。"品阅书香"导读文化志愿服务项目根据不同阅读主题向广大志愿者征集馆藏图书的阅读推广文案，进行导读活动宣传，连续参加"阅读北京"阅读推广活动，200多人次在全市阅读平台上进行分享。重点推出传统节日、新中国成立70周年、建党100周年、迎冬奥等主题活动，参加的志愿者涵盖各个年龄层次、各种社会身份、各种学历，从中推选出优秀作品进行宣传推广。志愿活动中他们用激扬的文字尽展文采，用优美的文章、诗歌直抒胸臆，表达对祖国的热爱、对美好生活的珍惜、对未来的憧憬。通过参与活动，志愿者们扩大了阅读领域，为推动全民阅读起到了积极作用。

充实援建力量，书香赋能成长。领读"品阅书香"志愿者把阅读沙龙通过互联网宣传推广到对口援建地区，融入连续5年开展的首图"京和书香"系列文化志愿援建活动，让当地广大读者，尤其是青少年、儿童享受到优质阅读资源，提高阅读水平。

"品阅书香"领读志愿者导读文化志愿服务项目已成为首都图书馆文化志愿服务的品牌项目，它让更多的民众爱上了阅读，走进图书馆，传播知识能量，尽享阅读之美！

（推荐单位：北京市文化和旅游局）

教育科普

"花园心声"卫护居民精神家园

> **摘要** 花园路街道"花园心声"心理帮扶项目由花园路街道党工委、街道办事处指导,并引入枢纽型社会组织北京市夕阳再晨社会工作服务中心开展运营服务。新冠疫情期间,为更好关爱重疫区返京人群、身体不适人群和需要心理疏导的人群,北京市夕阳再晨社会工作服务中心携手花园路街道共同建立起一支由街区工作者、社会工作者、专业医师、心理咨询师和志愿者组成的工作队伍,开展"花园心声"心理帮扶志愿服务。

花园路街道开展文化基层组织员培训活动

北京市夕阳再晨社会工作服务中心携手花园路街道在新冠疫情期间建立起"街区工作者+社会工作者+专业医师+心理咨询师+志愿者"的"五位一体"志愿服务队伍,构建"花园心声"专业支持网络,依托"花园心声"关爱热线,为辖区居民提供精准的心理疏导和健康指导服务,逐渐搭建起花园路地区社区防疫互助网络。

多措并举,打造专业的支持网络。在队伍建设方面,北京市夕阳再晨社会工作服务中心联合花园路街道共招募50名志愿者、18名专业教师。在规范建设方面，形成一套"花园心声"抗疫整体项目工作服务模式，制定了16个工作模板、表格，整理出一套规范化的工作手册，对工作重点进行明确规划。在人员培训方面，召开线上专业"心理疏导"技巧沙龙，形成一套专业的疫情心理疏导培训PPT，为参与电话探访的志愿者提供可靠的依据。

志愿者线上解答疫情防控政策

专业培训，赋能志愿服务队伍。在项目中培育起的心理建设队伍——"社区心灵天使"，充分发挥社区党员、群众及高校志愿者的专业优势，积极引导社区居民关注心理健康、提升幸福指数。

依托数据，为研判提供科学支撑。花园路街道融媒体中心防疫信息平台定时向街道相关部门反馈防疫登记数据、外地来京重点关注人群数据、心理疏导需求数据和其他相关统计信息。街道通过对平台数据进行分析，对外地来京人员数据、身体不适人数、乘坐车次情况等关键数据实施动态监测，并进行可视化处理，设立了两个指标：流动性指标与接触指标。在此基础上，通过电话探访了解详情，为相关部门进行研判提供依据。

加强宣传，提高群众知晓度。花园路新时代文明实践所依托融媒体平台充分调动辖区文化志愿者和民俗艺术家、志愿服务组织积极参与疫情防控知识宣传普及工作，在北京市夕阳再晨社会工作服务中心的统筹调配下做好疫情防控相关工作。

花园路街道"花园心声"心理帮扶项目赢得了社会的广泛关注，先后被北京电视台、中国青年网、《北京日报》、《北京晚报》、《北京社区报》、《北京青年报》等媒体报道15次，被区县级融媒体中心报道10次。

（推荐单位：北京市委社会工作委员会、北京市民政局）

"花缘礼乐·公众学堂" 家门口的大学堂

> **摘要** 北京市东城区东花市街道东花市南里社区发挥党建引领作用，整合社区党建、公共资源，于2018年7月创办"花缘礼乐·公众学堂"，丰富居民精神文化生活，促进党建成果共享，构建区域化党建工作新格局。学堂以"党建引领、礼乐至上、公众获得"为办学宗旨，唤醒社区居民终身学习的自觉性，形成了引领社区发展、创建新时代文明实践的新品牌。

随着百姓生活水平的提高，居民对精神文化生活的需求也越来越高，这对社区的管理服务提出了新的要求。东花市南里社区党委充分整合相关单位、专家学者和社区广大党员干部群众等资源，坚持"需求指导服务"，依托党组织服务群众专项经费，创办"花缘礼乐·公众学堂"。经过半年的试用，"花缘礼乐·公众学堂"于2018年7月正式举行揭牌仪式。

加强组织管理，打造专业队伍。一是抓好队伍管理。东花市南里社区"花缘礼乐·公众学堂"由社区党委书记担任工作组组长，并设立专人进行日常管理，确保日常各类授课保质保量完成。二是强化师资力量。学堂选聘德才兼备的专业教师，做到每门课程都有专业教师全面负责督促、指导，使学堂活动逐步趋于规范化、学科化，努力实现活动最优化。

合理增加投入，改善学习环境。一是做好硬件配套设施建设。社区党委加大学习硬件物资添置投入，坚持一室多用、一地多用的原则，对教学设施进行合理有效的改造整合。二是做好

书法课堂的学员正在上课

面塑课堂上学员正在进行创作

专业课程设计。社区在征求群众意见的基础上，安排相关课程和时长。学堂不仅面向社区居民，驻街单位员工也可以报名参加。

积聚各方力量，惠及不同群体。一是积极争取驻街单位的支持。为了精准对接居民文化需求与学堂授课，东花市南里社区根据居民不同的需求，主动对接辖区中小学、幼儿园等专业教学力量。二是提供丰富多样的课程。学堂为在辖区内拼搏的年轻人助力，开展了丰富多彩的企业家分享课。课后还专门建立学习群，供学员们交流分享成功经验。

"花缘礼乐·公众学堂"通过专家讲座、榜样讲学、专业师资教学、互动交流等形式，面向社区居民、驻街单位免费授课，陆续开办书法、国画、声乐等20多门课程，现有在册学员820人，受到了居民和驻街单位员工的一致好评。学堂充分发挥社区文化阵地的优势，营造良好的社区学习氛围，进一步提升了居民的文化自信，进而增强了居民的文化获得感、家园归属感。

（推荐单位：北京市东城区）

兄妹"漫说"文明范儿

摘要 北京市平谷区委宣传部以社会主义核心价值观为引领,创新宣传形式,制作了《谷小妹的文明日记》漫画宣传手册,巧妙设计故事情节,用漫画解说文明,使宣教活动朴实易懂,唤起人们对精神文明内容和意蕴的共情;通过创新内容、拓宽主体、丰富载体,让群众养成良好的行为习惯,树立文明新风。

2020年6月1日,《北京市文明行为促进条例》正式颁布实施,为引导和促进文明行为,平谷区委宣传部设计制作《谷小妹的文明日记》漫画宣传手册,以"漫说"文明的方式,创新宣传形式,拓宽宣传渠道,培育和践行社会主义核心价值观,提升公民思想觉悟、道德水准、文明素养。日记中的两位主人公"平哥"和"谷小妹"从"平谷"两个字中获取灵感,凸显本区特色,引发读者共鸣。

创新内容,使文明更亲民。在内容上,漫画宣传手册以《北京市文明行为促进条例》为创作蓝本,结合平谷区实际,揭露了垃圾不分类、遛犬不牵绳、行人闯红灯、机动车不礼让斑马线、公共场合乱堆乱放等14项贴近居民生活的不文明行为。在表现形式上,漫画采用对话的形式,将规范化的条例融入故事情节之中,实现了将"冗长"转化为"精简"的效果。"平哥"和"谷小妹"身上所折射的文明与不文明的行为都与我们的生活息息相关,我们在举手投足间皆有涉及,漫画宣传手册使广大人民群众在"抬眼可见,举足即观"中,得到潜移默化的感知与教育。

拓宽主体,让小手牵大手。少年儿童处于学习能力的黄金期,具有很强的可塑性。因

"文明范儿"小程序界面

"书香阅读 文明接力"主题活动上赠送《谷小妹的文明日记》漫画宣传手册

此,平谷区委宣传部联合区委教工委将"平哥"和"谷小妹"作为中小学开学第一课的内容,让主动践行文明行为的思想觉悟渗透到少年儿童的内心,从小抓起,从细节抓起。在培养少年儿童的文明意识的过程中,通过发挥少年儿童对家人、朋友的影响力,营造人人学习、人人传播的良好氛围,真正发挥"小手牵大手"的作用。

丰富载体,邀全民共参与。为适应网络时代的新要求,平谷区委宣传部在《谷小妹的文明日记》的基础上,组织发布了"文明范儿"小程序,该程序采用积分制鼓励群众随手拍摄并上传身边的不文明行为。宣教活动深入居民生活的细枝末节,平谷区委宣传部印制"文明范儿"小程序宣传图,并发放至楼栋院落、学校单位等一个个细小的单元进行宣传。截至2022年年底,"文明范儿"小程序话题总量达26201条;2022年度积分变动总数为79254分,正向积分数为46207分,参与年度兑换积分数为33047分,努力做到"全民参与,全民监督,全民重视"。

通过平谷区委宣传部的创新宣传,《北京市文明行为促进条例》融入了百姓的日常生活,文明行为逐渐成为群众日常习惯,全国文明城区创建的基础进一步夯实,为首都建设社会主义核心价值观首善之区贡献了一份力量。

(推荐单位:北京市平谷区)

科技特派员 服务到田间

摘要 北京市科学技术委员会农村发展中心发挥专业优势，聚焦科技创新中心资源优势，创新"科特派"（科技特派员的简称）模式，通过开发北京科技特派员在线平台，建立北京科技特派员工作站、开展特色科普活动，实现对文明实践活动的再探索、再创新、再实践，推动新时代文明实践工作创新发展。

为深入贯彻中央关于新时代文明实践中心建设的部署精神，以新的思路理念、体制机制、方式方法，拓展新时代文明实践工作新思路，通过创新"科特派"服务模式，促进成果转化与应用，提升乡村农民科技素质，助推首都乡村振兴。

以"科特派"在线平台推进线上线下服务，引导"科特派"做新时代文明实践推动者。通过开发北京科技特派员在线平台，全面对接科技特派员创新创业需求，为科技特派员开展全链条、专业化、便捷化的教育培训、创业指导和技术咨询等服务提供有力支撑，切实营造"大众创业，万众创新"的良好社会氛围。引导科技特派员对口帮扶少数民族村和低收入村发展，与大兴、通州、门头沟、密

科技特派员赴门头沟区开展科普活动

科技特派员、北京农业职业学院高照全教授在门头沟区军庄镇指导果树修剪

云等多个区的低收入村建立定向科技帮扶联系，更好地凝聚科技特派员科技帮扶作用，促进创业就业，实现增产增收。

以"科特派"工作站为抓手助力乡村振兴，推进文明实践落地生根。结合当地的自然资源条件和产业发展现状，在河北丰宁、赤城、雄安新区及北京郊区建立北京科技特派员产业工作站，通过固定的会商协调推进机制、稳定的科技特派员队伍、定期开展的综合科技服务，深入生产一线开展扶智、扶志、扶技行动，助力当地产业转型升级，带动农民增收。

以"科特派"组团方式开展特色科普活动，打通服务农民"最后一公里"。通过组织科技特派员服务团送科技下乡、技术咨询服务、培训及宣传等丰富多彩的特色科普活动，提升了农民群众的科学素质。如赴门头沟地区开展"春风送暖 农家女 科技帮扶大沟村"慰问活动；深入平谷区北京绿水峡谷果蔬产销专业合作社、密云区河南寨镇南套里蔬菜种植专业合作社举办"科技下乡活动"。

通过创新"科特派"服务模式，北京市科学技术委员会农村发展中心聚集人才、技术、成果等优势科技资源，依托北京科技特派员队伍，实现了促进农业发展方式的转变，优化延伸产业链条，带动农民增收致富，提升农村文明水平，是助力乡村振兴的一次创新，也为践行新时代文明实践贡献了力量。

（推荐单位：北京市平谷区）

走进"水世界" 争做节水人

> **摘要** "自来水科普大讲堂"作为北京自来水博物馆的品牌活动之一,立足于馆藏资源,通过组织专业团队,精准对接课标,研发主题课程,走进学校和社区开展现场授课,普及水与自然、制水工艺、科学用水和京水文化等知识,增强人们规范用水、节约用水的意识,让自来水知识在首都流动起来,为搭建节水护水志愿服务平台、促进形成人水和谐的社会关系、推动新时代精神文明建设做出贡献。

"自来水科普大讲堂"走进雍和宫小学

"自来水科普大讲堂"通过"走出去"的形式,到中小学校园、街道社区进行自来水科普知识现场授课,普及水与自然、制水工艺和科学用水等知识,增强学生、居民规范用水、节约用水的意识。

因地制宜、因人而异制定课程内容。"自来水科普大讲堂"主要面向中小学生、社区居民等群体,开展集知识性、趣味性和参与性于一体的科普教育特色实践活动。课程内容根据授课地点及参与人员年龄、需求的不同,有针对性地将水科普课、水历史课、水实验课3类大讲堂课程的难易程度进行调整和划分,小学生、初中生、高中生、中青年人、老年人所上课程各有差异，各有侧重。通过现场教学、同步直播、动画演示、实物观察、课堂实验、展室参观等丰富多彩的课程形式，带领参与人员体验活动，探索自来水背后的"秘密"。

"自来水科普大讲堂"走进白家庄小学

授课形式灵活多样。"自来水科普大讲堂"力求以全新的授课形式，更好地宣传、普及自来水知识，让自来水知识在京城流动起来，为促进形成人水和谐的社会关系、推动新时代精神文明建设做出贡献。"自来水科普大讲堂"授课形式灵活多样，可根据学校、社区的场地、时间、参与人数等灵活选择、组合已有课程内容。博物馆对接活动后，根据具体要求组织团队精准对接课标，策划课程内容与形式，再由专业教师到场进行授课，课后通过问卷调查等形式进行授课效果反馈跟踪。

2013年至今，"自来水科普大讲堂"共举办300余次，先后与史家小学、西中街小学、北京市第一六六中学、中国矿业大学附属中学、清水苑社区等100余个学校、社区合作，近17000人参与。"自来水科普大讲堂"荣获"第六届中国青年志愿服务项目大赛银奖""北京市十佳企业志愿服务项目优秀奖""北京市科普基地优秀教育项目展评三等奖"，连续4年获得"北京阳光少年活动优秀组织奖"，入选《第二届科普教育基地优秀教育活动集录》、《行业博物馆科普课程集锦》和"2020年度首都精神文明建设工作优秀案例"。

（推荐单位：北京自来水博物馆）

"首都科普"传递知识宝库金钥匙

> **摘要** 为提升北京市公民的科学素质,北京市科学技术协会在全市范围内开展新时代文明实践"首都科普"主题活动。活动坚持以习近平新时代中国特色社会主义思想为指导,以传播新时代科学文化为主题,以科技报刊进所入站、走进科技馆学科技、送科技服务到基层等为载体,充分发挥新时代文明实践基地和科技媒体的作用,推动形成讲科学、爱科学、学科学、用科学的良好氛围,打通宣传群众、教育群众、关心群众、服务群众的"最后一公里"。

新时代文明实践"首都科普"主题活动以科技报刊进所入站、走进科技馆学科技、送科技服务到基层等为载体,突出科学思想方法传播与普及,充分发挥新时代文明实践基地和科技媒体的作用,引导广大群众学习科学知识、感受科技魅力、体验科技进步,推动形成讲科学、爱科学、学科学、用科学的良好氛围。

刊网结合,助力科技报刊进所入站。 为不断增强新时代文明实践中心、所、站科普服务能力,实现科普资源的有效覆盖,面向全市新时代文明实践中心、所、站免费赠阅《北京科技报》纸质报,同时利用融媒体等信息化手段开发《北京科技报》电子报,刊网结合,扩大影响力和覆盖面,助力全市公民科学素养提升。每年面向全市7000个新时代文明实践中心、所、站赠送50期《北京科技报》纸质报,并同步推送电子报给社区。

多措并举,开展疫情防控应急科普。 紧急加印10万本《战"疫"》应急科普特刊,赠送给7000个新时代文明实践中心、所、站及部分社区。通过"首都科普"微信公众号、"科学加"移动客户端及微信、微博等平台广泛传播疫情防控知识,通过今日头条等有较大影响力的媒

战"疫"30问

体平台同步更新重点内容，累计阅读量超过600万次。向武汉博看网无偿授权资源，助力武汉开展疫情防控应急科普工作。梳理破解北京市科协"科学"流言榜50余条与疫情有关且影响较大的谣言。通过北京市公民科学素质纲要答题平台，开展"战'疫'30问"专题网络竞答活动，在北京公交移动电视滚动播出，并利用《人民日报》客户端、今日头条等平台扩大宣传，同时在7000个新时代文明实践中心、所、站同步推广，覆盖近200万人。

整合资源，开展"首都科普"主题研学。依托北京科学教育馆协会的资源优势，推动科普资源的进

"首都科普"主题研学海报

一步整合，促进"馆馆联合"和"馆校合作"，实现资源的有效利用和需求的精准对接。采取社会招募、线上报名方式，组织各区新时代文明实践中心、所、站工作人员，科技和科普服务志愿队队员，各区全民科学素质行动计划纲要实施工作办公室成员单位工作人员、中小学学生、社区群众等2550人，开展主题研学60场（2020年9月19日—10月8日）。编制《"首都科普"主题研学手册》，进一步推动以科学教育为核心的"首都科普"主题研学体系建设，激发首都科普活力和生机。

新时代文明实践"首都科普"主题活动让科普走街串巷，融入首都市民日常生活，在全社会形成了更加浓郁的创新文化氛围和科技创新生态环境，为促进科学普及、科技创新和文明实践工作高质量发展奠定了坚实基础。

（推荐单位：北京市科学技术协会）

"有爱的布拉德"点燃生命希望

摘要 北京市红十字血液中心发起"有爱的布拉德"（"布拉德"为英文blood的音译）献血公益项目，以保障生命健康和血液安全供应为目标，通过建立专业的志愿者队伍，开展献血公益宣传，广泛凝聚社会爱心力量，切实助力首都献血公益。近10年，在全市34个站点，每年累计5000余位社会各界爱心人士，年均志愿服务7万余小时，年均献血量位列全市团体献血前三名。这里成为首都高校学子、中学生的德育教育基地，是社会爱心集结和生命关爱的微窗口。

京津冀无偿献血志愿服务主题活动

血液是稀缺的重要战略物资。在日常生活中，血液关乎人民生命健康；在突发事件中，血液关乎城市运营安全与社会和谐稳定。北京作为特大城市，血液保障任务重要而艰巨，需要全社会爱心人士和组织的共同参与和支持。北京市红十字血液中心发起"有爱的布拉德"献血公益项目，以新时代文明实践为指引，广泛凝聚社会力量，着力解决现实问题，服务民生，共助生命健康、安全。

持之以恒，服务民生。该项目在全市有34个站点，每年累计有5000余位志愿者，年均志愿服务7万余小时，年均献血量位列全市团体献血前三名。疫情防控期间，"小布"志愿者与医护人员并肩奋战，开展宣传招募、环境消杀，关爱献血者，并率先献血；通过直播课堂，加强防控知识宣教并和医护人员连线互动，广大志愿者听指挥、勤汇报，做到了勤帮忙、不添乱。

规范管理，真诚关爱。该项目凝练出"团结、有爱、快乐、有为"的志愿服

"凝心聚力 益路迎春"优秀志愿者赋能训练

务文化；通过在线心理学测试和线下试服务，实现志愿者100%面试率；通过阶段性调查问卷，实现一线需求的精准对接；通过志愿者骨干周会、月激励、季回顾、年换届，实现志愿服务过程的精细化管理。为志愿者定制季节马甲和关爱包，为骨干配备特色服装和徽章，既有充满志愿者元素和血液特色的系列文化产品，也有为骨干量身打造的"骑乐无穷""鼓动未来"团建培训，让志愿者为社会奉献的同时获得尊重和成长，从"能够来"转变为"乐于来"。

志愿星火，温暖社会。 该项目荣获2016年北京市志愿服务项目大赛金奖，2018年首届全国卫生健康行业青年志愿服务项目大赛银奖、第四届中国青年志愿服务项目大赛银奖，2019年首都学雷锋志愿服务"五个100""最佳志愿服务项目"。该项目涌现出多位榜样志愿者，通过微博、微信公众号等互联网平台持续向社会弘扬榜样力量、传播正能量，发挥着良好的社会影响力，让有爱有为、共助生命的星星之火逐渐汇聚成炬。

目前，"有爱的布拉德"项目建立了6000人的志愿者队伍，服务站点遍布京城，服务能力大幅提升、项目管理成熟、社会影响良好、服务实效显著。

（推荐单位：北京市红十字血液中心）

居家健身"组合拳" 助力全民抗"疫"

> **摘要** 新冠疫情暴发后,北京市社会体育管理中心积极整合各类资源,加强多方合作,组织开展了一系列居家科学健身推广和征集活动。2020年累计推送居家科学健身公益短视频、图文1000余期,先后举办社会体育指导员居家健身云展示、"客厅挑战赛"、"我的战'疫'日记"征集等活动,向市民推广简便易行、科学有效、适于居家练习的健身方法,广泛宣传科学健身知识,助力市民增强体质、坚定信心,弘扬体育正能量。

新冠疫情发生后,为满足市民居家健身需求,助力疫情防控工作,北京市社会体育管理中心积极整合各类资源,加强多方合作,组织开展了居家科学健身推广和征集活动。

利用自有平台,推送居家健身课程。利用"北京健身汇""北京市社会体育指导员协会"微信公众号、小程序,征集、发布居家科学健身公益短视频、图文1000余期,累计参与、观看超千万人次,向市民推广了简便易行、科学有效、适于居家练习的健身方法。《中国体育报》、国家体育总局官网、北京体育广播等媒体为此做了系列报道。

积极引导动员,组织居家健身展示。《北京市全民健身条例》颁布实施3周年之际,向全市社会体育指导员广泛征集居家健身素材,制作居家健身云展示视频,同时组织录制"全民健身、你我同行、众志成城、战'疫'必胜"宣传口号视频,进一步增强了坚决打赢疫情防控阻击战的信心和决心。在全

2020年2月,北京市社会体育管理中心与北京体育广播等单位联合推出"客厅挑战赛"征集活动。图为奥运冠军邓亚萍居家健身视频截图

市疫情防控取得阶段性胜利后,征集制作"我的战'疫'日记"总结视频,展示了首都体育人积极参与疫情防控、大力宣传居家健身的良好精神风貌。

依托媒体优势,加强居家健身推广。依托北京市全民健身科学指导大讲堂《1025动生活》《界内界外》两档电台栏目,每天各播一期居家科学健身节目,邀请运动、医学专家和优秀社会体育指导员代表参与节目录制,针对运动与免疫力、居家健身技巧及常见误区、体医融合、运动与康复等听众关心的话题为大家答疑解惑。两档节目日均收听量超过30万人次。

社会体育指导员为战"疫"加油

加强多方合作,组织征集展示活动。先后与北京市体育总会秘书处、北京体育广播、北京市徒步运动协会等单位联合推出"客厅挑战赛"和"体育的力量"征集活动,包括奥运冠军邓亚萍等在内的4.5万人和1500余个家庭积极响应,征集摄影、短视频、文学、书画4类作品4000余件,各平台总播放量近7000万次。与北京市职工体育协会共同组织2020"互助保障"北京市职工健身技能培训(线上)40期,43000人参加。

丰富多彩的活动进一步激发了市民居家科学健身的热情,提高了市民体质,坚定了全民参与、共抗疫情的信心和决心。

(推荐单位:北京市社会体育管理中心)

"普法讲师团"让法治理念落地生根

摘要 北京市昌平区新时代文明实践中心整合全区优质普法资源,依托"北京昌平"App新时代文明实践对接平台,创建"普法讲师团"志愿服务项目。"普法讲师团"结合昌平区法治宣传工作实际,聚焦重点环节,将法治宣传与扫黑除恶专项行动、"回天"(回龙观、天通苑)地区三年行动计划、优化营商环境等工作相结合,以接地气的方式助力昌平区法治建设。

2019年12月25日,新时代文明实践"普法讲师团"成立

"普法讲师团"由42人组成,成员主要来自中国政法大学等驻昌高校、区法院、区检察院等职能部门及律师事务所,主要任务是结合昌平区法治宣传工作实际,以法律法规政策解读、典型案例宣讲等形式,在全区范围内开展普法宣传志愿服务活动。

一是广泛进行普法宣传。以"弘扬宪法精神,推进国家治理体系和治理能力现代化"为主题,陆续开展普法宣传进机关、进农村、进社区、进工厂、进学校、进部队等活动,通过法律法规政策解读、"以案释法"专题讲座、现场法律援助咨询、法治文艺会演等群众喜闻乐见的活动形式,面向群众、服务群众、联络群众,大力弘扬社会主义法治精神。

二是服务区域社会发展。组织《北京市生活垃圾管理条例》普法讲座,面向相关委办局、各镇街进行政策解读,讲座内容非常接地气,对基层执法具有重要的指导意义。组织专家到乡村调研,定期为各镇街开展法律和基层社会治理专题

"普法讲师团"到回天城市会客厅新时代文明实践志愿服务基地开展法律讲堂活动

培训活动,为法治乡村建设把脉问诊,为建设民主法治村建言献策。

三是助力疫情防控和复工复产。充分利用法律专业优势,开展疫情普法知识宣传,同时慰问大辛峰、香堂、真顺和七间房4个村在"看控一线"的党员群众,捐赠近3万元的防疫物资及用品;通过"微事实""微课堂"等"云普法"方式解读各级政府关于延期复工规定、企业和员工权益,以及劳动者和企业分别如何应对延期复工等问题。

新时代文明实践"普法讲师团"自成立以来,为全区群众和相关执法单位提供了丰富的普法宣传,在深入传播法律知识、弘扬社会主义法治精神、发展社会主义法治文化、切实提高全社会厉行法治的自觉性等方面发挥了重要作用。

(推荐单位:北京市昌平区)

"普法行"培养"法律明白人"

摘要 北京市密云区司法局结合区中心工作、重点任务及重要时间节点，着重加强各类群体的法治宣传教育工作。借助公益律师、普法讲师团等普法队伍在重要时间节点开展面向全区的主题法治宣传活动。以文明城区创建、《中华人民共和国民法典》、《中华人民共和国宪法》为主题开展各类法治讲座，对最新颁布实施和即将实施的法律法规进行宣传普及，在全区掀起全民学法的热潮。

为进一步强化全区群众的法律意识和法治观念，提高基层群众的法律素养，提高全民的法治宣传工作知晓率和满意度，北京市密云区司法局分别开展法治进企业、进社区、进乡村宣传活动，普法工作者以讲座、文艺演出等普法形式，为群众带来一场场丰富的普法盛宴。

普法宣传进企业。精准对接企业法律服务需求，邀请公益律师进企业开展普法讲座。律师根据企业工作内容特征，为大家普及《中华人民共和国网络安全法》《中华人民共和国劳动法》的相关知识，详细讲解防范网络诈骗、防止个人信息泄露等网络安全知识，解答企业职工关于劳动保障、合同纠纷等方面的法律咨询，引导企业职工合理运用法律武器维护自身合法权益。

普法宣传进社区。借助密云区鼓楼、果园街道举办的"惠民直通车"活动，邀请公益律师进社区开展普法宣传。通过发放宣传资料、现场答疑等多种方式，向社区群众宣传《中华人民共和国宪法》《中华人民共和国民法典》《中华人民共和国法律援助法》等法律法规，同时现场解答群众生活中遇到的法律问题。活动共走进40个社区，发放书籍1000余本及宣传品3000余份。

普法宣传进乡村。普法工作者向村委会干部和村民代表详细阐述婚姻家庭、继承、侵权责任等方面的新规定。同时为群众普及区司法局职能作用，征求他们对司法行政机关工作的意见和建议，了解群众具体的普法需求，鼓励大家积极配合并参与基层法治建设工作。在乡村共开展活动30余场，覆盖4000余人。

法治文艺进万家。区司法局将民法典精神、法治元素融入演出，通过群众喜闻乐见的形式开展普法宣传活动。演出包括歌曲、快板、河北梆子、京韵大鼓、

密云区司法局邀请王小雪律师进企业开展网络安全法律知识讲座

舞蹈、小品等表演形式,其中穿插法律知识和创城知识宣传,营造出浓厚的法治文化氛围。共开展活动12场,覆盖2000余人。

"扬帆新时代 聚力普法行"活动多角度、全方位开展法治宣传教育,用贴近群众的形式讲好法治故事,将法律知识送到群众身边,让法治思想走进群众心里,切实让普法宣传服务于民、惠及民生,助力全国文明城区创建工作,为法治密云、平安密云建设营造更好的法治环境。

(推荐单位:北京市密云区)

职教服务点对面 群众乐享新生活

摘要 北京市昌平职业学校不断拓展育训并举的办学功能，充分发挥学校专业、设施、师资等资源优势，主动服务乡村振兴战略和学习型社会建设，对接村镇和社区需求，创新"村镇+职业教育+社区"职教新模式，通过建立机构、研发项目、组织培训等途径，开展新时代文明实践活动，不断提升居民和村民的生活水平、技术技能。

为落实新时代文明实践基地"宣传群众、教育群众、引领群众、服务群众"的要求，学校瞄准"居民+村民"服务群体，通过"送课上门、点单来校、线上随学"等方式开展实践服务，创新了以学校为纽带、村镇和社区为服务终端的"村镇+职业教育+社区"的实践服务新模式。

手拉手建成服务机构。学校综合村镇、社区地理位置，与10个村共建益农村校，与6个社区共建培训驿站。通过手拉手共建服务机构的方式，打通学校开展新时代文明实践的"最后一公里"，形成职教赋能长效机制。

天通苑北街道10个社区志愿者来学校开展"月满中秋"月饼制作培训

依托龙跃苑社区培训驿站为居民开展西点制作生活技能培训

点对点开设服务项目。一是依托益农村校,开设"种植+文化+营销+管理"四位一体的田间课堂,满足农民技术技能需求,培养乡村振兴的"兴农人";二是依托培训驿站,开设"一教育、一康养、一文化、一技能、一治理"的幸福课堂,助力居民提升生活品质、赋能社区智慧治理。

线上线下开展教育培训。一是"送课上门",将师资课程打包送到村镇和社区,开设家庭餐制作、化妆礼仪等生活类课程,实现在家门口方便学;二是"点单来校",开设航空服务体验、汽车维修与保养等专业培训,实现理论与实践相结合;三是"线上随学",依托昌职终身教育平台,实现掌上操作灵活学,目前各类课程学习浏览量达7万次以上。

近年来,学校开展的新时代文明实践服务满意率达98%,既丰富了居民和村民的业余生活,也提升了他们的技术技能,有力助推了学习型社会的建设。2022年,学校社区教育4门课程、1篇案例入选教育部社区教育"能者为师"项目。

(推荐单位:北京市昌平职业学校)

科普宣讲进社区 健康生活新风尚

摘要 2020年以来，北京市石景山区恩泽社会工作事务所充分发挥自身科普宣传的优势，以深入贯彻落实《国家创新驱动发展战略纲要》和《全民科学素质行动规划纲要（2021—2035年）》为抓手，依托石景山区各街道新时代文明实践所、站，长期开展"科普益民生，文明实践行"系列科普宣传活动，广泛普及科学知识，深入传播科学思想，不断提高社区居民的科学素养，进一步激发崇尚科学、健康生活的热情，形成"学科学、讲科学、用科学"的良好风气。

北京市社区科普大学建设项目"口袋内的科普——解锁诈骗套路"在五里坨街道综合文化中心文化广场举办

北京市石景山区恩泽社会工作事务所依托"科普益民生，文明实践行"项目，共开展"健康养生大讲堂"科普讲座、"千变万化机器人"科普体验、"科普常识面对面"科普咨询等活动共计200余场次，受益者达20万余人，有力促进了地区居民的科学素养提升。

科普讲座，倡导健康新生活。协调相关医疗和健康卫生专家，邀请专业医师、健康师，面向中老年人，讲解常见疾病的预防，倡导健康运动理念和生活方式。深入开展食品安全知识、口腔卫生与保健、常见老年心脑血管疾病急症的识别与处理等健康科普讲座。通过面对面的授课辅导，大力倡导科学、文明、健康的生活方式，传播贴近居民生活、通俗易懂的健康知识，让居民了解科学生活的重要性。

科普体验，引领智能新时尚。"掌心里的科普——玩转智能手机"科普体验邀请科普老师教老年人使用智能手机小程序、就医预约、网上银行等。"口袋内的科普——解锁诈骗套路"科普体验邀请区委区政府文明办、公安分局、宣传部等相关部门和银行、邮政、律协等机构教老年人如何科学正确分辨迷信、虚假信息、伪科学及电信诈骗、网络诈骗、保健品诈骗等。"千变万化机器人"科普体验提供12种特色小机器人供青少年现场体验互动，感受科技的无限魅力和神奇力量。开展的"小脚丫快乐营"、"能吃的3D球球"、"疯狂大王"科学实验室、"科教进社区"科普大舞台、"宅家也欢乐，我们E起来"等活动在抗击疫情中发挥了重要作用。

科普咨询，激发科普新活力。设计制作宣传展板，组建科普志愿服务队，走进街道文化休闲广场、社区、学校、驻区军营等，设置宣传咨询台，开展科普展览活动，宣传防金融网络诈骗，演示、解答节水、节电、降噪声，以及绿色生活等小常识。深入驻地各部队营区，开展各种科普咨询活动，为青年现役军人及其家属提供科学知识的宣传展示，较好地激发了大家自觉提升科学素养的积极性、主动性。

该项目产生了广泛的社会影响力，《北京日报》、北京电视台、《石景山报》、石景山电视台、今日头条等20余家媒体予以宣传报道100余篇次，中共北京市委主管主办的党刊《前线》杂志予以刊登。该项目连续2年被北京市科协、石景山区科协评为优秀品牌项目并获得资金扶持。

（推荐单位：北京市石景山区）

"大家讲给大家听"

摘要 为聚焦乡村全面振兴和农业农村现代化人才需求，促进农业转型升级、农村持续进步、农民全面发展，自2016年起，北京市怀柔区农业农村局以"大家讲给大家听"志愿服务活动为抓手，以农民需求为导向，进行精准性订单式培训，充分发挥农村实用人才"传帮带"作用，让本土成长起来的"乡土专家"为农民授课，讲老百姓想听的课、讲老百姓听得进去的课、讲老百姓用得上的课。

在桥梓镇凯甲庄村焦宇为农民朋友进行葫芦种植与浸烙技术培训

"大家讲给大家听"志愿服务活动中的第一个"大家"是指"乡土专家"，第二个"大家"是指农民培养对象。活动聚焦乡村全面振兴和农业农村现代化人才需求，促进农业转型升级、农村持续进步、农民全面发展。

"乡土专家"择优入选师资库。"大家讲给大家听"志愿服务活动由6名组织管理志愿者及45名新农人专家志愿者组成，其中6名组织管理志愿者是区农业农村局干部，主要负责资源对接、组织管理、活动管理、手续审批、安全、宣传等工作；新农人专家志愿者由从高级农村实用人才库里遴选出的45名"乡土专家"组成。通过开展特色菜品制作、花样面点制作、手工粘花技能、种植技术、农家院营销等培训，帮助农民改善生产经营状况，提高增收致富本领。

"订单式培训"对接精准帮扶。"大家讲给大家听"志愿服务活动根据农民实际需求，在农闲时节开展"订单式培训"。志愿服务活动流程为：了解需求—撰写方案—提交审核—团队"接单"—农民"评单"。引导"乡土专家"与低收入

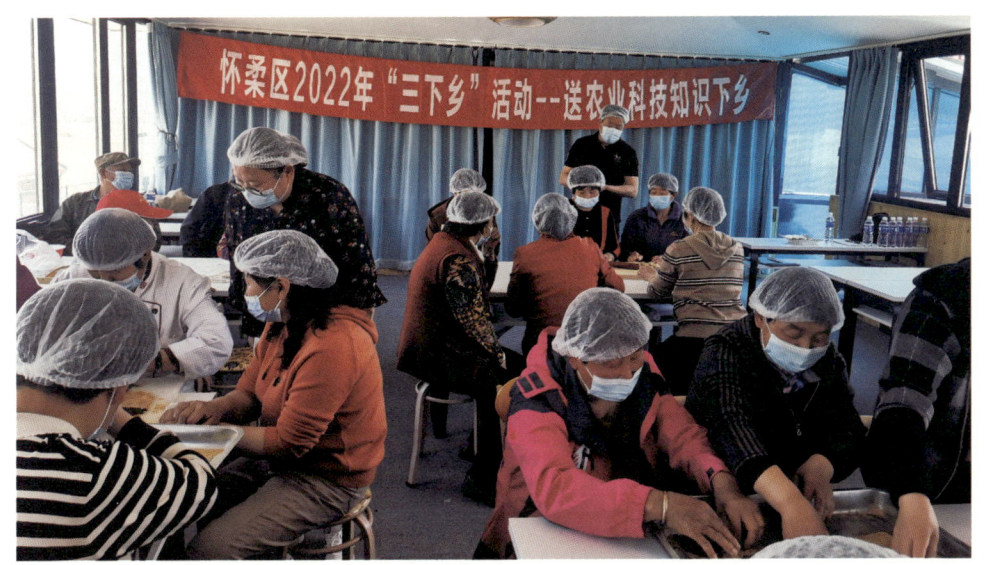

"乡土专家"赵丽萍为怀柔区汤河口镇东帽湾村村民进行精品民宿农产品加工培训

农户结对,将"走出去"开阔视野与"请进来"提升培训相结合,从劳动技能培养、创业发展等方面进行"一对一"帮扶,做到"脱低"致富不落一人。

"线上服务"增强辐射效应。在疫情防控下,为满足更多农民的需求,"大家讲给大家听"开通了网络直播间,直播间由原来的几个人,一下子拓展到上百人。怀柔区长哨营满族乡巧媳妇手工艺品专业合作社社员,通过线上参加专业老师的"提升手工艺品、促进乡村振兴"培训,实现了该乡民宿产业由"0"到"1"的突破,目前已发展民宿32家。2016年至今,"大家讲给大家听"志愿服务活动共举办培训班248期,培训农民近1.5万人次。

"大家讲给大家听"志愿服务活动的实施,使农民找准了创业方向,拓宽了致富思路,提升了创业技能,从而有效规避了创业风险。此外,"大家讲给大家听"志愿服务活动平台还被推广到河北、内蒙古等对口帮扶地区,带动更多的人致富增收。

(推荐单位:北京市怀柔区)

每月"科学"流言榜

摘要 每月"科学"流言榜创立于2014年,近十年的发展历程中累计辟谣830条,已经成为北京地区发起的具有全国影响力的科技传播品牌。每月"科学"流言榜的辟谣内容依据重大性、贴近性、时效性等原则由专家评审委员会选出,并由北京市科协最终审定后,向社会发布。辟谣注重梳理前因后果,由表及里,从热点事件中总结科学传播规律,从知识点中提炼出与之相应的科学方法与科学精神,真正将辟谣工作做精、做深,帮助公众消除恐慌,"清朗"网络空间,助力精神文明建设。

进入互联网时代后,流言的传播更多、更快、更便捷。相当一部分流言打着"科学"的幌子乘虚而入,造成了不良影响,甚至影响社会的稳定。从2014年1月开始,北京市科协、北京市委网信办通过北京科技记者编辑协会向社会公众正式推出每月"科学"流言榜。

多维度评定,保障内容时效性与专业性。入选每月"科学"流言榜的辟谣内容,依据重大性、贴近性、时效性等原则选出,所有入选辟谣内容均经过专家评审委员会据其传播广度和危害性投票选出,并由北京市科协最终审定后,向社会发布。发布内容涉及科技前沿、时事热点、食品安全、交通、环境、转基因、医学药品、健康生活等多个领域,并在凝聚社会共识的基础上不断创新。

发布年度榜单,用科学重拳击破年度流言。从2017年开始,连续6年发布以"智止流言,探求真知"为主题的年度"科学"流言求真榜,梳理规律,揭穿套路,传授辨别流言的方法。从2020年开始,联合北京广播电视台纪实科教频道制

"科学"流言榜电视节目

"科学"流言榜网站

作特别节目,实现了流言榜电视化传播新突破。

图文、视频发力,打造多渠道复合传播。为适应传播规律、扩大影响力,每月"科学"流言榜在内容升级上不断尝试突破,在文字稿件的基础上,制作相关图示、长短视频进行复合传播,保证流言榜的社会影响力;开辟公交地铁广告、巡展等落地传播渠道。

实现多方联动,构建全新科学传播协同模式。每月"科学"流言榜邀请来自中科院、北京大学、清华大学、北京协和医院、解放军总医院等科研院所、高等院校、医疗机构的各领域权威专家参与,对相关条目予以解读,构建了不同于以往的、全新的科学传播协同合作模式。

2022年,每月"科学"流言榜共发布109条辟谣内容,从2014年1月至今共发布830条。图文、视频等内容在"学习强国"、央视频、《人民日报》客户端等平台传播发布。目前,每月"科学"流言榜已实现报纸、电视、网络、公交和地铁站牌、社区巡展等形式的全方位传播。中央电视台、新华社、《人民日报》在内的40余家主流媒体近5年发布相关报道累计千余篇。全国晚报协会号召多地晚报积极予以刊登,包括《春城晚报》《福州晚报》等在内的全国多家晚报多年来每期全文刊发榜单。每月"科学"流言榜已成为北京地区发起的具有全国影响力的科技传播品牌。

(推荐单位:北京市科学技术协会)

群众需要，法官来到
——西城法院"四融四化"精准普法工作纪实

摘要 近年来，北京市西城区人民法院认真落实普法责任制，积极探索"四融四化"工作法，打造"诉源治理直通车"精准普法品牌，为群众办实事，直连辖区企业、学校、街道社区，锚定群众普法需求，突出以案释法、推动诉源治理。"诉源治理直通车"自启动以来，开展普法讲堂89期，累计观看达320万人次，让普法宣传直抵群众、深入民心，成为社会治理的"助推器"。

2022年4月15日，西城法院法官助理刘晓政通过普法直通车与西长安街街道连线，以"国家安全、人人有责"为主题进行普法讲座

自"七五"普法规划启动以来，北京市西城区人民法院（以下简称"西城法院"）将法治宣传教育工作与满足群众需求、服务区域大局和推动法院发展一体谋划，始终坚持以人民为中心，凸显司法职能，紧扣时代特征，探索推出"诉源治理直通车"精准普法品牌。

融入普法体系，工作规范化。将"诉源治理直通车"普法品牌纳入法院整体工作规划部署，出台《北京市西城区人民法院"诉源治理直通车"普法讲堂工作实施办法》，同时规范选题把关、内容审核等17项工作要求，实现"诉源治理直通车"普法讲堂工作制度化、流程化、标准化。党史学习教育和队伍教育整顿以来，西城法院建立了"我为群众办实事"普法团，各个庭室选派优秀法官专门负责接收群众普法订单，受到群众的一致好评。

西城法院志愿者在西城区人民法院立案大厅为群众提供法律咨询、文书书写指导等志愿服务

融汇群众需求，活动项目化。依托"诉源治理直通车"工作机制"大数据"，从12368诉讼服务热线、"西城家园"App、移动微法院等12个信息搜集渠道，精准锚定群众、社区普法需求，按照不同案由将普法"订单"分配到相应专业审判庭，实现普法工作从"软任务"向"硬指标"转变，切实做到群众提需求、群众来参与、群众给评价。

融合媒体平台，任务清单化。融合法院自媒体平台、上级机关媒体平台和新闻媒体平台，建立全媒体传播格局。每场活动均在法院官方微博同步开展网络视频直播，同时与新浪政务频道、北京市高级人民法院、西城区委官方自媒体建立联动转发机制。每场活动均列出任务清单，包括联络被普法单位、邀请代表委员、对接媒体记者等12项具体任务，定岗、定人、定时、定责，确保活动有序开展。

融进新时代，落实标准化。普法工作要紧跟时代步伐。在疫情常态化防控的背景下，西城法院及时探索出"现场连线+微信群+直播"的模式，法官与社区居民现场视频连线进行普法，代表委员、媒体记者在微信群里观看直播进行互动提问，官方微博全程视频直播，所有网友都可以围观。同时，西城法院建立可量化的效果考察标准，从现场连线互动情况，代表委员、社区群众参与度等6个效果维度出发，对每期活动梳理成效、总结经验，以期不断提高人民群众的普法宣教体验。

"八五"普法规划已经起航，西城法院将坚持围绕中心、服务大局，锐意进取、改革创新，不断探索普法宣传基层经验，弘扬法治精神、培育法治信仰，为推动法治北京建设做出新的更大贡献。

（推荐单位：北京市西城区）

"暖心工程——共筑文艺梦想 关爱留守儿童"艺术培训进校园志愿服务

摘要 北京市密云区文化馆、密云区文化志愿者服务分中心为加大对山区弱势群体的帮扶力度，自2015年开始实施"暖心工程——共筑文艺梦想 关爱留守儿童"志愿服务活动，组织文化志愿者走进密云区冯家峪镇中心小学开展书法、舞蹈、绘画等艺术门类文化志愿服务活动，把关爱送进留守儿童校园，把温暖送到孩子们身边，让他们健康成长，同享艺术带来的快乐。

"暖心工程——共筑文艺梦想 关爱留守儿童"项目通过志愿服务更深入地了解留守儿童的需求，让孩子们掌握多项艺术技能，同时通过辅导教学培养孩子们的综合素质，丰富他们的校园文化生活，为他们的学习、生活和身心健康发展营造良好的氛围，让全社会都来关爱留守儿童、走近留守儿童，同时带动和影响更多的人关注留守儿童，促进社会的和谐与稳定。

找准功能定位，实施志愿项目。随着社会的发展和城乡一体化进程的加快，庞大的留守儿童队伍逐渐形成。因父母长期缺位，留守儿童在身体发育、性格养成、道德观念形成等方面得不到正确的引导，外加心理的缺憾，使农村留守儿童的教育问题日益突出。密云区冯家峪镇中心小学的学生近半数是留守儿童，他们的父母常年离家在外，孩子们从小就缺少家庭教育和文化教育，更别提艺术素质教育了。为了让这些山区的留守儿童享受到应有的艺术教育，密云区文化馆决定在校内开办书法、舞蹈、绘画等不同艺术门类辅导班，这样既能满足山区留守儿童求知、求乐的渴望，也能使他们及其家长感受到生活的平等和社会的公平。

服务贵在坚持，成果静待花开。2015年开始，密云文化馆组织各类业务干部及业务骨干走进密云区冯家峪镇中心小学，于每周二下午3点至5点开展书法、舞蹈、绘画、情景剧、器乐等各艺术门类课程辅导，同时为孩子们购买新课程所需的教材教具，并在六一儿童节期间举办文艺展演，现已坚持了7年多，累计参与志愿者2800余人次，累计志愿服务时长3000余小时，被服务对象10000余人次。

"暖心工程——共筑文艺梦想 关爱留守儿童"艺术培训进校园志愿服务之美术培训

擦亮项目品牌，社会效益显著。"暖心工程——共筑文艺梦想 关爱留守儿童"项目开展了7年多的常态化志愿服务，通过在冯家峪镇中心小学进行艺术培训，更深入地了解了留守儿童的需求，为他们的学习、生活和身心健康的发展营造了良好的艺术氛围，让孩子们得到了更多的快乐与温暖。同时，活动的实施也带动了全社会来关爱、关注留守儿童，走近留守儿童，促进他们健康快乐地成长。

该项目通过开展文化志愿服务，为留守儿童打开了眼界，引领他们带着智慧和梦想去探寻崭新的世界。该项目获得文化部颁发的"全国基层文化志愿服务活动"优秀项目奖；连续4年被北京市文化局评为文化志愿服务"示范性品牌项目"；《中国文化报》《工人日报》《北京日报》《北京晚报》《京郊日报》《民族画报》和北京电视台等多家媒体对该项目进行了专题报道。

（推荐单位：北京市密云区）

传播总书记"口粮观" 弘扬爱粮节粮新风尚

> **摘要** 首都粮食博物馆成立4年来,充分发挥"收藏、展示、研究、交流、教育"功能,通过线上线下相结合、馆内馆外相贯通、宣传教育相融合等方式,宣传新时代粮食安全战略,科普爱粮节粮和健康生活理念,助力"三个中心"贯通建设,逐渐发展成为集文化交流、形象展示、宣传教育和智慧休闲功能于一体的公共文化场所,是首都具有影响力的文化名片。截至目前,线下接待机关、企事业单位和学校、幼儿园等团体120多次,参观者达15000多人。

首都粮食博物馆内开设爱粮节粮科普展览专区

民为国基,谷为民命。习近平总书记高度重视粮食安全问题。一次次考察,他常常揭开贫困户的锅盖,了解老乡吃什么;一次次调研,他深入田间地头,看庄稼长势、听农民心声;对于浪费粮食的问题,他高度重视,多次做出重要指示。宣传贯彻习近平总书记"口粮观",弘扬爱粮节粮新风尚,正是首都粮食博物馆的初心使命。

传播新思想,宣传新时代粮食安全战略。 一是全面挖掘、整理北京粮食发展的历史与文化,立体呈现北京粮食行业的历史变迁,展现一代代首都粮食人的不懈努力和奋斗历程。二是在做好机关团体粮食安全学习教育日常接待的同时,配

中国粮食行业协会与北京市粮食行业协会在首都粮食博物馆开展主题党日活动

合市粮食主管部门、行业协会和相关企业开展专题活动，宣传国家粮食安全战略。三是与属地党组织共同举办"国际博物馆日学党史"主题活动，学习粮食文化，铭记党史光辉，感悟中国共产党始终不渝为人民的初心宗旨。

弘扬新风尚，科普爱粮节粮和健康生活理念。一是馆内设有"世界粮食日""爱粮节粮""粮油科普"展示专区，让观众增长知识、树立"爱粮节粮"意识。二是协助首都精神文明办主办"节约粮食 拒绝'剩'宴"直播活动，向在场的学生和5.5万直播观众传播粮食文化、普及粮食安全知识，倡导光盘行动，引领新时代文明新风尚。三是联合北京市粮食行业协会印制《节粮减损我们在行动》等4个主题宣传册20000册，面向观众发放，宣传爱粮节粮和健康生活理念。

推动新实践，助力"三个中心"贯通建设。一是走进校园开展"争做节粮爱粮好少年"主题活动，不断强化新时代文明实践中心功能。二是积极与中央电视台、北京电视台等媒体平台合作，开展直播和线上"冲浪"，不断提升融媒能力和服务大众水平。三是开设微信公众号，不定期发布开闭馆通知、粮油科普知识和疫情防控要求等，方便观众参观。

首都粮食博物馆切实履行责任担当，努力做粮食文化的"守护者"、"传播者"和"践行者"，被认证为北京市中小学生社会大课堂资源单位，获得"国家粮食安全宣传教育基地"和"北京市粮食安全宣传教育基地"荣誉称号。

（推荐单位：北京市人民政府国有资产监督管理委员会）

"科学家精神进校园"系列宣讲活动

> **摘要** "科学家精神进校园"系列宣讲活动是由北京市科学技术协会(以下简称"北京市科协")、北京市科技教育中心(北京市科协党校)联合各高校科协、16区科协共同实施的宣讲活动。活动邀请老科学家及其后人、相关研究专家和青年科技工作者,进入大、中、小学和社区开展宣讲,通过宣讲伟大科学家的感人事迹,弘扬和传承以"爱国、创新、求实、奉献、协同、育人"为核心的中国科学家精神,引导青少年努力学习、勇攀高峰,树立科技报国的远大理想,推动公众树立崇尚科学、尊重科学家的意识。

为进一步弘扬科学家精神,在全社会营造热爱科学、尊重科学家的氛围,汇聚建设科技强国的精神力量,北京市科技教育中心邀请老科学家及其后人、相关研究专家和青年科技工作者形成专家团队,整理并精选了15位专家的26门课程,形成课程目录,通过进入大、中、小学和社区宣讲科学家"爱国、创新、求实、奉献、协同、育人"的感人故事,弘扬科学家精神,引导青少年树立科技报国的远大理想。2021年4月至12月共开展10场宣讲活动,听众达3500余人。

把思想政治教育与弘扬科学家精神相结合。 科学家精神作为中国共产党人精神谱系的组成部分,是思想政治教育的重要内容。学校是培养青年人才和未来科

宣讲专家郭曰方与北京农学院师生合影

任福君教授在北京交通大学宣讲

学家的摇篮,更需要继承和发扬以爱国主义为底色的科学家精神。

用生动的案例产生深刻的感召力。活动邀请院士和曾在一线工作的老科学家,针对听众特点和需求,通过案例讲述科技知识,展现科学家精神。科学家们亲身经历的事件、感人至深的故事让同学们真切感受到中国科学家高贵的人生品格、顽强的奋斗意志、高尚的道德情操,有着深刻的感召力。伟大的科学家精神深深地触动了在场的每一位师生,老一辈科学家的感人事迹给了他们极大的鼓舞和激励。

发挥科协组织优势,多方联动保效果。北京市科协充分发挥组织和资源优势,联络科学家精神宣讲专家,制定课程目录和管理办法,高校科协和区科协进行"点单式"选择或需求定制,综合协调安排专家进入学校开展讲座,供需匹配,实施各方紧密配合、精心筹备,保障活动有序开展。

宣讲活动的举办推进了青少年思想道德建设,激励青少年在仰望星空和脚踏实地中践行伟大的科学家精神,为把我国建设成为世界科技强国而奋斗。宣讲活动对青年科技工作者继承和发扬爱国、创新、求实、奉献、协同、育人的科学家精神,勇攀高峰,推进国家科技自立自强有重要的推动作用。宣讲活动也推动了公众树立崇尚科学、尊重科学家的意识,把社会主义核心价值观与科学家精神有机融合,助力新时代文明实践中心建设。

(推荐单位:北京市科学技术协会)

便民服务

送"一米阳光" 护生活无恙

摘要 "一米阳光"志愿服务项目由北京市门头沟区东辛房街道石门营新区七区社区党组织带头,践行"党建引领＋志愿服务"的社区党建新理念,开展"八送六代"志愿服务活动,"八送"即春节送"福"、新婚送祝贺、给新生儿送关怀、生日送面条及贺卡、为逝者送花圈、给困难户送帮扶、健康送体检、仪表送理发;"六代"即为居民代缴水电费、代开支、代缴电话费、代缴收视费、代买菜及代买日用品等。项目通过面对面、心贴心的志愿服务,为所辖棚改安置小区2850户居民解决了实际困难。

"一米阳光"志愿服务项目启动仪式

石门营新区七区社区党支部充分发挥党组织领导核心作用,践行社区内"事有人管、难有人帮、苦有人问、喜有人贺"的服务理念,实现群众享受利益、党员发挥权益和志愿奉献公益的"三益公推",通过"一米阳光"志愿服务活动,让社区居民只要有需求就会获得"一米阳光"的温暖。

新理念助推"一米阳光"。开展"八送六代"服务项目,组织党员、楼门长、居民代表、热心群众加入志愿服务队。在2015年7月9日举行的"一米阳光"志愿服务项目启动仪式上，为红绿灯文明出行劝导队、环境卫生志愿者服务队、党员志愿者服务队、寄思苑丧葬服务队、治安巡逻志愿者服务队等5支志愿服务队举行授旗仪式。

"八送六代"服务成效显著。春节送"福"，春节前夕，社区为居民

"八送六代"之健康送体检服务

送去春联、福字等祝福宣传品，给居民拜年并传播文明过节的理念；新婚送祝贺，为150对新婚夫妇送去"情侣杯"；给新生儿送关怀，为150余个新生儿家庭发放育儿知识"福包"；生日送面条及贺卡，为70岁以上老人送去生日祝福2800余份；为逝者送花圈136个，慰问逝者家属，为他们提供帮助；帮扶困难解民忧，帮扶困难户300人次，解决困难事930余件；健康送体检，邀请医务工作者开展义诊服务，组织老年居民到定点医院进行体检，长期设立"学雷锋志愿服务岗"为居民义务测量血压、提供常用非处方药物，截至目前，体检250人次，义诊640人次，为7000余名居民提供了测量血压服务；仪表送理发，定期请来专业理发师为出行不便的老人提供理发服务，共服务1240人次。

"一米阳光"成为知名服务品牌。依托网格化管理，该项目做到了精细化、全面化，社区居民从出生到离世，从结婚生子的人生大喜到丧亲之痛的人生大悲，从不便出门的日常采购到信任之托的代办开支，所有人生的重大时刻、关键时刻，社区都有参与，都有服务。

"一米阳光"志愿服务品牌得到了各级领导和社会各界的充分肯定，市、区领导多次到社区开展调研考察。社区与台湾同胞开展经验交流4次，接待过贵州考察团、山东考察团，与区党代表、政协委员代表进行交流学习。今后社区将继续深化精细化服务，努力将"八送六代"打造成深入百姓内心的知名服务品牌。

（推荐单位：北京市门头沟区）

"友邻志愿驿站"聚起暖心好邻居

摘要 北京市海淀区新时代文明实践中心以"传播新思想、引领新风尚、服务新居住、筑梦新生活"为宗旨,以做"社区好邻居"、共建美好社区为出发点,以"六有"标准统筹优质社会公益资源,打造"友邻志愿驿站",构建点多面广、功能完备的志愿服务"15分钟服务圈",把文明"送"到群众门口、"种"在群众心头。

2020年5月起,北京市海淀区新时代文明实践中心牵头整合贝壳找房志愿服务队、便利蜂志愿队、超市发志愿队的网络技术和社区门店资源,打造标准化、规范化、制度化的"友邻志愿驿站",构建点多面广、功能完备的志愿服务"15分钟服务圈",实现"群众在哪里,文明实践就延伸到哪里"。

"友邻志愿驿站"开展疫情防控、垃圾分类等志愿服务活动

坚持"六有"建设标准。 在海淀区新时代文明实践中心的指导下,以海淀区220家链家门店为主阵地,成立由贝壳找房党委领导,公益、产品、技术、市场、店面管理等多部门共商协管的机制。按照有服务设施、有服务制度、有服务项目、有志愿者、有服务记录、有宣传推广的"六有"标准,统一牌匾和志愿服务项目标识,建立"友邻志愿驿站"。海淀区对志愿服务项目给予经费支持,贝壳找房将项目纳入"贝壳共益社区"计划予以资金扶持,并对优秀志愿者、优秀"友邻志愿驿站"进行表彰,发

贝壳找房志愿服务队

放贝壳币,确保项目有组织、有保障、可持续。

设立常态化志愿服务项目。"友邻志愿驿站"志愿者全部在"志愿北京"平台注册。利用贝壳找房的网络技术和门店优势,设立"新思想加油站"、志愿服务岗、志愿者之家等功能区,打造垃圾分类、"小贝壳 大梦想"、"数字反哺"等志愿服务项目。所有驿站均向居民群众免费提供饮水、应急针线、应急药箱、应急充电、收取快递等服务。

推动社区、驿站合作共建。"友邻志愿驿站"接受辖区新时代文明实践所、站的统筹指导,实践所、站与驿站资源共享、密切合作。"友邻志愿驿站"每月至少参与一次街道、社区新时代文明实践志愿服务活动。新冠疫情期间,"友邻志愿驿站"志愿者第一时间冲在疫情防控前线,向一线服务岗捐赠太阳伞、应急防护箱、饮用水等防疫物资,为社区居民提供买菜、买药、送快递等志愿服务。

经过标准化、规范化、制度化建设,各"友邻志愿驿站"充分发挥了志愿者在新时代文明实践中的示范引领作用,让社区居民享受到家门口的特色化志愿服务,感受到"社区好邻居"的贴心与温暖。"友邻志愿驿站"志愿服务项目被人民网、千龙网、《北京日报》等媒体广泛报道。

(推荐单位:北京市海淀区)

"暖心橙"酿就幸福的味道

摘要 北京市顺义区双丰街道"暖心橙"综合志愿者服务队由街道、居委会工作人员及双丰街道所属15个社区的党员、骨干群众共同组成,依据"志愿北京"信息平台进行项目注册,旨在打造一支综合性、区域化、具有一定视觉识别特征和品牌影响力的基层志愿服务队伍。由于队员身穿亮橙色马甲开展志愿服务活动,居民们便将这支温暖顺义新城的队伍亲切地称为"暖心橙"。

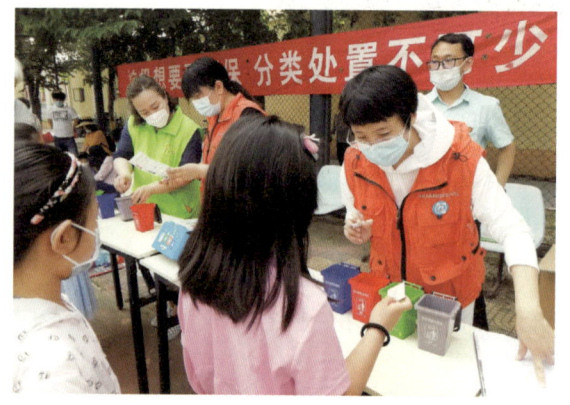

"暖心橙"志愿者开展垃圾分类趣味活动,宣传垃圾分类知识,提升居民对垃圾源头分类意识

"暖心橙"聚焦社区平安稳定、扶老携幼、健康生活、文化文明、义务劳动及突发事件6个方面,摸索出"让党的建设更加深入、让资源整合更加集中、让为民服务更加温暖、让品牌形象更加鲜明、让百姓评价更加满意"的"五让"工作经验。自2016年成立以来,"暖心橙"共开展综合志愿服务300余场,参与队员20000人次,服务群众13余万人次。

坚持党的领导,在顶层设计上形成"1+17+N"。"1",即以双丰街道区域化党建为核心,由双丰街道工委统一组织和领导;"17",即以街道办相关职能科室和17家社区基层党组织为"T"形骨架;"N",即由街居干部、在职党员、离退休党员及社区党员、骨干群众组成的多支综合志愿服务队伍共同参与。

坚持集中统一,在管理保障上实现"六统一"。"暖心橙"实现统一工作制度、统一注册、统一装备、统一购买意外伤害保险、统一进行积分管理反哺志愿、统一工作手册,将管理保障工作做好、做细、做到位。

"社区邻里节"在双丰街道启动,双丰"暖心橙"公益一家人正式发布

坚持守望相助,在为民服务上更加温暖。"暖心橙"品牌下属服务队每个月为社区居民提供理发、义诊、法律援助服务;针对居民买菜不便的问题,引进北郎中农工贸集团,开设网络菜市场平台,居民买菜可免费送货;退休医务工作者组建起党员"医点爱"医疗志愿服务队,为社区老人免费提供建立健康档案、上门义诊、养生课堂等服务。

"暖心橙"组织大家为社区发展"献一策"、为社区奉献"认一岗"、为社区服务"联一户"、帮社区发展"办一事",是街道大党建指标体系建设的一次创新实践,该项目被评为2020年度首都最佳志愿服务组织,同时被"学习强国"、《北京日报》、"北京组工"等媒体广泛报道,"暖心橙"志愿服务的品牌被不断擦亮。

(推荐单位:北京市顺义区)

"三风五彩"传扬桥梓新风采

摘要

北京市怀柔区桥梓镇"三风五彩"志愿服务项目创立于2019年5月,依托桥梓镇"正家风 清村风 淳民风 做文明有礼桥梓人"主题教育活动,积极推进志愿服务活动常态化开展,持续深化文明创建、文明实践、文明培育,着力提高市民素质和社会文明程度,真正让"正家风 清村风 淳民风 做文明有礼桥梓人"的理念入脑入心。

北京市怀柔区桥梓镇"三风五彩"志愿服务项目凝聚起党政机关干部、退休职工、老党员、好家风模范户、"最美桥梓人"等1300余人,常态化组织开展以"党员红马甲志愿服务队""蓝先锋团员志愿服务队""绿动桥梓好家风志愿服务队""橙心诚意巾帼志愿服务队""金色暖阳文化志愿服务队"为支撑的"五彩"志愿服务主题实践活动,把全镇正家风、清村风、淳民风等"三风"文明实践活动推向了新高潮。

"三风五彩"打造文明品牌。"党员红马甲志愿服务队"吃苦在前、享乐在后,带头参与环境卫生整治,让文明实践"红"遍桥梓;"蓝先锋团员志愿服务队"组织镇域青少年开展垃圾分类引导、桶前值守等主题志愿服务活动,成为文明实践活动的"蓝"先锋;"绿动桥梓好家风志愿服务队"围绕邻里和睦、热心公益、教子有方、爱岗敬业和孝老爱亲等内容,在全镇评选出好家风模范户523户,实现了"绿"动桥梓;"橙心诚意巾帼志愿服务队"针对"老、弱、病、残、孤"等开展关心关爱志愿服务百余次,展现了巾帼志愿服务的"橙"心诚意;"金色暖阳文化志愿服务队"围绕美丽乡村建设、"三风"文化、生态保护等主题,鼓励各村积极挖掘身边人、身边事,创编文艺节目,打造桥梓文化金名片。

疫情防控成为实践重点。在新冠疫情防控关键时期,由全镇25个村(居)党支部719名党员组建的防控队伍,吹响集结号,奔赴全镇52个疫情防控点。300余名青年团员挺身而出,无论是雨雪天还是大风天,自始至终参与卡口值守。523个好家风模范户组成的"绿动桥梓好家风志愿服务队",积极参与拉网式排查、岗口劝导和电话问询等志愿服务。"橙心诚意巾帼志愿服务队"通过村级广播、张贴海报、悬挂横幅、"尚德桥梓"微信公众号等宣传方式,让村民在深入

"文明健康 有你有我"新时代文明实践推动日活动

了解新冠疫苗接种知识的基础上,主动、尽早接种新冠疫苗,为打赢疫情防控阻击战贡献了力量。

主题活动亮出志愿风采。按照"每月一次、逢节必做"的活动安排,先后开展了乡风文化节、为好家风模范户送牌匾、为村民写春联送祝福及走访慰问老党员、困难户、军烈属等大型志愿服务活动26次,镇村开展志愿服务活动近千次,参与群众近4万人次。每月末,镇级"党员红马甲志愿服务队"上街头捡拾烟头、清理白色垃圾、清除污渍等,使2条千米长街成为桥梓最干净、最安全、最亮丽的平安街。与此同时,各村"党员红马甲志愿服务队"采取包街形式建设美丽街道、亮丽胡同,让久居的村民、过往的游客走干净的路面,看亮丽的街景。

桥梓镇"三风五彩"志愿服务项目经过3年多的宣传和组织,志愿服务活动群众参与率由最初的30%提升至70%。该项目于2020年荣获北京市"优秀环保公益组织"。

(推荐单位:北京市怀柔区)

"民情前哨"助力"未诉先办"

摘要 市民的诉求就是哨声。2019年4月以来，北京市丰台区云岗街道建立"民情前哨"新时代文明实践居民志愿者队伍，聚焦办好群众家门口事、打通服务群众的"最后一公里"。通过资源整合、力量融合，强化群众发动和文明实践，以日常民情"六巡"工作法和"三级联动"响应解决机制为抓手，探索出"民有所呼、同频共应、接诉即办、联心共办"的共治共享解决机制，推动新时代文明实践活动融入城市环境治理、社会治理。

"民情前哨"志愿者队伍开展宣传栏巡查工作

北京市丰台区云岗街道党工委贯彻以人民为中心的发展理念，推出"民情前哨"新时代文明实践特色品牌，化"接诉即办"为"未诉先办"，在解决群众"急难愁盼"问题上见行动、出成效。

发挥党建引领作用，创新基层治理方式。 云岗街道打造"一委一所两会三平台"体系，实现民主协商、社会参与、多元治理等有机融合，开展党政群共商共治。街道结合"双报到"机制，凝聚社区自管党员、在职党员、社区居民、地区单位干部职工、物业公司工作人员等力量，组建起一支1600余人的"民情前哨"新时代文明实践志愿者队伍，并以楼栋为单位建立"微信群"。街道创建常态化"六巡"工作机制，每天安排志

"民情前哨"志愿者队伍开展楼宇安全巡查工作

愿者巡查4小时，周末、节假日不间断，并制定《社区巡查工作记录表》，对巡查情况进行规范记录。

广开言路议事协商，回应问题更加精准。云岗街道将南一社区"居民议事之家"、镇岗南里社区"四事工作法"（开门纳事、共商议事、分类办事、定期评事）和南二社区"楼院管委会"等纳入"民情前哨"工作体系。街道针对"民情前哨"发现的问题，建立居民、社区、街道"三级联动"快速响应机制，第一时间办理并集中回访；对重点、难点问题，社区、街道分级启动"吹哨报到"机制，街道职能科室、所队、产权单位、物业公司、区级职能部门"应哨报到"。截至目前，问题的解决率达90%以上。

聚焦民情民意民心，文明实践深入人心。云岗街道通过"民情前哨"志愿者日常巡查、上门问需，进一步畅通群众反映问题渠道。街道通过梳理群众反映重点和社区治理的热点、难点问题，形成6大类38项关注性问题巡查清单；依托社区新时代文明实践站，解决群众的操心事、烦心事、揪心事，进而带动更多的群众主动支持社区建设、参与社区治理，让新时代文明实践的相关理念深入人心。

"民情前哨"志愿者以实际行动引领文明风尚，助推新时代文明实践在云岗街道辖区蔚然成风。云岗街道聚焦解决群众"急难愁盼"问题，真正做到群众不顺心的事有人管、群众不满意的事解决好，提升了群众的幸福感、获得感、安全感。

（推荐单位：北京市丰台区）

文明实践积分兑换激励机制

摘要 北京市大兴区林校路街道依托辖区新时代文明实践所、站、基地力量，以"邻里守望聚林校 和谐共筑新时代"为主题，在社区广泛开展"和谐、和美、和睦、和畅"系列新时代文明实践志愿服务活动，积极探索实施志愿者积分管理模式，推进志愿服务规范化、常态化、长效化，精准服务辖区居民，打造新时代文明实践志愿服务品牌，共筑"邻里情、林校情"。

林校路街道志愿服务积分记录手册

林校路街道为鼓励更多志愿者积极参与社区志愿服务活动，设立三级志愿服务体系，推广志愿者积分管理模式，逐步完善积分兑换激励制度，形成良性循环，"以服务换服务"，激发更多志愿者参与新时代文明实践活动的热情。

"五型"志愿服务模式，共筑和谐邻里。 街道创建以绿、净、孝、乐、安为主线的"五型"志愿服务模式。"绿"，指开展科普宣传活动，传播文明理念；"净"，指强化环境整治志愿服务，营造美好社区环境；"孝"，指为弱势群体送温暖送服务，弘扬孝道文化，推进公民道德建设；"乐"，指以青少年为主体，组建志愿家庭，拓展实践活动形式；"安"，指整合群防群治力量，维护辖区安全稳定。共成立"建兴七色花服务队""永华南里家长里短调解团""义和庄南里爱心大姐服务队"等78支志愿者队伍。

创新志愿激励回馈制度，实施积分管理。 以社区新时代文明实践站为单位，广泛吸纳志愿者，健全志愿者档案台账，发放《新时代文明实践志愿服务积分记录手册》，记录服务内容和时长，实施积分兑换。志愿者每参与服务1小时积1分，

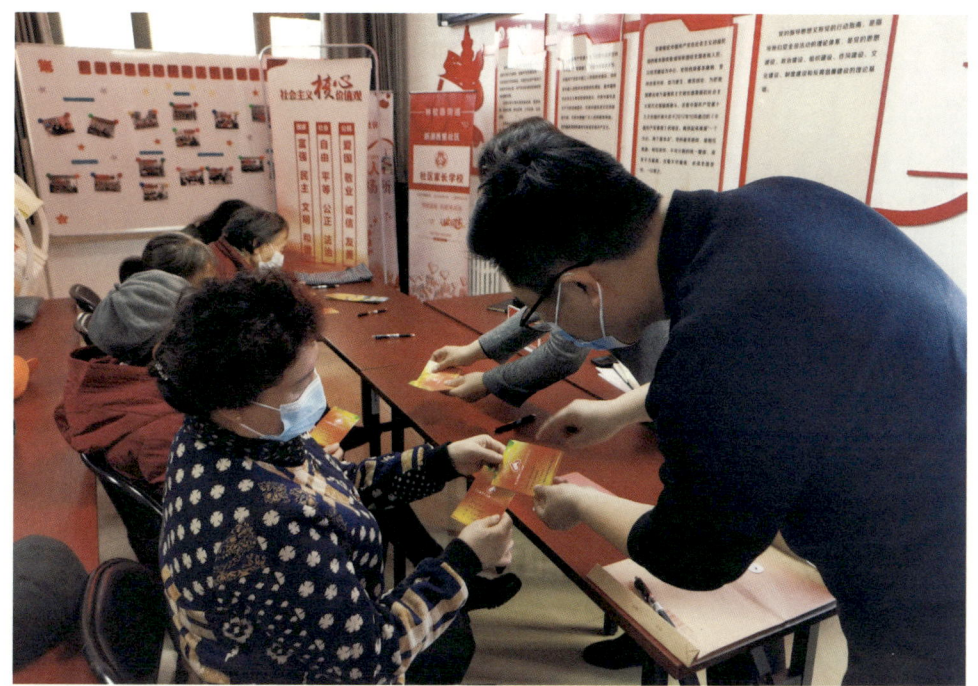
街道向志愿者发放积分兑换卡片并耐心讲解使用方法

每年服务时间累计不少于20小时可参与兑换。每年年末街道提供包括理发、家居保洁、技能培训等10余类社会服务项目供志愿者兑换。各社区为志愿者统计总积分，在兑换服务后扣除相应积分，目前共为志愿者兑换948854分，兑换服务项目10余种，兑换服务次数32304次。

多元邻里节活动，共谱邻里新篇章。延续社区邻里节传统，融入传统节日、冬奥、党史等元素，以"百家宴"、楹联诗会、传统庙会、文艺展演等形式展现特色，形成各社区自己的传统。开展"最美林校人"榜样评选活动，组建"五老宣讲团""百姓宣讲团"，传扬宣讲身边好邻里的事迹和精神。

文明实践积分兑换激励机制是林校路街道坚持为群众办好事、解难事、做实事的成功探索，多年来在践行"志愿林校·你我同行"的服务口号中，开展了"美化社区、净我家园""学雷锋志愿行"等系列志愿服务活动，用真情服务辖区居民，用志愿服务共建和谐邻里。

（推荐单位：北京市大兴区）

"她时代"尽显她风采

摘要 北京市顺义区牛栏山镇培育的"她时代"创想空间巾帼活动品牌,分为5大板块:"她声音",即举办宣讲、歌舞、戏剧、表演类活动,激发女性活力和表现力;"她智慧",即举办传统文化讲座、国学经典诵读、艺术鉴赏心理解压类活动,塑造女性阳光的心态;"她力量",即举办职场修炼、职业规划、创业创新、电子商务类活动,为女性施展才华、建功立业搭建平台;"她风采",即举办烘焙、剪纸、插花、茶道、彩妆、书法、绘画类活动,培养女性多种兴趣爱好;"她幸福",即举办交友、婚姻、家庭、亲子等主题活动,帮助女性探寻家庭幸福的密钥。

牛栏山镇依托"她时代"创想空间项目,以女性为活动主体,结合女性实际需求,通过独具创意的活动形式、不拘一格的活动选址及独具特色的活动主题,吸引女性参与,致力于打造一张富有特色的新时代文明实践名片。

聚焦功能定位,深挖品牌内涵。新时代女性中知识女性越来越多,为她们开展的活动应该以提高生活品位、提升气质、展现风采、引领健康时尚新生活为主要内容。牛栏山镇围绕"享受美好生活,见证美丽蜕变"主题,以建设基层服务型妇联组织为抓手,着眼于妇联组织功能的整体发挥和工作的全面提升,协调各方资源和力量,更好地联系和服务女性群体,提升妇联组织在女性群体中的吸引力、凝聚力和影响力。

举办多彩活动,增强文化底蕴。"她时代"创想空间成立5年来,举办的文化活动有"品书香韵味,做分享达人"读书交流会,体验牛栏山酒厂传统酿制技艺的"品味醇香文化,传承匠心工艺"参观活动,走进北京葫芦艺术庄园制作火绘葫芦……这些活动引导牛栏山镇的女性自觉参与创造高品质生活,增强文化内涵。近年来,"她时代"创想空间多次组织开展"走名校 重塑初心,展未来 牢记使命"主题活动,巾帼踏进大学校园,重温挥斥方遒的求学岁月。

整合多方资源,深化志愿服务。"她时代"创想空间开展的生活垃圾分类志愿服务活动,实现了一人带动一家、一家带动一条胡同、一条胡同带动一个村的

"她时代"创想空间——"走名校 重塑初心，展未来 牢记使命"主题活动

良好效果，让每一名站在垃圾桶边的值守人员变成一面旗帜，带动身边的群众自觉进行生活垃圾分类，涌现出一批生活垃圾分类"时尚达人"。在疫情防控志愿服务活动中，全镇300余名女性志愿者积极响应号召，发挥广泛联系女性群众的优势，履职尽责，奋战在疫情防控一线，团结带领广大女性全面打响疫情防控阻击战，为疫情防控工作撑起了半边天。

"她时代"创想空间项目是集学习宣传、文化服务、文明实践于一体的新平台、新阵地，被央视网、环球网、搜狐网、千龙网、首都文明网等媒体广泛报道，是巾帼力量助推新时代文明实践工作的一次创新实践。

（推荐单位：北京市顺义区）

雷锋车队战"疫"行

摘要 2020年,在新冠疫情暴发时,北京市红十字雷锋车队应急救援志愿服务队积极响应北京市红十字会号召,开展"雷锋车队战'疫'行"志愿服务工作,整合多方资源,成立了西顿照明战"疫"学雷锋志愿服务队、农民工战"疫"志愿服务队,向武汉雷神山医院、郑州新冠肺炎隔离病房项目捐赠专用照明灯具;在雄安新区、北京城市副中心等地的国家重点建设项目处为复工复产筑起群防群治的安全保障;在春节人员返京期间建立全国雷锋车队队长微信群,宣传动员全国红十字雷锋车队志愿者积极配合当地政府开展疫情防控工作……体现了新时代文明实践精神。

雷锋车队战"疫"行志愿服务工作,由北京市红十字雷锋车队应急救援志愿服务队于2020年启动,志愿者动员多方力量抗疫捐物、关爱农民工弱势群体,并向他们传递雷锋精神,多措并举助力抗疫和复工复产。

动员多方力量,传播爱心。 新冠疫情暴发后,北京市红十字雷锋车队队长李峰威高度关注疫情,充分挖掘多方资源,成立了西顿照明战"疫"学雷锋志愿服务队,为武汉雷神山医院捐赠了价值70万元的专用照明灯具,为郑州新冠肺炎隔离病房项目捐赠了价值30万元的专用照明灯具;组建了20多支农民工战"疫"志愿服务队,在雄安新区和北京城市副中心等地的国家重点建设项目处筑起群防群治的安全屏障。在春运期间,面临流动人口密集、疫情严重蔓延的风险,建立了全国雷锋车队队长微信群,宣传动员志愿者主动配合当

红十字雷锋车队在北京城市副中心重点项目工地为农民工战"疫"志愿者发放防疫物资、讲解防疫知识

西顿照明战"疫"学雷锋志愿服务队向武汉雷神山医院捐赠专用照明灯具

地政府开展疫情防控工作,提供有效信息近千条。

关爱弱势群体,温暖人心。 在疫情防控的关键时期,李峰威带领志愿者跑遍十几个重大工程的项目部,了解留守农民工的需求,给他们发放防疫知识手册、口罩、消毒液和生活用品;根据上级部署安排,在按照要求采取好安全措施的前提下,积极推动项目复工复产。

传承雷锋精神,传递真情。 在帮助农民工做好疫情防控的过程中,一些农民工提出也想为抗击疫情做贡献。北京市红十字雷锋车队应急救援志愿服务队联想到了传承雷锋精神,因此在队长李峰威的倡议和组织下,一支支农民工学雷锋志愿服务队在建筑工地上组建起来。农民工志愿者们开展了丰富多彩的志愿服务活动,他们将雷锋精神与红十字精神紧密结合,让雷锋精神在新时代绽放出了更加璀璨的光芒。

雷锋车队战"疫"行的一系列举动,既体现了新时代文明实践精神,又体现了"人道、博爱、奉献"的红十字精神。北京市红十字雷锋车队的队长李峰威也被评为"全国抗击新冠肺炎疫情先进个人"。

(推荐单位:北京市红十字会)

"八大员"传递"城市温度"

摘要 在抗击新冠疫情的战斗中，北京市海淀区新时代文明实践中心第一时间发出"疫情防控 志愿有我"倡议书，志愿者们发扬"奉献、友爱、互助、进步"的志愿精神，踊跃报名参与疫情防控，当好疫情防控为民服务"八大员"，即同舟共济宣传员、防控信息报告员、防疫知识讲解员、居家心理疏导员、人人有责卫生员、文明行为引导员、邻里互助勤务员、防控法治宣传员，彰显全国文明城区的"城市温度"。

海淀区新时代文明实践中心管理平台启动"居家"模式

在北京市海淀区新时代文明实践中心"疫情防控 志愿有我"倡议的发动下，志愿者们大力发扬"奉献、友爱、互助、进步"的志愿精神，主动帮忙解决疫情防控下，社区（村）群众工作、生活等方面的烦心事、揪心事、操心事，用行动践行为民服务"八大员"的职责和使命。

广泛发动，有序组织。 海淀区新时代文明实践中心坚决贯彻落实中央和市、区关于疫情防控工作的部署要求，迅速向全区志愿者发出"疫情防控 志愿有我"倡议，文明实践志愿者按照就近就便原则，在各实践所、站的统一协调下，深入方方面面，深入千家万户，有序参与到社区（村）的疫情防控工作中。

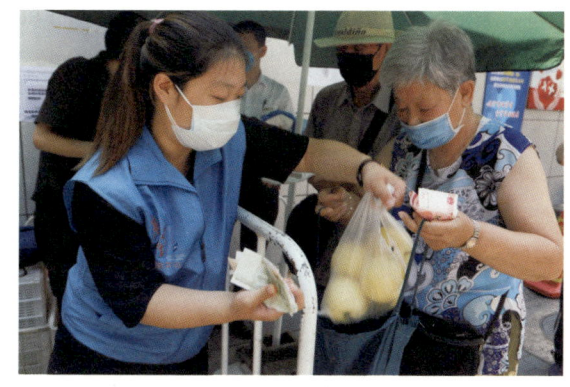

永定路上的"蓝马甲"

群防群治，主动作为。志愿者积极传达、解读疫情防控政策措施，当好"同舟共济宣传员"；志愿者在疫情防控中及时上报存在的问题，宣传好人好事和创新做法，当好"防控信息报告员"；志愿者及时向包片区域群众讲解防疫知识，当好群众身边的"防疫知识讲解员"；志愿者针对不良情绪开展积极正向的安抚和疏导，当好"居家心理疏导员"；志愿者积极引导社区（村）居民做好垃圾分类、文明养犬等，引领文明风尚，宣传倡导文明行为，当好"人人有责卫生员"；"感动海淀"文明人物、"北京榜样"先进人物等，积极倡导互相尊重、互相关爱，特别是为返京隔离人群送去暖心帮助，当好"文明行为引导员"；志愿者为居家群众及时解决买菜、收发快递等生活问题，当好"邻里互助勤务员"；志愿者积极宣传《中华人民共和国传染病防治法》的相关知识，当好"防控法治宣传员"。

创新渠道，做实宣传。海淀区新时代文明实践中心服务管理平台及时启动"居家"模式，开启"居家看世界""居家享生活""居家做贡献"3个专题板块，通过线上服务的方式为广大网友提供疫情防控政策资讯、疾病预防知识、居家生活指南、正能量文艺作品、在线教育资源、应急救助知识、在线心理咨询等服务。

志愿者们用自己的行动践行为民服务"八大员"的职责和使命，编织疫情防控阻击战的"人民网格"。自2020年以来，面临几次疫情冲击，志愿者积极参与，充分发挥文明实践基地的阵地作用，弘扬了社会正能量，增强了社会影响力。

（推荐单位：北京市海淀区）

"欢乐公益行" 欢乐到万家

摘要

北京市朝阳区南磨房地区欢乐谷社区充分发挥居民骨干及党员模范带头作用,吸引大批文艺组织者和爱好者,成立了欢乐先锋服务站。服务站以"欢乐先锋"为引领,以新时代文明实践站为平台,结合理论宣讲、教育服务、健身体育等5大实践活动,着力打造党员带头、群众广泛参与的"欢乐公益行"志愿服务项目。

欢乐谷社区通过"欢乐公益行"项目,打造了一支有广度、有深度、有温度的党建队伍,扩大了影响力,增强了凝聚力,提高了威信力,提升了亲和力,形成了一套行之有效的"欢乐聚力"党建工作法。

创办特色活动,拓展服务领域。一是创办"欢乐颂"特色活动,调动居民参与热情,打造"活力党建"队伍。组织舞蹈、模特、书画、手工、欢乐印象邻里节等百姓喜闻乐见的活动,满足各年龄段居民的需求。二是线上线下同步宣传,欢乐公益深入人心,打造"智慧党建"队伍。搭建"智慧党建"平台,发挥"互联网+"作用,与居民建立了高效的沟通机制。将"欢乐先锋"的优秀事迹改写成生动的小故事和诗歌,并被广泛传唱。三是开展"五日连心"主题党日活动,

欢乐谷社区新时代文明实践推广日活动

"欢乐公益行"——雷锋驿站初心有我"幸福志愿"插花活动

拓展志愿服务领域，打造"互助党建"队伍。学习日、公益日、共建日、健康日、党员日"五日"合一，每月10日开展免费织补、按摩等志愿服务；组建小件维修组、义务理发组、免费修车组、文明养犬宣传队和环境环保服务队。在疫情防控工作中，启用"虚拟社工乐小芬"，成立两个战时临时党支部。

强化组织建设，创新工作模式。"欢乐公益行"立足自身实际，通过开展系列活动，打造了"广覆盖、强基础、增实效、添活力"的"有为党建"队伍；不断提升服务能力与质量，探索出一套符合社区实际、满足群众需求的党建工作模式，打造了一支"服务大局、当好助手，激发活力、扩大参与，满足需求、解决问题，完善机制、开拓创新"的"贴心党建"队伍。

"欢乐公益行"志愿服务项目，是欢乐谷社区对党建与服务深度融合的一次深入探索，是完善"欢乐聚力"党建工作法的有效实践，以亮点带动重点，以局部促进全局，主动发力、主动作为，凝聚起辖区各方力量参与社区建设，带动各项工作全面提升，让党员群众看到变化、见到成效。

（推荐单位：北京市朝阳区）

姐妹倾情送服务 巾帼建功新时代

摘要 北京市延庆区妇联充分发挥健全的组织网络优势,依托各级"妇女之家",牢牢抓住"家庭"工作主阵地,紧紧围绕世园会、冬奥会、全国文明城区创建等绿色发展大事,关心关注空巢老人、残疾人等群体,多方整合资源,广泛宣传动员,规范服务管理,开展丰富多彩的志愿服务活动,打造出"爱心帮扶暖空巢"巾帼志愿服务品牌,在参与基层社会治理、建设生态文明幸福最美冬奥城中做出了重要的贡献。

康庄镇志愿者和老人一起收土豆

北京市延庆区妇联主动将思想和行动融入习近平新时代中国特色社会主义思想的学习实践中,以志愿服务为抓手,打通宣传群众、教育群众、关心群众、服务群众的"最后一公里",努力探索新时代文明实践的"妇联模式"。

关注弱势群体,强化特色品牌。紧紧围绕"邻里守望,姐妹相助"活动主题,将空巢老人、残疾人作为重点服务对象,采取节日送温暖与日常照料相结合、普遍受惠与精准帮扶相结合、专家团队与草根组织相结合的服务方式,通过"一帮一""多帮一"的服务形式,日常定期为老人理发、测血压、打扫房间、洗衣服、收庄稼等;节假日为老人表演节目、包饺子、送粽子,和老人一起过节,每年开展各类帮扶关爱活动2000余次。特别是在新冠疫情期间,志愿者入户为空巢老人讲解疫情防控知识,坚持上门理发、送菜送饭,传递党和政府的关爱,打造出"爱心帮扶暖空巢"巾帼志愿服务品牌。

围绕中心大局,强化示范引领。世园会期间,各级巾帼志愿者放弃休假,主

张山营镇巾帼志愿者在中秋节深入冬奥工地与冬奥工人一起做月饼

动投入村（社区）路口值守、文明引导、矛盾排查化解等活动；创城期间，巾帼志愿者率先垂范，一直通过广播、入户等形式进行宣传帮扶，志愿者还变身"小教员"，宣传"四条例一行动"，并带头进行垃圾分类、桶前值守；冬奥期间，巾帼志愿者开展"志愿家庭点亮冬奥社区"活动，其间开展志愿服务866次，总服务达21159小时；疫情期间，巾帼志愿者主动融入卡口值守、核酸检测、疫苗接种、跑腿代购等工作中。巾帼志愿者成为维护地区安全、和谐稳定的一支重要力量。

规范组织管理，强化队伍活力。 指导乡镇（街道）、村（社区）在"志愿北京"平台注册志愿家庭服务队397支，注册家庭1303户，注册巾帼志愿者5315人；发挥区妇联执委作用，成立家庭教育、法律、医疗3支专业巾帼志愿服务队；制定出台《延庆区妇联关于进一步加强巾帼志愿者和志愿家庭礼遇关爱的实施方案》，建立志愿服务月报制度，大力挖掘、宣传先进典型；连续实施"益家行""妇女之家"服务大讲堂等项目，并给予71个市、区"示范妇女之家"共计131万元的资金支持，不断发展壮大巾帼志愿者队伍，引导激励志愿者开展差异化、常态化服务活动。

经过不懈努力，延庆区巾帼学雷锋志愿服务队被评为2016年"学雷锋志愿服务金牌团队"，志愿服务"巾帼粉"成为妫川大地上一道亮丽的风景。

（推荐单位：北京市延庆区）

"红色门头沟 红色龙泉镇"文明实践活动

摘要 2019年,北京市门头沟区龙泉镇创建"红色门头沟 红色龙泉镇"高家园新时代文明实践基地,以党建引领绿色发展,深入贯彻落实习近平新时代中国特色社会主义思想,践行"两山"理论,吹响地区新时代文明实践的"集结号"。龙泉镇新时代文明实践所"用心"构筑文明实践新体系、"专心"搭建文明实践服务平台、"精心"策划文明实践服务活动、"匠心"打造文明实践服务品牌,不断传播新思想、弘扬新风尚,打通服务群众的"最后一公里"。

"保护母亲河 龙泉在行动"文明实践活动

龙泉镇新时代文明实践所设立"多元共治体",强化"机制联建、党员联管、设施联用、治安联防、服务联动、文明联创"的"六联共创"机制,发挥"社区社会组织+志愿者"的服务模式优势,成立社区社会组织联合会,设立村居公益微创投"小微"项目30个,服务基层群众诉求,为群众办实事、办好事。

传播新思想。 推行开放共享的新时代文明实践阅读空间,在新时代文明实践所建立"马克思主义读书会"学习基地,放置流通读物2000余册。设立龙泉镇马克思主义读书协会，各理事轮流主持读书会，协会成员由党员、无党派人士、群众共同组成，实行会员服务制度。开展马克思主义理论学习，阅读马克思主义经典，开展读书交流会，组织新思想传播服务300余次，吸引各类群体走进学习基地参与实践、传播思想、感受文明新风。

龙泉镇新时代文明实践所开展马克思主义读书会活动

弘扬文明新风尚。深化"创城文明"平台项目，融合地区优质社会组织资源，解决村居管理服务难点，衔接所辖35个新时代文明实践站点，在文化艺术、惠民生活、志愿宣讲、医疗健康、绿色环保、文明礼仪、慰老扶幼等7个领域常态化开展志愿服务3500余场，受众5万余人，实现志愿服务全覆盖。3年来，"保护母亲河 龙泉在行动"文明实践活动，发动社会各界志愿者24000余人次，开展巡河志愿服务逾3000次，劝阻垂钓和乱扔垃圾等不文明行为5000多起，有效保护了永定河流域的生态文明。

打通服务群众的"最后一公里"。发挥"社区社会组织+志愿者"的服务模式优势，成立龙泉镇社区社会组织联合会，扶持地区35个村居的80余支文体、志愿服务队伍，设立村居公益微创投、志愿服务、垃圾分类等"小微"项目30个，为各社区的社会组织提供统一的项目管理与技术指导，确保项目实施有人跟、有人管、见成效。近年来"小微"公益微创投项目累计服务3000余次，5万余人次受益。

龙泉镇新时代文明实践所坚持"需求导向"，对接村居需求，理出服务清单，为村民办实事；整合地区服务资源，开展常态化服务活动，建立定期沟通反馈机制，激活地区组织力量，确保各项文明实践服务向制度化、规范化、常态化方向发展。

（推荐单位：北京市门头沟区）

文明齐家"亦家人"

摘要 北京市大兴区亦庄镇以文明齐家"亦家人"新时代文明实践项目为载体，强化居民自身文明素质养成，引导居民自觉参与社区建设，通过举办系列活动，建设了一支具有较强服务意识与实践能力的志愿者队伍，打造了一批具有地区特色的文明实践品牌，逐步形成"家人治家"志愿服务模式，全面助力智慧活力、文明幸福的新亦庄建设。

"文明亦家人"志愿者指导居民进行垃圾分类

文明齐家"亦家人"新时代文明实践项目通过整合志愿者队伍，制度化、常态化开展文明实践活动，进一步提升了辖区居民"家人治家"的参与意识，形成了"文明环境同监督，家园治理我参与"的全民公益模式，擦亮了城市文明形象。

围绕"规范"下功夫，从"分散"到"集中"，构建文明志愿服务大家庭。 将全镇新时代文明实践所、站的23支志愿者队伍进行整合，形成了1572人的文明齐家"亦家人"队伍体系。定期开展教育培训，将理论知识与实用技能相结合，不断增强服务意识，提升服务水平。建立注册登记和活动开展管理制度，按要求填写并定期上交《服务日志》，明确志愿者身份职责、服务内容和服务标准。健全考核激励制度，遴选表彰积极参与社区志愿活动、有较大贡献的志愿者骨干，培养具有影响力的志愿者领袖。

围绕"需要"做志愿，从"管理"到"劝导"，架起与居民有效沟通的桥梁。 为推进《北京市文明行为促进条例》等精准落地实施，定人、定时、定点位、定职责，在小区楼宇间设置志愿岗，针对不文明行为及时进行劝导。举办"文明议事厅"，组织志愿者讨论分析不文明现象产生的原因和劝导的有效方法，交流工作经验及做法。每年开展"家住亦庄"问卷调查，让居民自行反思生活中的不文

贵园西里社区联合物业开展"文明议事厅"活动

明行为,提出解决办法;开设微信"随手拍"功能,发现不文明行为可拍照并"一键上传",相关职能部门及时反馈解决。

围绕"参与"齐发力,从"看客"到"主角",不断激发居民参与热情。开展"社会明星"评选,征集"志愿服务达人",挖掘居民身边的文明故事。举办"文明擂台赛",鼓励居民争创垃圾分类、文明养犬、孝老敬亲等不同类别的"文明家庭"。开展"邻里共创建",楼门长带头,楼门家庭同心协力达到参评标准,争创"文明楼门"。进行"大家来找碴儿"社区文明行为拉练检查,志愿者代表成立督查队,每季度在各社区进行一次文明行为全面检查,评选出"文明社区"。

文明齐家"亦家人"文明实践项目自实施以来,受到《北京日报》、文明北京等媒体的相继报道。"家人治家"让群众真正从文明创建的"看客"变成文明创建的"主角",以强烈的主人翁意识,共建美好家园。

(推荐单位:北京市大兴区)

我为群众办实事 点亮百姓微心愿

摘要 北京市东城区坚持"崇文争先"理念,以"为民、利民、惠民"为目标,依托新时代文明实践中心、所、站三级组织体系的重要作用,创新推出"我为群众办实事 点亮百姓微心愿"文明实践活动,面向全区居民,尤其是辖区困难群众、孤寡老人等弱势群体,广泛征集微心愿1247个。各级党组织、广大党员、志愿者发挥先锋模范作用,积极认领微心愿,察民情、解民意,以暖心态度、贴心服务,办结全部微心愿,群众满意率达100%,让群众看到了党史学习教育带来的新变化、新成果,真正把党的温暖送到居民的心坎上。

微心愿征集活动现场

为庆祝中国共产党成立100周年,北京市东城区充分发挥新时代文明实践中心、所、站的重要作用,依托"党史e起学"微信小程序,坚持为民服务宗旨,创新开展"我为群众办实事 点亮百姓微心愿"新时代文明实践活动,用心用情用力解决好民生问题。

线上线下同频，广泛征集微心愿。一是发布微心愿征集令，各新时代文明实践所、站设置微心愿征集箱，发放"我为群众办实事"服务卡，广泛面向东城区居民征集微心愿。二是开发微心愿线上征集渠道，通过微信小程序"党史e起学"，设置"'我为群众办实事'服务卡"板块，线上征集居民微心愿，与线下收集相结合，梳理形成街、区两级清单。三是入户走访困难群众、孤寡老人等弱势群体，发放"我为群众办实事"服务卡，重点征集学习用品、生活用品、书籍等实物类和陪护就医、义务理发、居家清洁等服务类群众需求。全区线上线下共征集微心愿1247个。

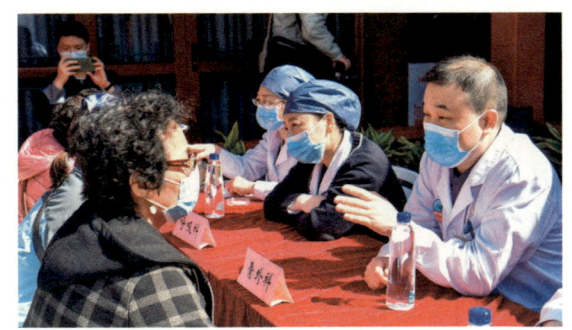

微心愿活动现场

党员示范引导，切实点亮微心愿。各新时代文明实践所、站大力号召辖区各级党组织、广大党员积极认领服务卡，用心用情用力解决好民生问题。景山东街社区为因遭遇车祸而行动不便的刘叔进行住所无障碍改造；小菊社区为夜间无照明的胡同安装太阳能照明灯……全区所有微心愿完成对接认领，1247个微心愿全部办结，群众满意率达100%。

巩固活动效果，宣传微心愿优秀案例。通过"党史e起学"小程序，开发成果展示板块，设置文明实践活动"心愿树"，对全区近40个典型优秀案例进行展示，充分展现微心愿办理过程中的感人故事、图片及群众满意度等，提高活动影响力和号召力，传播网络正能量。同时开展优秀案例评选活动，发挥榜样的示范引领作用，提高党员干部的责任感、使命感。

"我为群众办实事 点亮百姓微心愿"新时代文明实践活动，坚持为民服务的宗旨，切实让全区居民"看得见、摸得着、易感知、得实惠"，不断增强新时代文明实践的影响力，群众的获得感、幸福感和安全感显著提升。活动让全区居民看到了党史学习教育带来的新变化、新成果，真正把党的温暖送到了居民的心坎上。

（推荐单位：北京市东城区）

"幸福研修苑"打造社会化退休人员新家园

> **摘要** 2020年,西城区大栅栏街道紧紧围绕"七有""五性"需求,聚焦地区老年人口多的实际特点,积极探索新时代文明实践新路径,找准文明风尚新坐标,以关注社会化退休人员这个"小切口",培树"幸福研修苑"品牌,做好文明实践的"大文章"。

2020年12月,大栅栏街道"幸福研修苑"举办"回家第一课"迎新活动

大栅栏街道"幸福研修苑"于2020年10月成立,依托街道新时代文明实践所,以活动为媒介,以社群为载体,通过专业系统的管理、"点单派单"式精准多样的服务和不断完善的服务流程,引导社会化退休人员参与社区建设志愿服务,树立"六十而立"的新观念,提出社区养老新概念,开启了退休新生活。

调研访谈,建立退休人员信息档案。 大栅栏街道新时代文明实践所联合专业团队开展调研,通过电话访谈方式,考察社会化退休人员的实际情况,建立退休人员信息档案。信息档案包括曾经的职业、兴趣爱好、特长、希望提供的服务等内容,为组建社会化退休人员智囊团、设立组织制度、设置志愿服务项目提供决策意见。

活动带动,成就感激活公益热情。 "幸福研修苑"打造"112N"运行模式:1个节日,举办"幸福研修苑"开学典礼,开展"迎新"活动;1个公益创投大赛,举办社区公益创投大赛,为社会化退休人员培育更多社区组织;2个平台,依托《幸福研修苑》杂志、运用"魅力大栅栏"微信公众号平台《幸福研修苑》专栏,帮助退休人员及时了解地区信息,吸引退休人员参与辖区活动,展现社会化退

2021年2月,"幸福研修苑"举办"在京过大年,京味年夜饭"直播活动

人员的风采;N个圈子,以兴趣为媒介组建兴趣圈,先后组建书画社、模特队、舞蹈队、乒乓球队等22支文体队伍,每年开展各类培训讲座20余场。组织开展"在京过大年,京味年夜饭""夕阳映红墙·乐享在西城·同唱一首歌"等特色活动,参与人员达2900人次。

机制保障,"三环式"联动保证服务质量。 目前街道承接了万余名企业退休人员社会化管理服务工作,形成了以管理服务中心规划协调为内环、社区工作站牵头推进为中环、自管领导组织互助服务为外环的"三环式"联动服务机制。其中,社会化自管领导小组统筹协调,定期开展慰问、探望、郊游、讲座等服务,成为退休人员融入社区、服务社区的"桥梁"。"三环式"联动服务机制,帮助退休人员完成从企业化到社区化、从松散化到规范化的过渡,实现社会化退休人员自我管理、自我服务、自我教育、自我监督的目的。

"幸福研修苑"是一个长期培育增能的项目,将始终按照"调研、迎新、造势、组团、反哺、沉淀"的思路,通过"112N"模式深层次服务社会化退休人员,开展系列成果汇报展示,打响"幸福研修苑"品牌。

(推荐单位:北京市西城区)

"189"服务圈 圈出强大合力

摘要 北京市朝阳区高井村党总支坚持以党建为引领，以"守初心、聚民心、筑同心、强信心、暖人心"为服务宗旨，以孝老、敬老、爱老为服务特色，整合辖区9支志愿服务队，着眼于凝聚群众、引导群众、服务群众，整合各方资源，创新方式方法，进一步推动习近平新时代中国特色社会主义思想"飞入寻常百姓家"。

高井村新时代文明实践站全面贯彻落实习近平新时代中国特色社会主义思想，以传播科学理论、宣传党的政策等为工作内容，打造出以"守初心、聚民心、筑同心、强信心、暖人心"为服务宗旨的"189"服务圈工作模式，进一步构建高井新时代文明实践的服务点、服务圈和服务面。

坚持"1"个领导。 始终坚持党的领导，以党建引领新时代文明实践站建设，重点在健全组织体系、统筹整合资源、做优服务项目等方面下功夫，着力推动新时代文明实践站建设见实效，让党建工作与新时代文明实践同频共振，真正打通宣传群众、教育群众、服务群众的"最后一公里"。

建立"8"项服务。 党的十八大以来，习近平总书记对养老保障和为老服务工作做出一系列重要指示、提出一系列明确要求。高井村新时代文明实践站深入探索养老志愿服务新模式，建立了光明山养老新时代文明实践示范基地，形成了"八个一"志愿服务项目，用志愿服务进一步推动"老有所养、老有所依、老有所乐、老有所安"目标的实现。"八个一"志愿服务内容，即在老人生日当天送一个生日蛋糕；在老人生日当天送一个爱心红包；重阳节当天送一束鲜花；重阳节当天送一个吉祥红包；为有需

高井村党总支组织开展辖区老年人插花培训

高井村志愿服务队上门为80岁以上老人提供"八个一"为老服务

求的老年人提供一份爱心午餐；每月提供一次上门理发服务；每月提供一次老人的床品清洗服务；每月提供一次上门常规体检和完善健康档案服务。

融合"9"支队伍。 整合了9支志愿服务队，成立了高井微米志愿者联盟，让每一位高井人都成为志愿者，通过志愿服务向村民传达党的声音，服务好辖区的村民、企业、新高井人等。真正让新时代文明实践在高井村实现服务点、服务圈和服务面相结合，让党的声音、志愿服务、冬奥创建等在高井形成新思想、新风尚、新动能。

"189"服务圈在高碑店乡党委、高井村党总支的党建引领下，6年来，共服务80岁以上老年人超3000人次，举办各项为老系列实践活动20余次。"八个一"为老服务活动荣获2020年首都学雷锋志愿服务"五个100"先进典型。未来，高井村新时代文明实践站还将进一步打造基层养老服务综合体，大力弘扬孝亲敬老传统美德，落实好老年优待政策，维护好老年人合法权益，发挥好老年人的积极作用，并将继续与光明山老年公寓一起将爱心事业惠及村内老人，让老年人共享改革发展成果、安享幸福晚年，形成高井大融合。

（推荐单位：北京市朝阳区）

"首都老兵"京西志愿服务队

摘要 北京市门头沟区退役军人事务局坚持以"党建红"引领"军字绿",整合各方资源组建83支共1043名志愿者的"首都老兵"京西志愿服务队,围绕市区两级重点工作和百姓民生所需开展红色教育、疫情防控、垃圾分类、环境整治、治安巡逻、防汛救灾等各项志愿服务活动4200余场,发动24000余人次参与志愿服务。制定《门头沟区京西老兵志愿服务队章程》,科学合理设置志愿服务项目,发挥退役军人自身优势,提高队伍综合能力素质,将服务对象变成服务力量。

门头沟区退役军人事务局组建"首都老兵"京西志愿服务队,坚持以"党建红"引领"军字绿",注重传承人民军队优良传统,引导退役军人以争做首都新时代文明实践骨干力量为己任,发挥退役军人优势,培育志愿服务精神。

高位推动,积极搭建志愿服务平台。 运用"红色门头沟"党建"金钥匙"强化退役军人思想政治引领,制定《门头沟区京西老兵志愿服务队章程》,协调各方资源组建83支共1043名志愿者的服务队,引导退役军人自觉践行"若有战、召必回"的使命担当。围绕建党百年、基层治理等重点工作,开展红色教育、疫情防控、垃圾分类、环境整治、治安巡逻、防汛救灾等各项志愿服务活动4200余场,24000余人次参与,以实际行动擦亮"首都老兵"京西志愿服务队志愿服务品牌。

多元服务,激发退役军人责任担当。 开展红色宣讲"六进"活动,定期在网

"首都老兵"京西志愿服务队开展垃圾分类志愿服务活动

"首都老兵"京西志愿服务队成立仪式

络平台发布"京西老兵红色之声——学党史 讲奉献 续写军旅荣光"系列作品，开展马克思主义读书会活动。抗疫冲锋在前，2000余名京西老兵踊跃投身抗疫一线，开展捐款、捐赠防疫物资、运送发放物资、公共场所消毒及一线卡口站岗执勤等志愿活动，事迹被《解放军报》《中国双拥》《北京日报》等中央及市级媒体宣传报道30余次。聚焦社区、村"急难愁盼"问题，开展垃圾分类、环境整治等志愿服务活动，聘请专业人员为60余名志愿者讲解垃圾分类知识，并做好志愿者"传帮带"工作。防控汛情强准备，志愿服务队及时清理河道杂草，在河边低洼地段堆上沙袋，保障行洪安全，到危房险户宣传转移，遇到行动不便的老人主动搀扶、背他们到避险点，保证了群众的生命财产安全。

守正创新，确保志愿服务行稳致远。全方位营造氛围，运用融媒体矩阵开展先进人物、典型事迹宣传报道，激励更多退役军人参与志愿服务。依托村居党组织书记兼任退役军人服务站站长的优势，开展主题党日、组织生活会等活动，筑牢退役军人理想信念之基，发挥退役军人专业特长。

退役军人作为新时代文明实践志愿服务力量的重要组成部分，持续发挥思政引领和基层治理作用，"首都老兵"京西志愿服务队立足群众关心的小事、实事、身边事，通过多形式、广内容、高质量、精专业的志愿服务队伍，践行奉献、友爱、互助、进步的志愿精神。

（推荐单位：北京市门头沟区）

打造"零距离服务站" 让文明实践紧跟群众"跑"

> **摘要** 北京市大兴区庞各庄镇新时代文明实践所自2019年成立以来，坚持党建引领、探索创新，聚焦满足人民群众美好生活需要，将文明实践与"零距离"服务相结合，孵化建设了庞各庄镇"零距离服务站"，并从建机制、建平台、建队伍、建品牌、抓实践着手，开展形式多样、内容丰富的新时代文明实践活动，努力将庞各庄镇新时代文明实践所打造成惠及民生、凝聚民心的百姓之家。

庞各庄镇新时代文明实践所便民服务区

"零距离服务站"包含呼叫式服务站、零距离服务区、全自助便民点、实践教育基地及群众文化中心五个功能区，是庞各庄镇坚持需求导向、问题导向和目标导向，结合新时代文明实践所建设，围绕打通服务群众"最后一公里"打造了集线上呼叫式上门服务、线下小微式一站服务、互动体验式科普教育于一体的便民生活服务平台。

红色服务"零距离"，唱响主旋律，坚定"主心骨"。 一是开设沉浸式红色课堂。开设"中国共产党人的精神谱系专题展""庞各庄发展成就展""党风廉政教育"三个主题展览，弘扬红色精神。二是打造集成式红色港湾，为全镇党员提供交流、学习平台。三是汇聚先锋式红色力量。以"大党建"系统思维，构建党群大联盟，累计组织"小手拉大手"、志愿服务等组团式、项目化主题活动26场。四是开展互动式红色宣讲。充分利用新时代文明实践站接地气的优势，开展多样化宣讲活动，大力弘扬社会主义核心价值观。

便民服务"零距离"，弘扬新风尚，画好"同心圆"。 一是点亮群众"微心愿"。成立"零距离"志愿服务队，根据群众需求提供陪同看护等20余项服务，

庞各庄镇新时代文明实践所接待台

形成了由群众"微心愿点单"、党员"微服务接单"的服务模式。二是便民服务"在身边"。聚焦群众生活需求，在零距离服务站精准配备洗衣缝纫、针头线脑、修车开锁等小微服务。三是科普教育"新风尚"。在社会实践教育基地，设立消防安全、垃圾分类等10个模块，组织附近居民参与现场互动教学36场。四是服务群众"新路径"。打造"便民大篷车"服务品牌，将服务精准送到群众家门口。

文化服务"零距离"，提振精气神，共谱"协奏曲"。一是激发文化认同感。举办"庞各庄民俗文化展"，激发群众对家乡的文化认同感。二是配送文化大餐。依托零距离服务站的百姓讲堂，定期推出书法、绘画、健康讲座等"点单式"特色课程，丰富群众日常生活。三是打造共享文化空间。向镇域群众免费开放妇女儿童之家、休息区、乐器室、舞蹈排练室、减压室等活动空间，满足不同人群文化娱乐活动需求。开设"更读书社"实体书店、图书阅览室，让居民在家门口就能享受到便捷、高效、普惠的公共文化服务。

庞各庄镇"零距离服务站"是庞各庄镇新时代文明实践工作的具象化载体，通过开展好分众化、互动化的实践活动，培育文明乡风、良好家风、淳朴民风，其工作经验在《精神文明导刊》刊登，并被人民网、中国网财经、《北京日报》等诸多媒体广泛报道。

（推荐单位：北京市大兴区）

小驿站，筑大爱

——朝阳区将台地区首家"将小爱"暖心驿站水岸家园社区建成及发展实践

> **摘要**　北京市朝阳区"将小爱"是将台地区于2019年年末创立的党建品牌，旨在为"两新"群体、新居民提供便捷服务，同时，积极探索以党委领导为核心，社会多方力量参与的基层社会治理体系。其中，"将小爱"暖心驿站于2021年9月在水岸家园社区正式建立，驿站为快递小哥、环卫工人、困难群众等提供了多维度、有温度的关爱与支持，有力承接了"将小爱，汇大爱"的使命担当。同时，其管理运营模式也为探索将台地区社会治理体系建设积累了宝贵的实践经验。

"将小爱"暖心驿站聚焦"两新"群体、新居民需求，相继开展保障、关爱专项行动，为社区新居民送去温暖与关怀，让新居民更好、更快地融入本地生活，促进了辖区内新居民自我管理、自我服务、自我提升，构建了社区治理新体系，创建了和谐友爱的"暖心"社区。

小驿站，解决大难题。众所周知，"两新"群体、新居民中大部分是户外工作者，他们无处歇脚、吃不到热饭、喝不到热水，这些在很多人眼里看似不是"难题"的问题却长期困扰着他们。"将小爱"恰是怀揣着为这些户外工作者提供便利、暖心服务的初心应运而生的。为了真正让"两新"群体、新居民感受到"将小爱"的温暖，暖心驿站内配备了沙发、座椅、空调、微波炉、饮水机、充电器等设备，还设置了图书角、活动宣传栏。暖心驿站成为户外工作者休憩、学习的精神家园。驿站成立一年多来，累计服务快递员、外卖员、环卫工人等"两新"群体、新居民近1000人次。

小驿站，发挥大用途。暖心驿站的成立不仅为"两新"群体、新居民解决了"燃眉之急"，更成为连接社区、常住居民、困难群众的重要纽带，也为丰富多彩的社区活动提供了空间。水岸家园驿站先后举办了公益慈善日宣传、理发月、"随手做公益免费享午餐"、"小爱冰箱夏日送清凉"、"慈善将小爱 请TA看电影"活动，以及法律咨询、心理疏导等各类活动及服务近20场。同时，水岸社区还成立

"慈善将小爱 请TA看电影"活动

了"将小爱"志愿服务队,以暖心驿站为服务阵地,开展了疫情防控志愿服务、疫苗接种宣传、"喜迎二十大·为祖国站岗"等多项志愿服务活动,不断充实社区志愿服务力量。

小驿站,彰显大智慧。"将小爱"暖心驿站的运行离不开科学、高效的社会治理体系的建立与管理方法的应用。暖心驿站是"将小爱"社会管理体系建设的社区实践探索,以建设"站+点"(暖心驿站、爱心站点)等城市服务新空间为运营模式;也是"五社联动"(社工、社会组织、社区、志愿团队、慈善资源机制生态化运转)中社区环节的重要组成部分;又是社区层面落实"四补六免"(四补:用餐补助、洗澡补助、理发补助、超市补助;六免:免费法律援助、免费心理咨询、免费图书资源、免费医疗资源、免费休息场所、免费用水用电)政策的实现载体。

"将小爱"暖心驿站通过举办一系列活动,极大促进了社区与新居民的进一步融合,有效提升了新居民的获得感、归属感与幸福感,成为"彰显将台文明,传递将台温度"的亮丽地标新名片。

(推荐单位:北京市朝阳区)

"今天我报到"专项活动 打通服务群众"最后一公里"

摘要 "今天我报到"专项活动由北京市朝阳区委党校5个在职党支部、中国老教授协会职业教育委员会家庭心理服务学院暖光党支部和社区学院党支部联合开展。自2019年起,党校5个在职党支部分别与左家庄街道5个社区"1+1手拉手",各支部对接拉手社区需求,开展送党课、送资源、送安保、送温暖、送服务活动,形成良好的党建共建关系。

为深入推进党史学习教育"我为群众办实事"实践活动,朝阳区委党校秉持开门办学理念,充分发挥党建引领作用,探索创新"街乡吹哨、部门报到"工作机制,依托党校和社区之间开展拉手共建的活动平台,联合中国老教授协会职业教育委员会家庭心理服务学院、朝阳社区学院等单位,开展"今天我报到"专项活动,助推党校党组织与基层党组织共融共建、双促双赢,形成党校党员下基层长效机制。

一是文化服务,让群众生活更丰富。利用党校教育资源,开展"今天我报到"党史学习教育主题观影活动,邀请5个拉手社区部分党员和居民代表共同观看《我和我的父辈》红色电影,重温流金岁月,缅怀革命英雄。邀请社区工作人

暖光党支部心理专家为社区工作者进行"处理12345热线的沟通心态和沟通技巧"专题培训

"今天我报到"活动启动仪式上5个志愿服务组代表上台举牌

员到清华大学艺术博物馆参观,给社区送党史知识展板、党校编绘的"四史"小人书,以群众喜闻乐见、通俗易懂的方式推动党史学习教育深入基层。

二是培训服务,让社区工作更高效。"12345"平台是落实"民生为先、为民办事"的重要途径,是接受群众监督、改进工作作风的重要窗口,也是凝聚民心、维护和谐稳定的重要平台。为帮助社区更好地用好"12345"平台,举办"处理12345热线的沟通心态和沟通技巧"专题培训,帮助社区工作者疏解心理压力,提升社区为民服务的能力,为加强基层政务服务能力、共建和谐社区起到了积极作用。

三是资源服务,让民生保障更温情。"今天我报到"专项活动自开展以来,志愿服务小组发挥人力、场地等资源优势,开展了多项志愿服务活动。在社区文明城区创建工作中,协助社区开展路口认领文明交通引导志愿服务。在疫情防控工作中,志愿者在社区门口参与值守,为社区平安保驾护航。为协助左家庄地区3~11岁人群新冠疫苗接种工作,党校在周末将教室改造成疫苗接种点,并利用教学设备播放动画片,为接种疫苗的孩子们营造一个温馨的环境。

"今天我报到"专项活动的开展,通过党员干部下沉社区的方式,加强了党校与社区的联系,整合了党建资源,实现了驻地党组织"优势互补、资源共享、共驻共建、事情共商、活动共办"的党建组织架构,共同促进了辖区党建工作的进一步提升和发展。

(推荐单位:北京市朝阳区)

"好邻居"聚合力、破难题、强治理 打造协同治理品牌项目

摘要 2021年9月,北京市房山区西潞街道创新推出"好邻居"协同治理工作品牌,开启了协同治理提升基层治理能力西潞模式的崭新探索。"好邻居"品牌打破了各社会主体之间的界限,让居民、商户、企业、单位等广义上的"好邻居"发挥各自优势,解决基层治理资源分散、居民主动性发挥不充分等问题,唱响了党建引领基层治理的大合唱。

在"好邻居"品牌的推动下,西潞街道的"好邻居"们聚合力、破难题、强治理,辖区和谐和美氛围日益浓郁,"好邻居"理念深入人心。新华社、《半月谈》、《前线》、《北京日报》、北京电视台等媒体对"好邻居"品牌进行持续报道。"好邻居"品牌的主要做法是抓党建、优环境、破难题、强治理。

抓党建:组织优势有效转化,党建引领作用凸显。各片区联合党委、各社区(村)党组织结合自身实际,积极开展"好邻居"品牌实践,通过党建共建、资源共享、文化共育、安全共抓、环境共治、难题共解,将党组织政治优势转化为治理优势,治理能力、服务水平大幅提升。

优环境:优化营商环境,打造和合氛围。"好邻居"概念植根于中华"和合"文化,政府、居民、企业、商户、单位通过串门会商、帮扶解困、文化体育等活动,亲密互动,建立"亲清""亲热"关系,为经济社会高质量发展营造良好营商环境、人文环境。2022年,西潞街道全年召开座谈会5次,走访企业150余家,协调解决企业问题30余个。西潞文联举办了"阅读悦美"阅读节活动、和美学堂启动仪式、"你好·邻居"体育节等大型活动,凝聚了建设"五美"(经济发展活力美、环境空间精致美、城市特色人文美、百姓生活幸福美、社会安定和谐美)新西潞的磅礴合力。

破难题:合力解决民生难题,接诉即办降量提质。"好邻居"品牌的核心是聚合力、破难题、强治理,就是集"好邻居"之力,汇"好邻居"之智,解决历史遗留问题、发展难点问题、改革攻坚问题,让老百姓得实惠。通过西潞"好邻

"好邻居"志愿服务活动

居"品牌,共解决屋顶漏雨、房产证办理等历史遗留问题10余项,很多难点问题都得以解决。

强治理:积极参与社会治理,主人翁作用广泛发挥。"好邻居"意味着发扬主人翁精神,共同建设美好家园。西潞"好邻居"志愿服务总队围绕文艺宣教、邻里守望、美化家园、文明劝导、和谐互助、共建共治等开展专项志愿服务活动。例如,"好邻居"志愿服务队积极参加环境死角攻坚行动,"好邻居"乡镇齐心清理交界处卫生死角。每周五为环境清洁日,"好邻居"居民集合清理社区卫生,"好邻居"商户做好门前三包,让辖区环境焕然一新。

"好邻居"协同共治工作法自运用以来,激发了群众的"主人翁"意识,找到了解决群众诉求的重要抓手,形成了同心同向的工作合力,吹响了整合资源、服务群众的集结号。

(推荐单位:北京市房山区)

以家庭"小美"绘乡村"大美"

摘要 北京市房山区石楼镇紧紧围绕美丽乡村建设,以"打造美丽环境、传承文明乡风"为目标,将"美丽庭院"创建工作与新时代文明实践活动相结合,充分发挥新时代文明实践志愿服务队和巾帼力量的示范引领作用,从美化自家的小院做起,弘扬传承良好家风,培育文明新风尚,以家庭"小美"绘成乡村多彩"大美"画卷,让广大农民在乡村振兴中有更多获得感、幸福感。

近年来,石楼镇本着"抓好家庭小单位,做好全镇治理大文章"的工作思路,从家庭入手,用好新时代文明实践阵地和队伍,以"清洁美、整齐美、格局美、景致美、家风美、长效美"为创建标准,全力推进"美丽庭院"创建工作,着力提升镇域人居环境质量和群众精神文明建设水平。

坚持高位推动,统筹协调推进。一是将"美丽庭院"创建作为提升乡风文明的有效抓手,纳入年度折子工程重点工作。二是研究制定《石楼镇"美丽庭院"创建工作实施方案》,分成摸底调查、宣传动员、包户指导、学习培训、督导验收4个阶段,有序推动"美丽庭院"创建工作落地实施。三是充分发挥新时代文明实践所、站、农科所、培植基地的作用,有效整合资源,免费提供绿植秧苗,积极开展花卉养植、盆栽养护培训。

美丽庭院(一)

美丽庭院（二）

志愿引领带动，广泛宣传动员。一是成立由新时代文明实践志愿者和巾帼代表组成的"美丽庭院"志愿服务队，分片包户开展宣传动员。二是通过开展家风故事接力宣讲、建立微信群、微信公众号推广等方式，线上线下同频发力，积极宣传"美丽庭院"创建知识，讲述"美丽庭院"创建故事，展示"美丽庭院"创建成效，切实激发创建活力，提升创建热情。

做好"四个结合"，提升整体效果。一是与乡风文明积分制相结合，通过创建"美丽庭院"获得文明积分，调动大家主动参与、引领带动的积极性。二是与创建全国文明城区相结合。开展"家风上墙、文明在心"活动，引导村民树立良好家风，"内外兼修"，助力创城。三是与垃圾分类有机结合。将垃圾分类纳入"美丽庭院"评选内容，引导村民垃圾分类从家庭做起，自觉养成分类好习惯。四是与美丽乡村建设相结合。通过"家庭小美"引领、带动"乡村大美"，逐步提升全镇整体环境，同时，挑选"美丽庭院"示范户，打造精品民宿，有效助推美丽乡村建设。

截至目前，石楼镇共创建"美丽庭院"854户，取得了显著成效，全镇面貌焕然一新，村落越发干净、整洁，家风、民风、村风持续向好向善，"一村一品、一户一韵"的美丽乡村大画卷也逐渐显现。

（推荐单位：北京市房山区）

"回天新愿"新时代文明实践志愿服务活动

摘要 "回天新愿"新时代文明实践志愿服务活动品牌以活动传思想、以队伍强服务,依托北京市昌平区社会组织发展服务中心、天通苑文化艺术中心、"回天"地区各镇(街道)新时代文明实践所、站、基地,通过打造"6+7"志愿服务模式,以基层志愿服务的创新力激发文明实践的生命力,不断满足"回天"地区居民群众精神文化需求,提升为民、惠民服务品质。

"回天新愿"新时代文明实践志愿服务活动启动仪式在天通苑文化艺术中心举行

昌平区新时代文明实践中心在深入总结、研究上一阶段"回天"地区新时代文明实践和志愿服务活动开展情况的基础上,广泛征集"回天"地区居民诉求,突出"回天"地区新时代文明实践特色,以新时代文明实践志愿服务为载体,整合"回天"地区各类资源,打造和培育"回天新愿"新时代文明实践志愿服务活动品牌。

以活动传思想,打造6项特色志愿服务项目。突出学习宣传贯彻习近平新时代中国特色社会主义思想,依托昌平区社会组织发展服务中心、天通苑文化艺术中心等新时代文明实践基地及"回天"地区各镇(街道)新时代文明实践所、站,打造主题宣讲、健康课堂、普法课堂、文艺演出、读书分享会等新时代文明实践志愿服务活动,满足居民群众的精神文化需求。

以队伍强服务,组建7支特色志愿服务队伍。发动在职党员组成帮助群众解决"急难愁盼"问题的党员先锋志愿服务队;参与"楼门(胡同)文化"示范试点建设的文明家风示范家庭志愿服务队;发挥榜样作用、宣传倡导时代新风的

天通苑文化艺术中心新时代文明实践基地开展"回天新愿"
健康课堂—健康咨询志愿服务活动

"回天"榜样人物志愿服务队；开展文明出行引导、维护交通秩序的公共文明引导员志愿服务队；普及应急救援知识、参与应急处置和救援的应急救援志愿服务队；为弱势群体提供权益保护和法律援助的驻昌高校普法志愿服务队；举办传统文化展演、非遗文化传承等公益性文化服务活动的文化企业志愿服务队。

以实践促共建，营造和谐稳定的城市氛围。"回天新愿"志愿服务品牌自成立以来，依托"北京昌平"App新时代文明实践对接平台，创建"回天新愿"新时代文明实践志愿服务项目632项，完成"点单""接单"活动799次，提供服务的志愿者达3900人次，服务居民群众达235941人次，发布活动信息1811条。通过"回天新愿"文明实践活动，让群众有参与其中的体验感、乐在其中的幸福感、受惠其中的获得感。

"回天新愿"新时代文明实践志愿服务活动是围绕新一轮"回天"五年行动计划、强化"回天"地区社会治理的创新实践，切实提升了"回天"地区居民群众的获得感和幸福感，项目被《北京日报》、人民网、新华社、中国首都网、中国科技网、千龙网等媒体广泛报道。

（推荐单位：北京市昌平区）

"六个点"共建共治共享模式解决居民烦心事

摘要 北京市平谷区滨河街道建西社区依托新时代文明实践站,围绕"发挥优势,突出特色,以人为本,和谐发展",确立"民思我想、民困我帮、民求我应、民需我办"的工作宗旨,开展新时代文明实践工作,认真研究,明确工作思路,充分发挥党建引领优势,落实"吹哨报到"机制,立足强化社会治理、引导居民参与社区建设,充分发挥物业、驻区单位作用,多方协调,探索创新"六个点"的共建共治共享模式,凝心聚力,彻底解决居民的操心事、烦心事。

建西社区施工后整体图

盈谷中心小区位于平谷区文化北街3号,建于2003年,共有200多户业主。业主入住几年后,小区问题日益突出,特别是路面破损、道路坑洼、楼顶漏雨、单元门损坏、地板砖破损松动等问题,给居民带来诸多不便。根据小区实际情况,社区新时代文明实践站探索创新"六个点"共建共治共享模式。

政府补一点——党建引领解难题。充分发挥"社区吹哨、部门报到"机制,社区联合街道业务科室,"吹哨"区住房和城乡建设委员会、北京市规划和自然资源委员会平谷分局等部门,对盈谷中心小区路面破损、楼顶漏雨等诸多历史遗留问题进行现场勘查,结合实际制定实施方案,得到了政府最大限度的资金支持。

建西社区盈谷中心小区道路施工中

街道奖一点——精准发力鼓士气。社区将盈谷中心小区历史遗留问题逐一进行梳理分析后,综合分析居民诉求,提出的大胆的设想、周密的计划得到了街道领导的认可,进行综合评估后,街道决定给予社区专项奖励资金2万元。

单位帮一点——共建共享聚合力。建西社区党总支充分发挥驻区单位的作用,调动驻区单位共驻共建积极性,就路面破损问题与施工单位进行面对面协商,北京市政路桥管理养护集团有限公司第五公路工程处作为施工单位让利2.5万元。

物业搭一点——真心服务赢人气。社区充分发挥人力、物力资源优势,解决车库防水损坏、单元门柱爆裂、台阶破损、花池围墙整修、照明灯及路桩安装等精细化管理问题,做好后勤保障和维护工作。

业主捐一点——激发自治顺民意。针对资金不足的现状,社区与物业管理委员会(以下简称"物管会")、居民代表、党员代表多次召开议事协商会,讨论整治方案的可行性。物管会成员、党员干部和居民代表带头,街道干部积极参与献爱心,共募集捐款3万余元。

社区筹一点——当好管家提动力。社区充分发挥居民自治作用,通过居民议事厅,召开支委会和党员干部、居民代表、物管会三方联席会,同意社区筹集2万元资金作为居民议事厅撬动资金,用于盈谷中心小区整治。

建西社区发挥居民议事厅作用,以"民主提事、民主议事、民主监事、民主决事"为原则,为物管会管理小区事务搭建平台,调动居民参与社区治理积极性,充分发挥"党建引领"作用,在所辖区域内调动各方力量,广泛筹集资金,为构建和谐社区奠定良好基础。

(推荐单位:北京市平谷区)

"怀柔一家人"奏响新时代守望相助的和谐乐章

摘要 北京市怀柔区依托"中心+所+站"三级文明实践阵地，持续优化整合各类志愿服务资源，重点打造"怀柔一家人"志愿服务品牌。"怀柔一家人"广泛参与志愿服务和社会公益事业，在文明实践等活动中发挥了主力军作用，展现了新时代"怀柔一家人"淳朴善良、敦亲睦邻、守望相助的传统美德。

"怀柔一家人"是2020年7月15日怀柔区委宣传部正式发布的怀柔区各类志愿服务组织的统一名称，是由群众自发形成、自觉参与、自我服务的群众性志愿服务组织，以"服务+保障""服务+倡导""服务+机制"的运行模式，吸引更多在怀柔生活工作的人参与社会公共事务、公益事业等志愿服务活动，促进社会文明进步。

"怀柔一家人"唱响文明实践主旋律。"怀柔一家人"依托覆盖全区的"1个区级文明实践中心+16个乡镇（街道）文明实践所+318个村（社区）文明实践站"三级文明实践阵地，常态化与群众面对面、心贴心地开展理论宣讲、市民教育、科普宣传等5项文明实践活动和理论政策宣讲、医疗健康、法律服务等9类文明实践志愿服务活动近6万场次，使广大群众得到了实惠，听到了党的声音，感受到了党的温暖，更加坚定不移地听党话、感党恩、跟党走。

"怀柔一家人"奏响邻里守望最强音。"怀柔一家人"组织群众广泛开展亲帮亲、邻帮邻的关爱空巢老人、留守儿童、困境儿童、残疾人等互助式志愿服务活动近4万次，把党的关怀和温暖送进群众心坎里，推进了志愿服务精准化、常态化、便利化、品牌化，培育了"沟门满天星""汤河蜂回巢""相约怀北""头雁领航""影都一家人""北房红伞房""同音暖夕阳"等"怀柔一家人"志愿服务品牌项目45个，编辑印发了《"怀柔一家人"新时代文明实践志愿服务品牌项目案例选编》。

"怀柔一家人"打好防疫创城主动仗。动员2.4万名"怀柔一家人"志愿者在新冠疫情防控下创城，在创城过程中防疫。上街面，志愿者是文明城市宣传员；

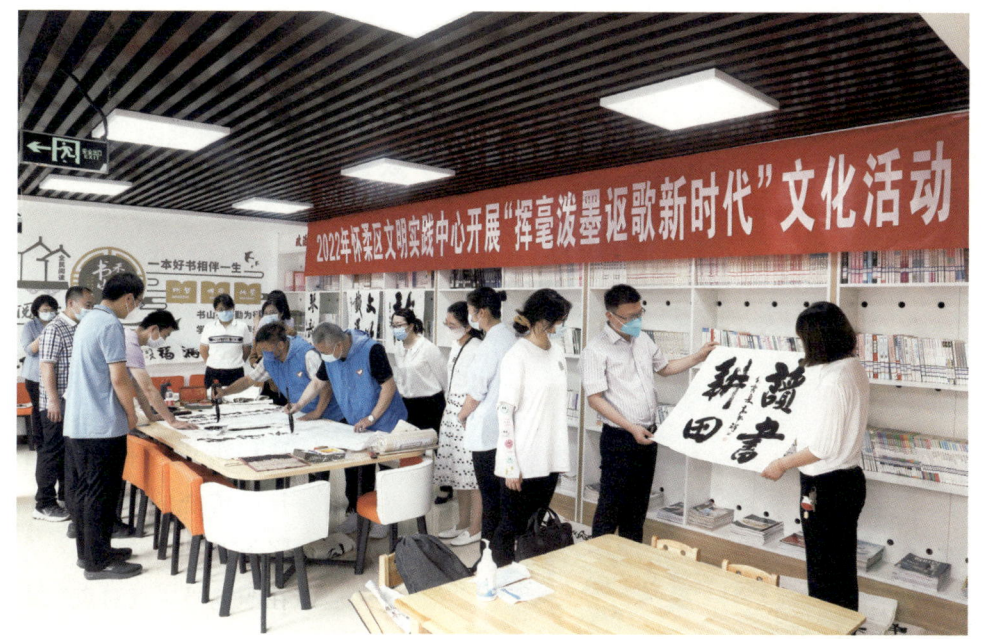

"怀柔一家人"开展送书法进农村志愿服务活动

站路口,志愿者是文明交通引导员;到店前,志愿者是门前三包保洁员;进社区,志愿者是创城实地测评员;进楼门,志愿者是文明实践网格员。助力无疫社区(村)建设,推动全国文明城区创建,在全区营造了有形、有势、有效的同防疫、助创城的浓厚氛围,书写了抗疫史诗,坚定了创城必成的信心。

"怀柔一家人"系列志愿服务活动的组织开展,整合了资源,形成了合力,构建起了以党政机关、国有企业为志愿服务主体,以工会、共青团、妇联、工商联、文联、残联、红十字会等人民团体为助手,以非公经济组织、社会组织为补充,以城乡居民为基础的具有怀柔特色的"怀柔一家人"志愿服务工作体系,为怀柔区展翅腾飞凝聚了强大的精神力量。

(推荐单位:北京市怀柔区)

"点亮微心愿 幸福千万家"主题实践活动

摘要 北京市密云区鼓楼街道在机关社区开展"点亮微心愿 幸福千万家"主题实践活动,通过动员在职党员认领微心愿,传递爱心、凝聚正能量,营造"党员做表率、服务当先锋"的良好社会环境,进一步增强党员的在党意识和志愿服务意识,发挥党员的示范引领和先锋模范作用,为和谐社区、幸福社区的建设和发展做出更大贡献。

长安东社区圆梦微心愿——绘画培训活动

鼓楼街道坚持问题导向,打破传统的"灌输式"党员服务工作思维,探索开展以在职党员"点对点"式服务为重点的"点亮微心愿 幸福千万家"主题实践活动,实现在职党员与群众需求精准对接,发挥党员榜样示范作用,走出一条"居民群众点单、社区党组织下单、在职党员接单"的服务群众新途径,带动社区居民共促和谐、共享安全、共建社区。

踢好"前三脚",推动社区服务由"粗放型"向"精细化"转变。一是合力征集微心愿。社区党组织每月初灵活采取"线上线下"相结合的征集方式。二是认真审核微心愿。社区对征集的微心愿进行汇总审核分析,综合评估其合理性。三是精准分类微心愿。各社区党组织在不断延伸微心愿触角的同时实现精准分类、精准服务。

争当"圆梦者",实现在职党员"要我服务"向"我要服务"转变。一是实时公布微心愿。社区党组织发放"心愿卡",号召许愿人将心愿填写到"心愿卡"上,并通过有效途径进行公布。二是主动认领微心愿。在职党员主动认领能为、

"圆梦助力微心愿 我是党员我先行"主题实践活动

愿为、可为、善成的微心愿。三是圆梦点亮微心愿。在社区党组织的协助下,在职党员完成和许愿人的对接,帮助许愿人实现微心愿内容。

重视"回头看",促进服务机制由"一阵风"向常态化转变。一是有效回访促落实。制定微心愿征集、跟踪、回访登记表,建立征集台账、认领台账,定期进行回访,全面了解微心愿的完成情况。二是强化宣传促带动。社区每季度对微心愿达成情况进行分析汇总,并在社区公开栏进行宣传公示。三是密切考核促发展。把在职党员志愿服务情况作为民主评议党员、年度评优评先、干部选拔任用的依据,强化工作考核机制,确保微心愿持续深入发展。

"点亮微心愿 幸福千万家"主题实践活动通过"亮身份、亮岗位、亮承诺、树形象",推动在职党员把身份亮出来,把岗位职责和承诺事项公示出来,树立党员先锋形象。社区党组织按照就近便利、相同岗位认领的原则组建在职党员服务队,发动党员有序参与环境清扫、邻里互助节、辅助河长巡河等活动。点亮心愿暖人心,激励党员当先锋,引领服务促发展,"点亮微心愿 幸福千万家"主题实践活动开创了共建社区新局面。

(推荐单位:北京市密云区)

为民服务做先锋，医院防疫第一关
——首都医科大学宣武医院疫情防控专项志愿服务

摘要 首都医科大学宣武医院（以下简称"宣武医院"）党委为做好新冠疫情防控，持续开展疫情防控专项志愿服务。志愿者们积极弘扬志愿服务精神和伟大抗疫精神，充分发挥党支部的战斗堡垒作用和党员的先锋模范作用，为宣武医院落实疫情防控、改善医疗服务做出了积极贡献，用实际行动谱写了为民服务、无私奉献的首都文明新篇章，受到广大患者和社会各界的好评。

做好入院人员的预检分诊是做好医院疫情防控的首要一步。这项工作任务量大、持续时间长、需要的人员多，无法为单一职能部门所承担。为了解决这一难题，宣武医院党委、疫情防控领导小组积极创新，组织党员志愿者承担这项艰巨的任务。

通过组织优势，凝聚防疫有生力量。医院党委决定发挥党组织冲锋在先、攻坚克难的重要作用，以各党支部轮流包干的形式，组织政治素质过硬、业务能力突出、服务意识强的党员志愿者。通过党建引领，切实将党组织的凝聚力、组织力转化为做好疫情防控的战斗力，通过组织优势建立起一支疫情防控生力军。

做好日常管理，严格落实防疫要求。2020年4月25日以来，医院门诊开放的每一个周末、节假日，都会有党员志愿者值班，在门诊入口、急诊入口指导患者

宣武医院志愿者协会举办 2022 年北京冬奥会、冬残奥会城市志愿服务启动仪式

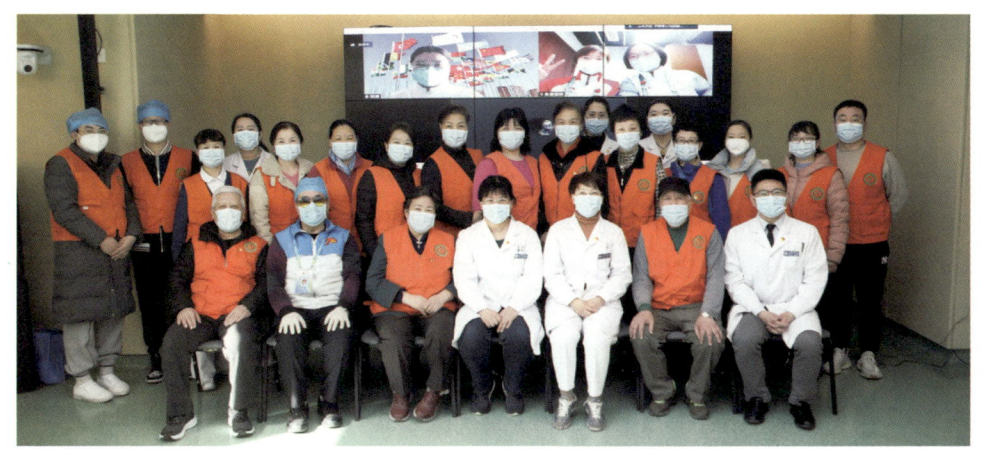

宣武医院举办"最美的夕阳 温暖的雪花 永恒的精神"学雷锋志愿服务推动日活动

及家属扫码、查验行程码、北京健康宝,监测体温,在门诊大厅、取药窗口前提示患者规范佩戴口罩、保持1米安全距离,进行导医等服务。为保障服务顺利进行,医院志愿者协会根据形势先后制作8期疫情防控专项志愿服务手册,详细规定服务内容、服务地点及岗位设置、服务流程、操作方式,并总结常见问题,要求志愿者在服务时做到规范严谨。医院党委要求志愿者做好自身安全防护,上岗志愿者统一着便装和志愿者马甲,佩戴相应级别的口罩、一次性工作帽、一次性医用橡胶检查手套、防护面屏等。

以患者为中心,弘扬志愿精神。党员志愿者在疫情防控专项志愿服务中,秉持宣武医院志愿者协会"传递温暖 共享健康"的服务理念和"用心用情 至诚至爱"的服务宗旨,始终坚持以患者为中心,为患者提供温馨周到的服务。为了帮助到宣武医院就诊的外地患者、老年患者,志愿服务手册中专门列出了未带手机、无手机、手机收不到验证码、收到验证码但丢失了、患者行程码过期等各种具体情况,并给出解决方案,帮助党员志愿者指导患者操作。

宣武医院多个志愿服务项目荣获"首都学雷锋志愿服务示范站""首都学雷锋志愿服务岗""首都最佳志愿服务项目"称号和首都志愿服务项目大赛铜奖,多人荣获首都"最美志愿者"、北京市"五星级"志愿者称号,医院荣获"全国文明单位""全国青年文明号"称号。

(推荐单位:北京市卫生健康委员会)

机制创新

创新理论润心田

摘要 北京市延庆区在理论宣教品牌建设、内容加工、形式载体创新和宣讲队伍建设等方面下功夫,依托新时代文明实践体系,打造品牌宣讲队伍,加强思想引领,创新宣传载体,打造群众性理论教育品牌,推动党的创新理论"飞入寻常百姓家"。

让党的理论思想和路线方针政策走进基层、让习近平新时代中国特色社会主义思想走进群众,是建设新时代文明实践中心的出发点和着眼点。延庆区在理论宣教品牌建设、内容加工、形式载体创新和宣讲队伍建设等方面下功夫,推动党的创新理论"飞入寻常百姓家"。

打造品牌宣讲队伍。 组建专业理论宣讲、群众性理论宣讲、线上理论宣讲等各类理论宣讲队伍,发挥村(社区)的宣传作用,定期开展理论学习,当好基层理论宣讲的先行者和组织者,用大白话向群众宣传党的理论。发挥村民议事会、人民调解委员会、道德评议会、禁赌禁毒协会、红白理事会的作用,开展移风易俗工作,以社会主义核心价值观为引领,在农村培育社会主义新风尚。

加强思想引领。 发动各类群体,引导身边群众"听党话、跟党走",将党的思想、各级党组织的决策部署融入各类文明实践活动中。在文体活动室、老年餐桌、健身广场等人群聚集场所,组织开展"十分钟知家乡事"读报活动,引导群众从身边事、家乡事中学习领会中央有关重要文件和会议精神,认识到中国特色社会主义制度的优越性。开展以党的思想理论为内容的知识竞赛活动,积极营造"比学赶帮超"的氛围。开展群众自创节目大赛,发动群众以喜闻乐见的形式创作弘扬主旋律、传播正能量的优质作品。

创新宣传载体。 推出19期"村书记播报",用群众的话宣传宣讲党的政策、讲清楚当前重点工作,覆盖听众达950余万人次,获得群众广泛好评。推出38期"延延提示",引导群众学习党的科学理论、掌握落实方法,并转化为文明行动。推出"延之有理"栏目,在寓教于乐中培养群众践行主流价值观,目前已推出3个系列共23期节目。

打造群众性理论教育品牌。 在5个党(工)委试点开展"马克思主义理论读书会"，在"北京延庆"App打造学习习近平新时代中国特色社会主义思想专栏，制作"理论微课件"，引导党员群众"读原著、学原文、悟原理"，深入学习、领会习近平新时代中国特色社会主义思想。井庄镇窑湾村新时代文明实践站结合村民白天上班、夜间赋闲的特点，推出以夜读、夜话、夜校为内容的"乡村课堂"，把党的理论送到群众家门口。

通过构建新的基层宣教体系，一是积累了宝贵经验，并锻炼了基层宣传思想队伍；二是搭建了覆盖不同群体的宣教平台，让主流思想有了更强大的宣传阵地，增强了基层宣传工作的实力；三是培树了一批具有地区特色的宣教品牌，为基层宣传思想工作找到更有力的抓手。

"延延提示"

（推荐单位：北京市延庆区）

"指尖"服务 "融合"解忧

> **摘要** 延庆区统筹整合新时代文明实践中心、融媒体中心、政务服务中心的阵地和服务资源,提高政府公共服务资源整合度、服务群众针对性和精准度,增强群众办事便利性,了解群众诉求,打通中间环节,为社会治理现代化建设提供了有益经验。

延庆区依托"北京延庆"App搭建综合服务平台,统筹整合新时代文明实践中心、融媒体中心、政务服务中心的阵地和服务资源,形成线上线下协调联动、文化资讯"一端送达"、服务群众"一网通办"、群众诉求"一键办理"、网上网下协商共治的社会治理新模式。

加强顶层设计,形成"一、二、三"工作思路。 一个核心:坚持以学习宣传贯彻习近平新时代中国特色社会主义思想、全心全意服务群众为核心。两项基本原则:坚持共建共享、互联互通的基本原则,建立高效协作的便民服务体系。三个目标:做实一个信息化综合平台,全面整合文明实践、新闻、政务、文化旅游等各类资源;建立一套一体化运转机制,形成新闻发布、志愿服务、群众诉求办理等工作闭环;提供一系列便民服务项目,加强和改进新时代群众工作。

汇集媒体资源,打造全区文化资讯"高地"。 在"北京延庆"App开发"延庆号"板块,开设专题专栏,通过直播、视频等形式,聚焦疫情防控、创城攻坚等中心工作,做好权威发布和政策解读。目前,已有18家乡镇(街道)、79家区内行政机关和企事业单位政务新媒体,67家社会新媒体入驻"延庆号",共发布各类信息17892条。

整合说事议事渠道,实现诉求归集办理。 开设《你说我办》等栏目,链接"我需要""网上12345"等诉求收集渠道;开通各类民意征集栏目,通过《民意汇》发起网上民意问卷调查,通过《议事厅》引导群众有序表达意见建议,通过"创城随手拍"引导群众"曝光"环境整治等问题,目前已征集问题704条,解决率达77%。

聚焦群众需求,打造"指尖上的政府"。 目前1600余项政务服务事项实现个人、法人、部门等不同主体的办事指南引导,其中600余项区级和93项镇街事项

"三个中心"贯通融合

实现在线申办及进度查询。完成"我要开饭店"等50个主题场景的办事引导。接入便民地图等多项便民服务和"吃、住、行、游、购、娱"等旅游服务信息库,提升群众参与度和获得感。"北京延庆"App自上线以来,下载量为7.07万次(占常住人口的20.49%),日活跃用户为1.5万人次(占比22%)。

构建文明实践平台,打造弘扬时代新风的精神家园。 开通"文明延庆"板块,通过《文明红黑榜》《延庆榜样》《精彩活动》栏目,点赞文明行为、向身边的榜样学习,动员群众参与文明实践行动,目前已发布1890条内容,覆盖5万余群众。开通"我志愿""我需要""积分商城"板块,落实积分管理和礼遇激励措施,目前已线上发布志愿活动8422次,服务时长达856029小时。

"三个中心"贯通融合成效显著。一是政府公共服务资源整合度更高,为社会治理现代化建设提供了有益经验;二是服务群众的针对性和精准度更高,提升了服务效率;三是群众办事更加便利,一些较为复杂的事项通过指引变得清晰易懂,群众的体验感大大提升。

(推荐单位:北京市延庆区)

"乡亲议事会" 政民连心桥

> **摘要** 延庆区在新时代文明实践中心深化拓展"乡亲议事会"功能，通过日常说事、固定议事、高效办事、群众评事"四步工作法"，主动治理，实现民生事项"未诉先办"，助推农村基层共建共享共治。

延庆区在新时代文明实践中心建设中，深化拓展"乡亲议事会"功能，构建群众需求的"传声筒"、部门服务的"助推器"、政民沟通的"连心桥"，有效回应基层群众诉求，通过主动治理实现民生事项"未诉先办"，实现以新时代文明实践助推基层社会治理水平提升。

日常说事，让群众说出"心里话"。线上以"北京延庆"App为依托，开设《你说我办》《创城随手拍》《我需要》栏目。线下通过建立村（社区）"两委"干部、党员、村民代表等联系群众网格，每周通过入户走访、设置"群众心愿箱"、电话微信等方式，了解群众思想动态和问题。构建民情信息收集、处理、分析和群众微心愿点亮的综合平台，将村（社区）"两委"干部、党员、街巷长和村民代表等联系群众网格收集的群众心愿需求，传递给全区各部门，实现"有诉求、有回应"。全区共收集群众各类心愿需求3169个。

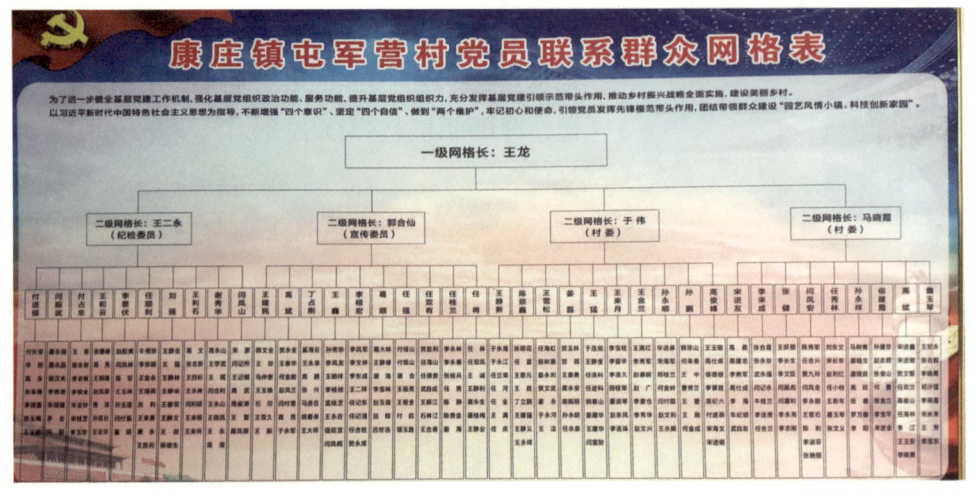

党员联系网格表

固定议事，群策群力议出"好办法"。每月选取一天为"固定议事日"，现场会与视频会相结合，针对近期村民诉求，组织村（居）民开展集中议事。线上依托"北京延庆"App，通过《民意汇》《议事厅》等栏目，开展线上常态化专题协商议事。通过广泛征集意见，集思广益形成最佳解决方案，实现"有诉求、有着落"。目前已集中开展3期共200余次集中议事活动。

村民说事室

高效办事，各方合力"解民需"。依托三级文明实践体系，对于常见诉求、普遍性问题，通过每日诉求流转、"点单派单"办理；对于个性化需求，通过主题党日活动，点亮微心愿，党员志愿服务，齐心协力为民办事。一是发挥村（社区）党组织"三个委员"作用，认真梳理收集到的民情信息，及时响应群众的个性化需求。二是统筹本地资源，解决群众的个性化需求，并做好思想动员和全程指导监督。三是建立"办好群众身边关键小事"工作机制，建立民情信息大数据库，协调区级部门主动认领微心愿并解决相关民生诉求，目前已有46个部门提供服务1492次，覆盖群众6万余人次，推动2901项事宜的有效办理。

群众评事，问题解决"见实效"。诉求办理完成后，线上在"北京延庆"App向群众发放办理满意度调查问卷，线下责任人将相关情况告知当事人，并在最近一期"固定议事日"上汇报，由群众来评价办事成效。目前已评议2864个事项，群众满意率达90%以上。

"四步工作法"是新时代文明实践助推农村基层共建共享共治的生动实践，一是探索了新时代农村群众工作的有效做法，连接了基层群众与区、乡、村三级组织体系，助力政民良性沟通；二是锻炼了群众参与现代化治理的能力，助推法治观念扎根农村，为基层民主的发展提供了新途径；三是找到了公共服务的共同目标，为社会治理水平的提升提供了新平台、新路径。

（推荐单位：北京市延庆区）

点亮"微心愿" 情暖千万家

摘要 北京市延庆区建立常态化联系群众机制,增强发现问题、分析问题、解决问题的主动性,让群众的想法和需要及时被各级部门所了解,把解决实际问题与解决思想问题结合起来,亮出了办实事的态度,提升了党组织在群众中的影响力和威信。

延庆区以点亮群众"微心愿"为突破口,建立常态化联系群众机制,增强发现问题、分析问题、解决问题的主动性,用服务群众的暖心、诚心和恒心赢得群众的信任与支持。

广泛收集民情信息。 发挥村(社区)"两委"干部带动作用,依托党员、村民代表、街巷长和村民代表等联系群众网格主动联系群众,及时发现群众日常生产生活中的"微心愿",在新时代文明实践站民情信息台账上进行记录。创建民情信息大数据库平台,将通过联系群众网格收集的群众心愿需求,及时传递给全区各相关部门。依托"北京延庆"App开设《我需要》《你说我办》栏目,多渠

延庆区新时代文明实践中心官方网站

道线上收集群众诉求。目前,已收集群众各类"微心愿"3169个。

及时做好回应沟通。 认真梳理收集到的民情信息,进行分类处理。情况简单的第一时间回应、做好沟通并立刻办理;结合"新时代文明实践推动日"活动,当面集中回应和办理一批共性诉求,并现场听取群众意见和建议;覆盖面广的难点问题,通过每月"固定议事日"组织群众开展线上线下民主议事,找出问题的痛点、堵点,通过集思广益形成解决方案,并确定责任人和完成时限。目前,已收集事项的回应率为100%。

多方合力办理诉求。 建立"办好群众身边关键小事"工作机制,用好"吹哨报到"机制,把群众身边的关键小事作为民生大事来办。新时代文明实践所、站能够独立解决的事项,由属地协调力量尽快办理。对于有利于村(社区)发展的意见和建议,由村(社区)"两委"会研究,并按照民主程序纳入短期或长期规划。不能独立解决的事项通过民情信息大数据库展示给各级单位,由相关单位通过开展机关党支部主题党日活动等方式解决。通过《我需要》《你说我办》栏目报送的民情信息,通过主责单位"派单"、开展志愿服务的方式解决。目前已推动2901个事项的办结。在疫情防控中开展部门助力基层值守等志愿服务2200余次。

主动亮出办事成效。 事项办理完成后,立刻将相关情况告知群众,由群众通过打分评价办事成效。每月依托"新时代文明实践推动日"开展"点亮'微心愿'"活动,集中通报近期群众诉求办理情况,让群众来评判打分;依托民情信息大数据库"'微心愿'圆梦"环节组织群众表达满意度。目前已评议2864个事项,群众满意率均在90%以上。

"点亮'微心愿'"是做好基层思想工作的一个新思路,一是有效推动了下情上传,让群众的想法和需要及时被各级部门所了解;二是搭建了党群、干群沟通的新平台,把解决实际问题与解放思想问题结合起来,为互相"交心"指出了新途径;三是主动亮出办实事的态度,赢得了群众的信任,提升了党组织在群众中的影响力和威信。

(推荐单位:北京市延庆区)

存爱心善举 展文明新风

摘要 北京市通州区潞城镇打造"文明银行"新时代文明实践项目，围绕新时代文明实践组织力、吸引力和生命力"三力"建设，构建了"实践所高效指挥—中枢平台精准发力—多部门联动推进—实践站点特色凸显"的工作体系，通过"存储百姓点滴文明之举，兑换百姓真正需要的便利服务，生成百姓主动参与文明实践的文明利息"的运行逻辑，形成了人人参与、人人服务、人人受益的生动局面，有效提升了基层治理水平。

"文明银行"是潞城镇创新实施的文明素养提升工程，是全镇探索社会治理与精神文明建设相结合的新平台。以精神文明建设为切入点，"文明银行"通过构建科学的激励体系，引导并带动地区广大群众参与到基层治理中，让文明成为潞城人的一种生活习惯。

中枢推进四驱联动，提升文明实践组织力。一是建设"文明银行"总行，潞城镇新时代文明实践所，设有总行运营工作组，建立"联席席位"、"荣誉会员"及"文明储户"机制，承担资源整合、实践指导及监督考核职责。各分行派驻文明实践指导员，登门入户问需于民，协调资源精准服务。二是每月发布文明实践活动主题，鼓励各文明实践站在完成规定任务的基础上大胆创新。三是建立文明积分量化考核机制，对各文明实践站的运行情况进行动态打分、定期考评。

存储公益，涨息文明，增强文明实践吸引力。推行文明行为信用管理机制，各类积分细则成为群众行为规范，并不断开拓按需定制的回馈服务。一是以激励为动力，有效提升村民参与率。强调精神激励，利用流动红旗、积分大榜、文明首富表彰等让潞城好人亮出来；强调服务激励，为群众提供农业技术培训、优质幼儿园及学费补贴等服务。二是以传播为动力，有效提升项目影响力。利用各类媒体对党的创新理论、为民政策进行解读，形成《支书讲堂》《童看潞城》等一系列品牌栏目。三是以需求为导向，有效提升服务好感度。针对青少年提供"四点半课堂"、小记者团等回馈服务；针对青年人提供就业指导、就业推荐等回馈服务；针对老年人提供老年驿站营养配餐、免费理发、义诊等回馈服务。截至目

前瞳村、东刘庄村新时代文明实践站
红色经典诵读活动

前,共开展文明实践活动1580场,累计15万余人次参与。

聚焦中心思想引领,激活文明实践生命力。"文明银行"项目聚焦乡村振兴中心工作,发挥新时代文明实践所、站的社会动员优势,大力开展志愿服务涵育文明乡风、美丽乡村建设等文明实践活动,促使基层治理水平大幅度提升。

"文明银行"通过"文明累积分—积分享服务—服务促文明"的文明实践激励闭环,按需发展村内志愿服务队,签约爱心服务商,引入志愿服务资源,创新荣誉会员制,吸纳市级下沉干部及企事业单位参与,多角度服务群众,满足群众所盼所需的同时,产生"存储公益,涨息文明"的实践效应,让群众在一次次的文明积分中品味获得感。

(推荐单位:北京市通州区)

"三同三联"聚力解决关键小事

> **摘要** 北京市通州区新时代文明实践中心以传播党的创新理论为首要任务,以机制创新为基础,以服务群众为宗旨,探索形成"三同三联"工作法。汇聚区级各部门力量,破解基层"条块分割"的难题,形成中心、所、站三级贯通,部门、属地条块联动的工作格局,推动文明实践人人参与、文明理念深入人心。

北京市通州区新时代文明实践中心充分发挥统筹高效、覆盖全面的优势,围绕中心工作,组织引导成员单位以群众需求为导向,探索推出"同研判、同部署、同推进"的"三同"工作路径,形成了城市副中心新时代文明实践工作上下"联动"、左右"联合"、全线"联通"的"三联"模式。

统筹整合"同研判",问题导向上下"联动"。突出"指挥部"作用,建立月度联席会机制,每月各成员单位围绕全区中心工作和重、难点工作,梳理群众需求,按照"一月一主题"确定活动目标。围绕新冠疫情防控,联合区委组织部、区民政局及工会、共青团、妇联等组织针对群众需求研判各自工作的发力点,组建68支新时代文明实践志愿服务队伍,联合开展"助力疫情防控 副中心志愿者在行动"等活动21852场,参与的志愿者达93万人次。

高位推动"同部署",提速增效左右"联合"。建立治理功能集成、指挥平台集成、工作力量集成的"三个集成"保障机制,瞄准关键性群体、关键性节点,形成月度主题方案,相关单位共同起草、联合印发活动方案,分头动员抓落实。聚焦垃圾分类关键小事,与区委组织部、区妇联等联合组建

"燃情七月 共战'疫'线"新时代文明实践推动日活动

通州区住建委走进建筑工地为建筑工人提供健康义诊志愿服务

"爱分类主妇联盟"新时代文明实践志愿服务队,开展"我是副中心党员——桶前值守晨夕计划"活动,全区10万余名志愿者参与垃圾分类。

以点带面"同推进",社会动员全线"联通"。 与区委、区政府各部门密切配合,实现横向和纵向的联通,形成基层社会治理的最大合力。大力开展爱国卫生运动,把每周六固定为"周末大扫除新时代文明实践推动日",并将此项举措写入《通州区深入开展新时代爱国卫生运动三年行动方案》,目前已开展活动41000余场,参与人数达73.9万余人次。

"三同三联"工作法促进了通州区新时代文明实践中心各成员单位优势互补,实现资源互通共享,形成了推进中心工作的合力。改变了面对基层痛点,区级各部门"平均用力、平推平拥"的工作现状,使各部门明确发力重点,因地制宜、发挥特长,解决群众的烦心事、揪心事、操心事,不断增加群众获得感、幸福感、安全感。

(推荐单位:北京市通州区)

"四+"机制建阵地 文明实践同心干

摘要 北京市通州区北苑街道通过建立"四+"工作机制，强化新时代文明实践阵地建设，常态长效开展文明实践活动，打造特色志愿服务品牌，优化志愿服务激励回馈机制，将新时代文明实践所、站建设成为基层传播党的创新理论、培育文明风尚的主阵地，打通宣传教育、关心服务群众的"最后一公里"。

北京市通州区北苑街道在推进新时代文明实践所建设中聚焦群众需求、突出效果导向，探索"四+"工作机制，推动文明实践活动有维度、有温度、有厚度、有尺度开展，文明实践工作开展得有声有色，深受好评。

"标准+特色"，做实文明实践阵地，让文明实践有维度。 一是加强阵地标准化建设，实现有阵地、有氛围、有制度、有活动、有队伍、有品牌、有服务、有报道的"八有"标准；二是打造集"教育培训、实践活动、文化宣传、图书阅览"于一体的新时代文明实践阵地，满足各年龄层人群需求。三是常态化开展红色经典诵读、红色传习会等特色文明实践活动，打造群众心有所系、情有所寄的精神家园。

"宣讲+队伍"，强化思想引领功能，让文明实践有温度。 一是用好区域内党校资源，组建以党校教师为主体的理论宣讲队伍，传播党的创新理论；二是用好各类专业人才队伍，传文化、传技能、传知识；三是用好"五老"队伍，开展好未成年人文明实践活动；四是发挥好在职党员干部、退休职工、社会能人等的作用，传扬文明新风；五是用好百姓宣讲队伍，用百姓语言讲百姓故事，宣传身边的先进典型事迹。

"活动+品牌"，凝聚志愿服务力量，让文明实践有厚度。 按照日常性和集中性相结合的原则，每月一主题开展新时代文明实践志愿服务活动。聚焦基层治理难题，发挥文明实践志愿服务社会动员优势，深化"双向积分""等灯等灯""遛弯儿计划""宝贝计划""文明北苑10万+"五大特色志愿服务品牌，组织引导141支志愿服务队，23000余名志愿者，开展新时代文明实践志愿服务活动1900余场。

北苑街道新时代文明实践所开展"宝贝计划 匠心润童心"传统剪纸迎新春活动

"积分+反馈",健全机制保障实效,让文明实践有尺度。完善志愿服务闭环,建立健全志愿服务回馈机制,共有1780名志愿者享受回馈服务,充分调动了志愿者参与志愿服务的积极性,构建了"为奉献者奉献"的良好社会氛围。

"四+"工作机制推动北苑街道新时代文明实践工作见实效、见成果,阵地建设日趋完善,文明实践活动常态长效,特色志愿服务品牌效果显著,志愿服务氛围日益浓厚,真正打通了宣传群众、教育群众、关心群众、服务群众的"最后一公里"。

(推荐单位:北京市通州区)

"聚爱暖客厅"里的"后厂直播间"

> **摘要** 在北京市海淀区新时代文明实践中心的指导下，上地街道立足园区型街道特点，携手地区多个新时代文明实践站、基地，联合上地文明实践"创新合伙人"、上地融媒体矩阵联盟等资源，发挥上地科技园"聚爱暖客厅"之"后厂直播间"志愿服务平台作用，社企联动，开展文明宣讲、志愿服务、新风倡导、科技助老、文明出行等有创意、接地气、受欢迎的文明实践主题直播活动。

"聚爱暖客厅"是2021年上地街道新时代文明实践所孵化出的新平台项目，"聚爱暖客厅"里的"后厂直播间"是上地街道新时代文明实践所、科技园社区文明实践站和尚东数字谷新时代文明实践基地联合多方资源共同打造的，彰显了"党建红+科技蓝"特色，传递了新时代新上地文明实践正能量。

找准定位，社企联动巧搭平台。 上地科技园社区网格聚集了1万余家企业、10万余名从业人员，高新技术企业多、"双高"（学历高、收入高）人才多。科技园社区实践站发挥地区科技资源优势，联合区域科技企业"创新合伙人"，将社区"聚爱"党群平台与网格企业力量结合，通过网格内的"后厂直播间""百度百家号"等在线直播平台的相互合作，共建"美好生活实验室"，弘扬文明新风尚。

丰富内涵，引领志愿文明风尚。 "聚爱暖客厅"之"后厂直播间"围绕青春、时尚、文明、道德、养老、反诈等主题开展系列活动。活动分为两个板块：一是交流分享板块，科技企业管理者、社会志愿者、道德榜样等群体在直播间分享对志愿服务的理解和感悟，讲述参与志愿服务、融入科技园社区大家庭的故事，动员更多人加入志愿者队伍。二是议事交流板块，就"防诈骗""社区活动形式""文明出行""科技助老"等议题进行"面对面""心贴心"的交流探讨，寻求各方协商、共同推进问题解决的方式，孵化培育新型志愿服务项目，让志愿服务更加精准化、个性化、人性化。

创新形式，科技助力主题活动。 "学思践悟 梦想启航"上地VR微党课主题直播活动，由新时代文明实践所、站联手百度、北京数字谷、贝壳找房、神州数

央视摄制组拍摄上地街道新时代文明实践工作

码等辖区企业单位志愿者，利用辖区科技企业"虚实空间"志愿队开发的虚拟空间技术进行VR微党课录制，通过百度、作业帮等志愿服务企业平台同步直播。志愿者们在10余个虚拟空间，"实地"讲解革命历史，讲初心、谈体会，录制中共一大、古田会议、南昌起义、遵义会议、平型关大捷、开国大典等沉浸式微党课。快手公司志愿队利用自身网络平台持续播放宣讲视频，浏览量累计达200余万人次。

"聚爱暖客厅"里的"后厂直播间"是上地街道加强社企联动、带动新时代文明实践创新合伙人传播新思想、引领新风尚的一次创新实践。项目被评为2021年度北京市新时代文明实践优秀创新案例。《人民日报》、《北京日报》、"学习强国"、中国文明网等媒体进行了广泛报道，央视文明实践专题片摄制组对相关内容进行了主题拍摄。

（推荐单位：北京市海淀区）

"白领文明驿站"
——探索"两新"组织参与新时代文明实践的路径

> **摘要** 北京市通州区新时代文明实践中心发挥动员能力、整合能力，聚焦新经济组织和新社会组织从业群体需求，打造"白领文明驿站"，构建"特色活动凝聚—参与时尚公益—累积志愿积分—兑换特色服务"的文明实践闭环，打造城市副中心新时代文明实践志愿服务的新名片。

在新时代文明实践基地安·美术馆举办"相遇大运河——世界运河交流艺术项目"展览

通州区新时代文明实践中心积极探索符合时代特征的群众工作新方式，结合区域发展形势特点，在运河商务区打造"白领文明驿站"，探索新经济组织和新社会组织从业群体（以下简称"两新"组织）参与新时代文明实践的新路径。

整合资源暖人心。在阵地建设上，发挥新时代文明实践中心资源整合作用，将运河商务区原有公共活动区域挂牌使用，设置健康健身、文化养心、学习益智三大区域，常态化组织开展午间健身、白领诗社、非遗传承手工课、白领技能大师课等文明实践活动。为以青年为主的"两新"组织群体提供集娱乐减压、文化交流、技能提升、艺术鉴赏、参与公益等功能于一体的独特平台。

践行文明守初心。一是在文明实践活动设计上，根据"两新"组织群体年轻化、个性化、思维活跃、敢于创新的鲜明特征，精心设计活动，举办非遗传承、技能培训、文化沙龙、阅读分享等文化艺术、公共教育等主题活动100余场。二是在志愿服务队伍孵化上，打造"白领志愿服务联盟"志愿服务队伍，实现"两新"组织群体从享受服务到自我服务的转变。三是利用"通州区新时代文明实践中心网上平台"激励回馈机制礼遇志愿者，形成"特色活动凝聚—参与时尚公

"白领文明驿站"举办非遗传承手工课文明实践活动

益—累积志愿积分—兑换特色服务"的文明实践闭环。

传播思想聚民心。通州区新时代文明实践中心发挥资源整合优势,将位于运河商务区的安·美术馆作为新时代文明实践基地,举办"小康不小康 看看我家乡"摄影展、"红星照耀大运河——中国共产党北京市通州区历史主题展览"、"相遇大运河——世界运河交流艺术项目"等一系列有品质的展览活动,线下共有26万人次参观展览,进一步扩大了新时代文明实践基地的影响力,提升了新时代文明实践中心建设在"两新"组织群体中的知名度、美誉度和吸引力。

"白领文明驿站"的建立是通州区新时代文明实践中心在中心、所、站三级体系建设之外的一个创新举措,为进一步构建点多面广、功能完备的通州区文明实践服务圈,持续把群众聚起来、让服务沉下去奠定了良好基础。

(推荐单位:北京市通州区)

文明护照聚民心 社会治理显成效
——"文明护照·创城有我"新时代文明实践系列活动

摘要 北京市顺义区仁和镇结合创城工作策划开展了"文明护照·创城有我"系列活动,开通官方微信小程序,发放使用实体版"文明护照",推出卡通人偶"文明宝宝"形象,通过"线上+线下"的方式,深入26个村居累计开展光盘行动、垃圾分类、礼让斑马线等各类新时代文明实践活动。

2020年"文明护照 垃圾分类助创城"第二阶段家庭亲子行活动

为积极培育和践行社会主义核心价值观,弘扬主旋律,传播正能量,以"创城"为契机,仁和镇自觉提升"创城"工作主战场的定位,结合亟待解决的农民市民化问题,推出了"文明护照·创城有我"新时代文明实践系列活动。开通微信小程序仁和"文明护照",设计仁和"文明宝宝",引导百姓书写文明日志、上传小视频、做文明之事、获文明护照、得文明积分、换文明好礼。

高位统筹部署,让文明之风内化于心。一是坚持政府主导。出台活动方案,坚持党管意识形态,由党委书记担任领导小组组长,整合各类资源,相关部门主动融入。二是精心设计活动。将"学习实践科学理论"等5项新时代文明实践活动整体打包，累计组织开展"倡移风易俗·树文明新风""为文明增色·为创城添彩"等300余场新时代文明实践活动。三是参与形式多样。通过"线上+线下""文字+视频+图片""参与+展示"等形式，不断激发群众参与热情，增强活动凝聚力。

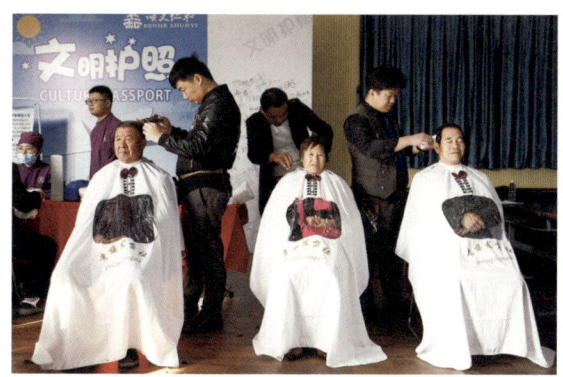

2019年"文明护照"积分兑换服务

突出宣传推广，让文明实践外化于行。一是构建网络平台。精心设计官方微信小程序，扫码即可上传与文明实践行为相关的图片、文字、视频等，展示百姓文明实践行为。二是突出宣传引导。小程序中设有社会主义核心价值观、"仁和榜样"等宣传板块，让文明引领就在手边。三是营造氛围熏陶人。推出卡通人偶"文明宝宝"，拍摄动画视频，通过公众号、宣传海报、易拉宝展板等多种形式宣传推广，形成浓厚的参与氛围。

健全活动机制，让文明风尚蔚然成风。一是完善审核机制。对上传的照片、视频等进行审核，发放活动积分，确保文明行为落到实处。二是完善奖励机制。镇、村各类新时代文明实践志愿者负责宣传推广、积分兑换、礼品发放等，积分可兑换理发、洗车等服务和收纳包、宣传布袋、雨伞等实物礼品，2022年年底推出"文明护照"积分超市，引发百姓兑换热潮。三是加强榜样引领。年终按积分排序选出10名"最佳榜样"，举办颁奖典礼，不断提升仁和镇百姓的自豪感和归属感。

"文明护照·创城有我"新时代文明实践系列活动覆盖全镇百姓，引导百姓"人人知晓创城、人人参与创城"，争做文明之事、获文明护照、得文明积分、换文明好礼，通过先进的文明实践引领，扎实的文明创建，启发了民智、凝聚了民心，提升群众的获得感、幸福感。

（推荐单位：北京市顺义区）

"我为群众办实事"新时代文明实践大集

摘要

北京市延庆区紧扣中心工作,服务发展大局,创新推出新时代文明实践大集,生动践行"学党史、悟思想、办实事、开新局",在"学史明理、学史增信、学史崇德、学史力行"中推动新时代文明实践中心建设,将群众需要与服务资源现场对接,把"键对键"的精准与"面对面"的温度统一起来。

在庆祝中国共产党成立100周年之际,北京市延庆区创新推出新时代文明实践大集,紧密结合各村(社区)人口分布、文化水平、产业发展、规划定位及区域群众的个性化需求,创新文明实践志愿服务的对接机制和下沉方式,构建区、乡镇(街道)、村(社区)三级新时代文明实践大集。

区级大集"集中展示"亮服务。深入统筹48家行政事业单位、15家党群机关、10家经济单位及52个新时代文明实践基地的100余项文明实践志愿服务项目资源,每年组织1~2次区级新时代文明实践大集,志愿服务项目以"展台"形式集中展示。一方面挖掘、引进、培育并壮大一批志愿服务项目,形成党员干部以"民生"换"民心"的良好氛围;另一方面发动18个实践所、427个实践站现场匹配需求、认领服务项目,真正在大集上找到助力基层工作的"外脑"和"外力"。2021年6月19日的首次区级大集共签约1.2万余个服务意向,已开展相关服务活动1.4万余次,服务14.2万人次。

乡镇(街道)大集"定点摆摊"给服务。主动对接地区集市,将从区级大集上"批发"来的项目,定点定时在集市上"摆摊儿"。聚焦新时代文明实践中心建设的5项任务,推出群众容易参与、喜闻乐见的活动。在解决民生问题的过程中筑牢基层思想政治根基,不断强化基层党组织的感召力与凝聚力。目前各乡镇(街道)已举办27次大集,参与人数超过26万人次。

村庄(社区)大集"灵活零售"送服务。以区、乡镇(街道)大集上"批发"来的项目为基础,充分盘活本地区公共服务资源,聚焦群众"急难愁盼"的个性化问题,在村(社区)内灵活设置"民生政策大集"等专题大集,把志愿服务资源定点投放和推送到有需要的群众身边,引导各服务单位找准抓手、履职尽责、

新时代文明实践大集

服务到位，切实打通服务群众的"最后一公里"。目前已推动解决9041件"群众身边关键小事"。

新时代文明实践大集的开办，一是将"点单派单"从线上搬到线下，推动各类志愿服务资源进一步统筹整合，培养起主动送技能、送服务、送关怀、送温暖到群众身边的习惯。二是在让党员干部与群众面对面的过程中，更直观、更深刻地体会到"群众路线是党的生命线和根本工作路线"，提高群众工作水平。三是通过搭建党员干部与群众"面对面"的平台，引导全区党员干部主动走近群众。全区各单位主动下沉一线开展志愿服务活动2800余次，进一步深化党员干部的宗旨意识、为民情怀。

（推荐单位：北京市延庆区）

建立"四亦"机制 深化文明实践

> **摘要** 北京经济技术开发区以区内实践所、站、志愿服务队为主体,以党群工作站、工会服务站、社区青年汇、企业文体基地、亦庄书屋等为支撑,在经开区这片热土上构建起了全覆盖的文明实践网络体系,较好地把党的关怀传递下去,把创新理论传播开来,把企业及群众需求反映上来,把文明风尚培育起来,有效打通了宣传群众、教育群众、关心群众、服务群众的"最后一公里"。

"我为群众办实事"中秋节活动

为深入推进区级新时代文明实践中心建设,经开区于2021年4月召开区级文明实践工作推进会,通过建立"四亦"机制进一步深化、聚焦、推动区级文明实践所、站成为理论会客厅、政策大讲堂、文明加油站、文化大舞台、舆情前哨站和企业服务岗。

建立文明"亦联盟"。统筹党、政、工、团、群等各方面的现有资源向新时代文明实践中心聚合,共享政务服务中心、融媒体中心和"亦企服务港"、党建联络点、工会服务站等阵地资源,全年共计提供46项文明实践志愿服务共享清单。

成立文明"亦学院"。与4所北京高校的马克思主义学院、4家区内企业大学成立新时代文明实践学院,承担宣讲、培训、践行和研究职能,形成党、政、校、企四方资源共享的实践新模式,全年结合党史学习教育开展各类宣讲会、读书会、文化交流和研讨活动共计百余场。

打造文明"亦课堂"。依托经开区区史馆、党群服务中心和区内50家科技馆资源,使之成为繁荣创新文化的特色载体、学校思政教育的特色课堂、提升群众科技素养的特色阵地,全年区内外共计2000余名师生、企事业单位职工及居民群众参加了文明实践教育参观活动。

喜迎二十大文明实践展演

上线文明"亦平台"。通过"尚亦城"App上线新时代文明实践互动网络平台，提供各类活动预约、参观预约、志愿服务预约、宣讲预约等活动，对各类企业需求事项、建议事项、咨询事项、助困事项设立专门志愿服务队予以解决。

通过上述活动，塑造了新时代亦城人文明礼让、团结互助、热心公益、乐于奉献的精神品质，有效把新时代文明新风尚转化为推动经开区高质量发展的强大动力。

（推荐单位：北京经济技术开发区）

党员群众代表提案制

摘要 大台街道是北京市面积最大且唯一的山区街道、矿区街道、林区街道，呈城乡二元结构，农村形态突出。街道新时代文明实践所坚持党领民治，依托辖区各新时代文明实践站，创新推行"党员群众代表提案制"，搭建起用制度追着干部跑、让干部围着群众转的刚性约束机制，实现民事民提、民事民议、民事民决、民事民办、民事民享，聚力解决民生热点问题，构建"人人有责、人人尽责、人人享有"的治理格局。

大台街道新时代文明实践所立足大台实际，坚持党领民治，依托辖区各新时代文明实践站，创新推行"党员群众代表提案制"，建立问题归口、统分办理、督办反馈、激励推动的有效工作运行模式，鼓励党员群众代表主动提出街道、社区在基层公共服务、城市管理、社会治理等政务服务及相关内容上存在的问题和诉求，规范提出提案、协商提案、决策提案、执行提案、监督提案等环节，实现民事民提、民事民议、民事民决、民事民办、民事民享，聚力解决民生热点问题，构建

大台社区党员群众代表提案墙

"人人有责、人人尽责、人人享有"的治理格局。

提出提案。确立社区平安户长、居民代表等社区骨干力量为提案人，聚焦居民出行的道路、驻足的地方、休憩的场所、视线所及的公共空间等社会治理的遗漏点和居民诉求的爆发点提出提案，切实将居民"诉"的想

党员群众代表提案制议事亭

法转化为"提"的意愿，推动党领民治向楼栋院落延伸、向"神经末梢"扩展。

协商提案。以社区议事会为核心，以发现问题、解决问题为目的，建立提案人、党组织、居委会、办理主体四方联动协商机制，增强提案办理的有效性和针对性。实行办理前、办理初、办理中、办理后四步骤全过程协商，提高提案人满意度。

决策提案。由社区党组织牵头，根据内容性质、政策规范、办理要求和办理主体的不同，对提案进行审核、归类，建立三类三级台账，明确办理主体、职责分工、办理时限，提高办理效率和质量。

执行提案。"大家的事情大家商量着办"，把大家的诉求变成集体的行为，实现"居民提、社区干、街道投、百姓享"，让公家的权利回归到公家，让居民把自己的事情管起来。

监督提案。建立提案跟踪督办机制，定期梳理、抽查提案办理情况，对办理过程中不担当、不履职的干部进行严厉问责。建立优秀提案评选机制，对优秀提案人给予相应物质奖励，进一步激发党员群众参与社区治理的积极性。

党员群众代表提案制自推行以来，各实践站共接收提案近700件，累计解决道路破损、路灯更换、物业管理等方面问题600余个，解决率达90%以上，一批居民诉求得以实现，让群众在参与社区治理中真正看得到变化、享受到实惠，从而有效激发群众参与社区治理的内生动力。

（推荐单位：北京市门头沟区）

第三部分

北京市级新时代文明实践基地

理论政策宣讲类

香山革命纪念馆

　　香山革命纪念馆是集中展示香山革命历史的重要场馆，是传承弘扬首都红色文化的重要抓手，是加强爱国主义教育和革命传统教育的重要载体，也是承载党的伟大革命精神的重要红色纪念地。2019年9月，纪念馆正式对外开放，内设"为新中国奠基——中共中央在香山"基本陈列展，是目前国内唯一全面展示中共中央进驻香山时期辉煌历史的大型展览。纪念馆坚持以"香山革命精神"为研究方向，高水平举办了三届香山革命精神与历史文化理论研讨会，打造了一批立得住、树得起、叫得响的精品展览、党史学习教育品牌和爱国主义教育品牌。

开放时间：周二至周日9:00—16:30（16:00停止入馆），周一闭馆，国家法定节假日照常开放（春节期间开放事宜另行通知）。
地　　址：北京市海淀区红枫路1号院
咨询电话：010-62720073/010-62720075
预约方式：通过香山革命纪念馆官方网站或"香山革命纪念馆服务号"微信公众号预约。

中国人民抗日战争纪念馆

　　中国人民抗日战争纪念馆是全国唯一一座全面反映中国人民抗日战争伟大历史的大型综合性专题纪念馆，纪念馆于1987年7月落成并对外开放，通过珍贵翔实的历史文物、照片及视频资料，全景式地展现了全国各族人民英勇抵抗日本帝国主义侵略的光辉历史和巨大贡献，突出中国共产党在全民族抗战中的中流砥柱作用和中国抗日战场的世界反法西斯战争东方主战场作用。

开放时间：周二至周日9:00—16:30（16:00停止入馆），周一闭馆，国家法定节假日、重要抗战纪念日正常开放。
地　　址：北京市丰台区卢沟桥城内街101号
咨询电话：010-63777088/010-63777188
预约方式：个人参观通过"中国人民抗日战争纪念馆"微信公众号预约，团体参观登录中国抗战胜利网注册，审核通过后方可预约。

《新青年》编辑部旧址（陈独秀旧居）

《新青年》编辑部旧址（陈独秀旧居）位于东城区北池子大街箭杆胡同20号，建筑面积约189平方米。1917年，陈独秀受聘于北京大学时租住在此，《新青年》编辑部从上海随迁至此地。2001年，陈独秀旧居被公布为北京市第六批市级文物保护单位。2020年3月，北京市将《新青年》编辑部旧址（陈独秀旧居）列为"北大红楼与中国共产党早期北京革命活动旧址"之一，并进行保护修缮。2021年6月1日，《新青年》编辑部旧址（陈独秀旧居）对外开放，内设"历史上的《新青年》专题展""陈独秀在北京专题展"。

开放时间：周二至周日9:00—17:00，周一闭馆。
地　　址：北京市东城区北池子大街箭杆胡同20号
咨询电话：010-65289569
预约方式：通过"新青年编辑部旧址"微信公众号预约。

李大钊烈士陵园

李大钊烈士陵园是为纪念中国共产主义运动的先驱、伟大的马克思主义者、杰出的无产阶级革命家、中国共产党的主要创始人之一李大钊烈士而建的。陵园于1983年10月29日正式落成并免费向社会开放。陵园占地面积2200平方米，建筑面积510平方米，内设李大钊烈士革命事迹陈列室、纪念室、青春书苑、基地教室。2021年陵园进行全面改造提升，推出"不朽的功勋——李大钊生平事迹展"。陵园是纪念和缅怀李大钊烈士、进行革命传统教育和爱国主义教育的重要基地，现为全国爱国主义教育示范基地、全国红色旅游经典景区、全国重点烈士纪念建筑物保护单位。

开放时间：周二至周日8:00—16:00（15:30停止入园），周一闭园，国家法定节假日照常开放。
地　　址：北京市海淀区香山东万安里1号
咨询电话：010-62591044
预约方式：通过"李大钊烈士陵园"微信公众号预约。

北大二院旧址（原北大数学系楼）

北大二院旧址（原北大数学系楼）始建于1904年。这里曾是京师大学堂的重要组成部分，1919年改称北京大学第二院数学系楼，李大钊、陈独秀曾在此讲学。1919年3月，青年毛泽东在该楼第16教室聆听李大钊演讲。1920年5月，北京大学马克思学说研究会曾在此举办庆祝五一劳动节等革命活动。这里也是北京社会主义青年团等早期组织的重要活动地。2020年3月，北大二院旧址（原北大数学系楼）被列为"北大红楼与中国共产党早期北京革命活动旧址"之一，内设"伟大开篇——中国共产党早期北京组织专题展"，并于2021年6月1日正式对外开放。

开放时间：周二至周日9:00—17:00，周一闭馆。
地　　址：北京市东城区沙滩后街55、59号一带原京师大学堂院内
咨询电话：18518611200
预约方式：通过"伟大开篇专题展"微信公众号预约。

京报馆旧址（邵飘萍故居）

京报馆旧址（邵飘萍故居）位于北京市西城区椿树街道魏染胡同30号、32号，是传奇报人、革命志士邵飘萍办报和生活的地方，是"北大红楼与中国共产党早期北京革命活动旧址"之一。1984年被公布为北京市文物保护单位，2021年4月被公布为北京市爱国主义教育基地。2021年6月1日正式对外开放。京报馆旧址（邵飘萍故居）以"一报一馆一人"为核心资源，发挥爱国主义教育基地、马克思主义教育基地的先锋作用，讲述邵飘萍的办报历程和新闻救国史，回顾中国共产党早期北京革命活动，传承红色基因、赓续红色精神。

开放时间：周二至周日9:00—12:00（11:30停止入馆），
　　　　　14:00—17:00（16:30停止入馆）。
地　　址：北京市西城区椿树街道魏染胡同30号、32号
咨询电话：010-63152362
预约方式：通过"京报馆"微信公众号预约。

北京李大钊故居

北京李大钊故居位于北京市西城区文华胡同24号（原石驸马后宅35号）。1920年春至1924年1月，李大钊及其家人在此居住，这是他除故乡之外与家人生活时间最长的一处居所。北京李大钊故居见证了李大钊传播马克思主义、创建中国共产党、领导北方工人运动、促成第一次国共合作等一系列最具代表性的革命实践活动，也是他简朴生活和高尚道德情操的真实写照，具有丰富厚重的文化内涵。

开放时间： 周三至周日9:00—16:30（12:00—14:00闭馆消杀，16:00停止入馆），周一、周二闭馆（法定节假日除外）。
地　　址： 北京西城区文华胡同24号
咨询电话： 010-66011512/010-66089208
预约方式： 通过"北京李大钊故居"微信公众号预约，免费参观。

马骏烈士墓

马骏烈士墓位于北京市朝阳区日坛公园内，占地面积90平方米，墓侧建有马骏纪念馆，占地面积200平方米。马骏纪念馆建于1997年5月，1998年2月15日正式对外开放。马骏纪念馆展出马骏烈士各个时期的照片、实物150余件，比较全面地反映了马骏虽然短暂却波澜壮阔、伟大辉煌的一生。2021年3月，北京市将马骏烈士墓列为"北大红楼与中国共产党早期北京革命活动旧址"之一，对其进行保护修缮，纪念馆内设"革命先驱 民族英烈——马骏生平事迹专题展"。

开放时间： 马骏烈士墓：全年开放；马骏纪念馆：周一至周五9:00—11:00、14:00—16:00（法定节假日除外）。
地　　址： 北京市朝阳区日坛北路6号日坛公园内西北角
咨询电话： 010-85635038
预约方式： 可拨打上述电话预约或现场预约。

北京青年政治学院"燧石工程"爱国主义教育基地

北京青年政治学院"燧石工程"爱国主义教育基地于2020年5月正式对外开放。基地高举爱国主义伟大旗帜，弘扬五四精神，坚持把实现中华民族伟大复兴的中国梦作为鲜明主题，搭建"戏剧舞台"和"宣讲讲台"两个平台，固化成"一部音乐剧"和"一台宣讲会"，打造"文艺铸魂+课程引领"的爱国主义教育模式。基地常驻团史音乐剧《燧石》，先后推出"百年青年力量""中国式现代化：青年责任与担当"系列宣讲。

开放时间：周三9:30—16:30（国家法定节假日除外）。
地　　址：北京市朝阳区花家地街9号
咨询电话：010-84778217
预约方式：可拨打上述电话进行预约（不开放个人参观，集体参观须在30人及以上）。

长辛店二七纪念馆

长辛店二七纪念馆坐落于卢沟桥畔，长辛店火车站西侧，由全国总工会、铁道部、北京市于1983年共同投资兴建，占地面积6600平方米，建筑面积2300平方米，展室面积1000余平方米。"北方的红星——长辛店与中国工人运动专题展"以工人运动的发展历程为主线，以工人运动的历史事件为载体，再现李大钊、毛泽东、邓中夏等老一辈革命家早年在长辛店开展革命活动、实现马克思主义和工人运动相结合的伟大历程，展现中国早期工人运动在中国革命中的重要作用和长辛店作为北方工人运动的摇篮所做出的独特贡献。

开放时间：周二至周六9:00—12:00、13:00—17:00。周日、周一闭馆。
地　　址：北京市丰台区长辛店花园南里甲15号
咨询电话：010-83305948
预约方式：通过"北大红楼"微信公众号预约，点击"预约—预约矩阵—长辛店二七纪念馆"即可。

中关村科技园区门头沟园马克思主义读书会基地

中关村科技园区门头沟园马克思主义读书会基地面积约400平方米，图书借阅区含马克思主义理论原著、习近平新时代中国特色社会主义思想权威著作等18个类别近万册藏书；红色诵读区可开展马克思主义理论宣讲、读书交流、专题研讨会；《读书札记》专栏可常态化展示读书会学习成果。2020年，基地与北京大学马克思主义学院合作共建，确定双向进入机制，马克思主义学院教授进园区、进企业解读原著、做企业发展调研、探寻通过马克思主义理论引领企业发展的有效路径；读书会会员、园区创新创业人才走进北京大学，为学生讲述创新创业历程，为有需要的学生提供实践基地。基地通过理论宣讲、读书交流、专题研讨等方式打通了理论政策传播和服务群众的"最后一公里"。

开放时间：周一至周日9:00—17:00。
地　　址：北京市门头沟区莲石湖西路98号院7号楼创新大厦4层
咨询电话：010-69800065
预约方式：可拨打上述电话预约。

顺义区中北华宇党群服务中心

顺义区中北华宇党群服务中心总面积1200平方米，是集党性锤炼、教育培训、体验互动和展览展示于一体的综合性红色党群阵地。中心各展区通过图片展示、实物展出、多媒体再现、情景模拟、互动体验等多种方式，生动展示了百年来中国共产党走过的一段段艰苦卓绝而又熠熠生辉的奋斗历程。

开放时间：周一至周五8:30—11:30、13:30—17:00。
地　　址：北京市顺义区高顺云港新能科技园11号楼
咨询电话：13683087046/17777823466
预约方式：个人参观可拨打上述电话预约，团体参观可通过北京市顺义区新时代文明实践中心云平台预约。

大有书馆

　　大有书馆坐落于中共中央党校（国家行政学院）南校区内，是由中共中央党校主管、中央党校出版集团主办的以红色主题为特点的多元化经营的复合式书店，主营党政、社科、人文、历史等类别图书6万余种。书馆经营面积约2000平方米，除5间小型独立活动室（茶室）外，还拥有能够容纳近200人的沙龙活动空间。书馆倡导品味阅读之美，致力于打造集阅读学习、文化讲座、展览展示、创意生活于一体的综合性文化平台，通过不定期举办特色文化沙龙、大有讲堂、新书发布等特色活动，引领高质量阅读，激发思想的碰撞，开拓读者的文化视野。

开放时间： 周一至周日10:00—18:00。
地　　址： 北京市海淀区长春桥路6号国家行政学院欣正大厦1层
咨询电话： 010-68928747
预约方式： 无须预约。

狼儿峪爱国主义教育基地

　　狼儿峪爱国主义教育基地位于妙峰山脚下的流村镇狼儿峪村，有着悠久的革命历史，红色文化资源富集。狼儿峪村史博物馆以"昌宛县革命历史展览"为主题，展室总面积230平方米，包括主展馆、原昌宛县武装部旧址、原昌宛县委县政府旧址三部分。主展馆以展板展示为主，通过200余张珍贵的历史图片，反映了狼儿峪村的红色历史，展示了狼儿峪人民为支援平西地区的抗日战争、解放战争做出的伟大贡献。村内原昌宛县武装部旧址、原昌宛县委县政府旧址等革命遗迹已初步复原，布置仿制的枪支、弹药箱、手榴弹、战略地图等物件，带领人们感受革命战争年代的峥嵘岁月。

开放时间： 周一至周日9:00—16:00。
地　　址： 北京市昌平区流村镇狼儿峪村
咨询电话： 010-69763770/13811296339
预约方式： 可拨打上述电话预约。

没有共产党就没有新中国纪念馆

没有共产党就没有新中国纪念馆于2001年依托曹火星当年创作《没有共产党就没有新中国》的词曲创作地建成，并免费对外开放。"人民的心声 历史的旋律"主题展利用艺术品创作、大型投影、场景复原、音像展示等多种方式呈现主题歌曲15首、一般展示歌曲71首、123首多媒体链接歌曲和资料，以及84个党史故事，大力营造"沉浸式"观展体验。纪念馆被授予全国爱国主义教育示范基地、全国红色旅游经典景区、全国关心下一代党史国史教育基地、北京市廉政教育基地、北京市爱国主义教育基地等称号。

开放时间：周一至周日9:00—16:30（16:00停止入馆），周一闭馆，国家法定节假日照常开放（春节期间开放事宜另行通知）。
地　　址：北京市房山区霞云岭乡堂上村
咨询电话：010-60368286
预约方式：通过"没有共产党就没有新中国纪念馆"微信公众号预约。

北京外研书店东升科技园店

北京外研书店成立于1993年，是隶属北京外国语大学、外语教学与研究出版社的品牌书店，共有3家门店。2018年4月，秉承"科技与文化相融合"时代命题的北京外研书店东升科技园店开业，在外语教学与研究出版社与外研书店总店的文化底蕴和历史内涵下，致力于打造书店服务科技园区、辐射周边社区的示范书店。

开放时间：周一至周日9:30—21:00（春节期间开放事宜另行通知）。
地　　址：北京市海淀区西小口路66号东升科技园·北领地B-6号楼B座1层B101B、B101B1室
咨询电话：010-82728998/13051867108
预约方式：无须预约。

大兴区委党校红色教育基地

大兴区委党校位于北京市大兴新城西片区,总占地面积约11万平方米,免费对外开放,年接待观众量达1.5万人次。党校创新打造"让每一面墙壁会说话,让每一处景观能育人"的理论教育实践基地。基地特色可概括为"12345",即1个爱国主义教育基地;大兴区烈士纪念广场、党校廉洁文化校园2个部分;"井冈山精神""西柏坡精神"等3面文化墙;"延安宝塔""井冈山火炬"等4个雕塑;"南湖""井冈山"等5个步行道,通过文字图片、彩绘墙、灯箱和雕塑等,打造了融党史、国史、革命史、改革开放史、廉政史为一体的新时代文明实践展示平台。

开放时间: 周一至周日9:00—17:00。
地　　址: 北京市大兴区黄村镇宋庄村北西永路东侧
咨询电话: 010-61220105-121
预约方式: 可拨打上述电话预约。

冀热察军区后方医院遗址

解放战争时期,中国共产党领导的冀热察军区后方医院设在道德坑村,收治白河阻击战、冀热察系列战役、平津战役中负伤的战士。医院曾收治伤员达3万多人,在此牺牲的革命烈士达3000多人,至今仍有625名烈士长眠于道德坑弘德烈士陵园。在极其艰苦的条件下,道德坑的村民为支援医院工作做出了巨大的牺牲和贡献。这所特殊时期的特殊医院,在革命战争中发挥了重要作用,成为革命火种的"守护神"。目前,该遗址已推出体验"十个一"、观红色情景剧《让娘再送你一程》、唱《红色家园道德坑》等文明实践活动。

开放时间: 周一至周日8:30—16:30,国家法定节假日照常开放(春节期间开放事宜另行通知)。
地　　址: 北京市怀柔区宝山镇道德坑村
咨询电话: 18514651200
预约方式: 可拨打上述电话预约。

平北红色第一村

平北红色第一村文明实践基地位于北京市延庆区东南、大庄科乡政府西南10千米，距北京市区74千米。基地由沙塘沟战斗遗址、老党员活动旧址、消息树、藏粮洞、八路军供给处、英雄广场、"平北红色第一村"和文化大院纪念馆等组成。纪念馆于2013年5月重建，展厅分为上下两层，总面积350平方米。整个展览以时间为序分为七大部分，运用大量的雕塑、图片和高科技等手段展示了抗战时期八路军四纵、平北地委、昌延联合县委开辟"后七村"，并在沙塘沟建立第一个农村党支部的革命历史，以及大庄科地区众多先烈对敌斗争的光荣事迹。

开放时间：周一至周日8:00—16:00。
地　　址：北京市延庆区大庄科沙塘沟村
咨询电话：010-60198722/010-62998889
预约方式：可拨打上述电话预约。

延庆区平北抗日烈士纪念园服务中心

平北抗日烈士纪念园坐落于京郊龙庆峡入口处，占地面积2.4万平方米，由烈士纪念碑和纪念馆、专题馆3部分组成，全年免费向社会开放。纪念馆"红色平北 海陀丰碑——平北抗日斗争史实展"于2021年6月开展，展陈面积为2500平方米，分为序厅、尾厅和4个主展厅，共展出图片440余张、文物450余件，全面展现了1933年至1945年，中国共产党领导平北军民与敌人斗智斗勇、开辟敌后根据地的光辉历程。

开放时间：周一至周日8:30—16:30（重大活动除外）。
地　　址：北京市延庆区张山营镇韩郝庄村
咨询电话：010-69191619
预约方式：可拨打上述电话预约。

中法大学旧址

中法大学创办于20世纪初留法勤工俭学运动，1920年改称中法大学西山学院，原校址在西山碧云寺，1925年文科迁至此处，是中国共产党早期活动地之一。1984年，中法大学旧址被公布为北京市第三批市级文物保护单位；2020年，被列为"中国共产党早期北京革命活动旧址"之一；2021年，被列入北京市第一批革命文物名录，成为北京市爱国主义教育基地。中国共产党成立100周年之际，中法大学旧址首次面向公众开放。旧址礼堂和教学楼设有"马克思主义在中国早期传播专题展""马克思主义中国化的光辉历程专题展"，展览面积约3700平方米。

开放时间： 周二至周日9:00—12:00、14:00—17:00。周一闭馆（国家法定节假日除外）。
地　　址： 北京市东城区东皇城根北街甲20号
咨询电话： 010-84024558
预约方式： 通过"中法大学旧址"微信公众号预约。

北京扶贫支援党建教育基地

北京扶贫支援党建教育基地建于2019年，是北京市帮扶工作宣传展示的窗口，创建了"党建+消费帮扶"模式。基地通过组织全市相关单位党支部学习习近平总书记关于扶贫工作的重要论述，带领党员重温习近平总书记的扶贫之路，了解北京市扶贫协作和支援合作工作的进展；通过组织全市相关单位党支部到北京市消费帮扶双创中心参观体验，让党员用实际行动参与消费扶贫，增强党员的责任感、使命感，引领党员践行初心和使命，为助力脱贫攻坚贡献力量。截至2022年年底，已开展党建活动2600余场，服务全市党员达10.3万余人。

开放时间： 周一至周五9:00—17:00（国家法定节假日除外）。
地　　址： 北京市丰台区草桥东路2号院1号楼首农双创中心大厦一、二层
咨询电话： 010-50959621
预约方式： 可拨打上述电话预约。

教育服务类

北京大学校史馆

北京大学校史馆共3层，建筑面积3100平方米。馆内常设展览包括"百年北大——北京大学百年校史陈列"、"今日北大——北京大学近20年发展成就展"、"北京大学杰出人物展"和"北大生活"。馆内设有专题展览，包括"北大精神""书生本色 学者风范""我们的北大岁月"等。馆内还设有多媒体教室和影视厅。展馆特色活动项目是北京大学校史讲解，通过充满责任心与奉献精神的校史讲解展现新时代北大人的精神风貌，传承北大红色基因、发扬北大光荣传统！

开放时间：周三、周五、周日9:00—16:00（法定节假日及寒假期间闭馆；如遇特殊情况须临时闭馆或暂停开放，将提前在校史馆主页通知）。
地　　址：北京市海淀区颐和园路5号北京大学内
咨询电话：010-62765931
预约方式：个人参观可在开放时间前往，团体参观按照北京大学校史馆官方网站要求，下载、填写表格后发送邮件预约。

北京航空航天博物馆

北京航空航天博物馆是中国第一座向公众开放的综合性航空科技博物馆，展区分为长空逐梦、银鹰巡空、神舟问天、空天走廊4个展区，馆藏300多件国内外公认的航空航天文物精品及发动机、机载设备等珍贵实物，并通过高科技手段展示航空航天原理及人类飞天的历程。博物馆定期（每月不少于两次）开展科技与科普主题活动，如讲座、实践、培训、参观等，普及科学知识、弘扬科学精神、传播科学思想、倡导科学方法、弘扬航天文化。

开放时间：周一至周六9:00—16:30，周二、周六免费向校外公众开放。
地　　址：北京市海淀区学院路37号北京航空航天大学内
咨询电话：010-82339701
预约方式：可拨打上述电话预约，也可通过"北航校史与文博馆"微信公众号预约。

中国科学院计算机网络信息中心

中国科学院计算机网络信息中心成立于1995年3月,是中国科学院科研信息化与管理信息化的研究、开发、建设、运行和服务保障机构,也是信息化技术创新与应用示范基地。中心占地面积67000余平方米,其中研究工作及实验区为19000余平方米,支撑服务用房;容纳1200余人的工作环境,支持客座研究及合作研究;科研及学术交流培训区为8900余平方米,主要供中国科学院进行学术交流培训。中心充分发挥自身特点,常年为社会公众提供科学普及、科学教育、文明实践等线上线下相结合的活动,让公众更为直观地感受到一线科学研究的魅力,更好地展现了中心科研工作者扎实的学术风貌与求真务实的创新精神。

开放时间:暂不对外开放。
地　　址:北京市中关村南四街4号
咨询电话:010-58812551/010-58812515
预约方式:相关活动可通过中国科普博览官网首页"活动预约"预约。

中国长城博物馆

中国长城博物馆坐落于八达岭长城景区内,于1994年9月建成并向社会免费开放,展厅面积为3200平方米,馆藏文物2500余件(套),全面反映长城的历史、军事、建筑、经济、文化艺术及现状。2007年博物馆进行全面改陈,主题为"世界奇迹·历史丰碑",基本陈列由"两千余年·续建不绝""恢宏巨制·绵亘万里""长城内外·同是一家"等部分组成,分别展示了长城产生和发展的基本脉络、长城的建筑结构与布局、长城沿线地区经济开发与繁荣、长城在新中国外交史和旅游业中发挥的重要作用。

开放时间:全面升级改造中,暂不开放。
地　　址:北京市延庆区八达岭长城景区内
咨询电话:010-69121890
预约方式:可拨打上述电话咨询开放及预约事宜。

中国传媒大学传媒博物馆

中国传媒大学传媒博物馆（以下简称"传媒博物馆"）是我国首座国家二级传媒类博物馆，首个荣获"全国博物馆十大陈列展览——精品奖"的高校博物馆，也是全国科普教育基地、北京市科普基地。传媒博物馆于2012年10月26日建成并向社会免费开放，展览面积约3000平方米，包括广播、电视、电影、传输4个分馆，全面展现在中国共产党的领导下，中国广播、电视、电影事业从诞生、发展到崛起的重要历史节点和重大成就。

开放时间：周一至周五9:00—16:30（16:00停止入馆），国家法定节假日及寒暑假闭馆。
地　　址：北京市朝阳区定福庄东街1号中国传媒大学新图书馆负一层
咨询电话：010-65783703
预约方式：无须预约。

北京市长青生命纪念园

纪念园前身为1999年成立的北京市长青园骨灰林基地，2017年更名为北京市长青生命纪念园，是北京市33家经营性公墓之一，是民政部确定的36个全国殡葬综合改革试点优秀案例之一、朝阳区爱国主义教育基地、北京市清明公祭活动举行地、北京市红十字会生命追思活动举行地、朝阳区烈士公祭活动举行地。纪念园每年以清明祭扫服务接待为契机，面向社会群众广泛开展爱国主义教育、生命文化教育、征文等活动，大力倡导生态文明、生态殡葬、文明祭祀和大爱奉献精神，赓续红色血脉，传承爱国精神。

开放时间：周一至周日7:00—16:00。
地　　址：北京市朝阳区黑庄户乡大鲁店村
咨询电话：010-85383888
预约方式：无须预约。

北京日报社

　　北京日报社位于东城区建国门内大街20号，积累沉淀了具有首都党报特色的独特历史和红色资源。北京日报社常设社史展于2018年12月31日完成布展，分为展板展出、实物陈列、多媒体体验三大部分。展览包含从这里出发、亲切关怀、为党发声、为城讴歌、为民而呼、为史存真、为社会弘正气、一路同行、流金岁月、多元发展、走向融合、群英荟萃、历任领导13个板块，通过1万多字的文字介绍和300多幅图片、图表，生动地反映了北京日报社近70年发展的光辉历程。实物陈列部分展出了《北京日报》《北京晚报》大理石铭牌，记者采访日记，采编工具等几十件珍贵的历史文物。同时，北京日报社依托《北京日报》新闻印刷产业基地、北京日报社西山基地开展现代印刷业参观体验活动和教育培训活动。

开放时间： 周一至周五9:00—17:00。
地　　址： 北京市东城区建国门内大街20号
咨询电话： 010-85201248
预约方式： 须主办方邀请。

中华世纪坛

　　中华世纪坛是中国人民迎接新千年、新世纪的标志性纪念建筑，是集建筑、园林、雕塑、壁画等多种艺术形式于一体的大型人文景观。中华世纪坛将传统文化精神与现代设计艺术巧妙结合，不仅是千年交替的永恒纪念，还是国内外文化、艺术、科技交流展示中心和爱国主义教育基地。

开放时间： 周二至周日9:00—17:00（16:10停止入馆，17:00清场闭馆），周一闭馆（国家法定节假日除外）。
地　　址： 北京市海淀区复兴路甲9号
咨询电话： 010-84187900
预约方式： 通过"中华世纪坛参观服务"微信小程序预约。

党员干部政德教育基地

八宝山革命公墓是全国爱国主义教育基地、全国重点文物保护单位。依托八宝山革命公墓丰富的红色资源，党员干部政德教育基地得以建立，通过打造以爱国主义教育为主体，以政德教育、党风廉政教育、党性修养教育、革命传统教育、国防安全教育、家风建设教育等为主要内容的政德教育系列课程，将八宝山革命公墓打造为党员干部"明大德、守公德、严私德"的教育基地。

开放时间： 周一至周五8:00—16:00（15:00停止入园），周六、周日及国家法定节假日闭园。
地　　址： 北京市石景山区石景山路9号
咨询电话： 010-88259299/010-81927720
预约方式： 通过"党员干部政德教育基地"微信公众号预约。

北京市商业学校

北京市商业学校创建于1964年，隶属北京市国资委系统大型国有企业集团——北京祥龙资产经营有限责任公司。学校拥有财会金融、交通运输、商贸信息、艺术教育四大专业群，开设云财务、金融事务、电子商务、城市轨道运营服务、汽车服务、学前教育、音乐学等20多个专业。多年来学校坚持开展各类实践服务活动，积极面向广大市民和中小学生开放校园、实训基地等职业教育资源，充分发挥专业优势，组织"技能文化节""学雷锋志愿服务活动""技能进社区志愿服务活动"等形式多样的"职业体验活动"，为市民和中小学生体验职业教育创造了良好的条件，了解专业知识，普及职业理念，引导全体师生在为人民服务中践行社会主义核心价值观，增强责任感、使命感，培育和展示良好的职业素养。

开放时间： 每年4—6月、9—11月；平均每月开放1~2次，每次60分钟。
地　　址： 北京市昌平区北七家镇曹八西路28号
咨询电话： 010-81769034
预约方式： 可拨打上述电话咨询预约事宜。

北京电子科技职业学院教育科技文化综合服务基地

北京电子科技职业学院教育科技文化综合服务基地位于北京电子科技职业学院亦庄校区，主要包括4个项目：传统文化实践体验，可观摩体验景泰蓝制作、北京风情泥塑，参观艺术作品展；现代汽车技术科普，可参观体验赛车、电动卡丁车、智能电动小车；食品科学技术体验，可现场体验烘焙、咖啡制作，观摩红酒生产线；航空技术科普体验，可参观体验波音737-300、多尼尔328飞机及飞机模拟驾驶等。

开放时间：周一至周五9:00—16:00。
地　　址：北京市经济技术开发区凉水河一街9号
咨询电话：010-87163577/010-87220863
预约方式：可拨打上述电话预约。

北京广播电视台

北京广播电视台是首都新型综合性主流媒体平台，拥有10套电视节目、7套广播节目，以及"北京时间""听听FM"两个新媒体客户端。多年来秉持"首善媒体 大美品质"的媒体担当和价值追求，综合布局集广播、电视、新媒体和产业链条为一体的全媒平台，在重大主题宣传、文化国潮IP、全民健康普及、动画少儿、法治科技教育、5G+8K超高清应用等方面位居全国前列。

开放时间：暂不对外开放。
地　　址：北京市朝阳区建国路甲98号（国贸办公区）；
　　　　　北京市朝阳区建国门外大街14号（建外办公区）
咨询电话：010-85013000
预约方式：可拨打上述电话咨询开放及预约事宜。

丰台区妇女儿童社会服务中心

丰台区妇女儿童社会服务中心是隶属丰台区妇女联合会的事业单位，其前身是1998年成立的丰台区妇女儿童培训中心。中心占地面积1907平方米，建筑面积2206平方米，一层为儿童之家，设有家长课堂、亲子活动室、儿童陶艺室、阅读室及超感体验室；二层、四层为妇女之家，设有巧娘展室、烘焙教室、手工技能培训教室、衣橱整理培训教室、茶艺培训教室及瑜伽教室。

开放时间：暂不对外开放。
地　　址：北京市丰台区兴隆中街27号
咨询电话：010-63856316
预约方式：可拨打上述电话咨询开放及预约事宜。

密云区高岭学校

密云区高岭学校是满足学生多样化需求，丰富居民业余生活的重要活动基地，是开展科技、艺术和体育等活动的重要载体。学校少年宫占地面积408平方米，可同时接纳40人，通过开展科技项目"无土栽培"，供学生、村民进行相关蔬菜、水果的种植实验；提供艺术项目民乐训练场所及器材，供学生、村民进行扬琴、琵琶、二胡、笛子等民乐乐器的演奏训练；建设乒乓球、陆地冰壶等体育娱乐项目，供学生、村民丰富业余生活的同时，强健自身体魄。高岭学校乡村少年宫项目丰富了学生、村民的业余生活，提高了他们的综合素质，让他们在家门口即可享受优质的教育资源。

开放时间：暂不对外开放。
地　　址：北京市密云区高岭学校
咨询电话：010-81081048
预约方式：可拨打上述电话咨询开放及预约事宜。

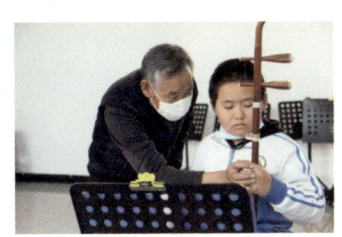

利亚德国家文化和科技融合示范基地

利亚德国家文化和科技融合示范基地以利亚德集团主营业务为载体，搭建前沿科技和全球视听科技产品科普展示平台。基地占地面积超2000平米，通过高端新型显示产品直观展示和体验互动相结合的方式，把LED智能显示、文旅夜游及虚拟现实（元宇宙）多种科技创新产品呈现在参观者面前。配合深入浅出的讲解，让参观者了解LED科技产品的魅力，享受LED智能显示的视觉盛宴，感受科技对文化发展的重要引擎作用。

开放时间： 周二至周五9:00—17:00。周一闭馆，法定节假日及周六、周日闭馆。

地　　址： 北京市海淀区黑山扈路红山口8号利亚德集团

咨询电话： 010-62888888-308

预约方式： 可拨打上述电话进行团体预约（基地目前不面向个人开放）。

文化服务类

清华大学邺架轩阅读体验书店

"左图右史,邺架巍巍。致知穷理,学古探微"。这是清华校歌中的一句歌词,"邺架轩"的名字由此而来。邺架轩阅读体验书店位于清华大学图书馆李文正图书馆西侧。在人文学院、社科学院和西大操场的交叉路口旁,静静矗立着一座红砖与钢结构的小亭子,这便是邺架轩阅读体验书店的入口。拾级而下,流水淙淙,竹叶青青,中式庭院式设计闹中取静,书店内部朴素、安宁。即使夜深了,这家清华首家"24小时书店"依然灯光明亮,一张张专注的面孔让人感受到阅读的力量从未停息。

开放时间: 周一至周日24小时营业。
地　　址: 北京市海淀区双清路30号清华大学李文正图书馆下沉广场
咨询电话: 010-62798511
预约方式: 无须预约

清华大学艺术博物馆

清华大学艺术博物馆于2016年9月正式对公众开放,是清华师生和社会公众近距离接触中国乃至世界灿烂文明和经典艺术的重要场所和美育基地,也是北京市又一座风格独特的文化艺术殿堂。博物馆由世纪金源集团捐资建设,总建筑面积30109平方米,展厅面积约1万平方米。现有藏品23623件,主要为原中央工艺美术学院旧藏及艺术家、藏家、校友等的捐赠,品类包括书画、染织、陶瓷、家具、青铜器及综合艺术品等6大类。自开馆以来,已举办高水平艺术展览90余场、各类学术及教育活动300余场,接待观众逾250万人次。2020年清华大学艺术博物馆获评国家一级博物馆。

开放时间: 周二至周日9:00—17:00(16:30停止入场),节假日、其他重要活动等特殊情况将提前公告参观时间。
地　　址: 北京市海淀区清华园1号清华大学校内
咨询电话: 010-62781012
预约方式: 通过"清华大学艺术博物馆"微信公众号预约。

北京工艺美术博物馆

北京工艺美术博物馆是全国第一家由企业创建的专业性工艺美术博物馆，开创了企业办馆的先河。该博物馆馆藏历代工艺美术珍品3000余件，尤以北京近、现代传统工艺美术"四大名旦"牙雕、玉器、景泰蓝、雕漆为主。博物馆作为北京市新时代文明实践基地、北京市朝阳区爱国主义教育基地、北京市书香企业、北京市委党校教学点、首都精神文明单位，是弘扬中华优秀传统文化的重要宣传窗口。北京市众多院校、企事业单位纷纷来馆举办爱国主义教育及主题党日活动。

开放时间：周二至周日10:00—17:00，周一闭馆。
地　　址：北京市朝阳区天辰东路12号
咨询电话：010-64811285
预约方式：无须预约（特展除外，须通过"北京工艺美术博物馆"微信小程序预约）。

北京戏曲艺术职业学院少儿戏剧场

少儿戏剧场是北京戏曲艺术职业学院着力打造的，以少年儿童为服务对象，以少儿宜观看的演出为主要内容，以北京戏曲艺术职业学院在校学生为演出主体，集演出、观摩、教育、交流于一体的全国首家社会公益性少儿综合艺术演出场所。"少儿戏剧场"集中展现了北京戏曲艺术职业学院的优秀教学成果和精粹原创作品，成为培养少儿戏曲观众、丰富少儿文化生活、提高少儿艺术修养、传承优秀传统艺术、弘扬中华传统文化、开展爱国主义教育的知名文化品牌。

开放时间：演出时间以"北京戏曲艺术职业学院少儿戏剧场"微信公众号的通告为准。
地　　址：北京市丰台区南三环马家堡东里8号
咨询电话：010-67572221-2048
预约方式：可拨打上述电话预约。

北京民俗博物馆

北京民俗博物馆是北京市唯一一家国办民俗类专题博物馆，位于全国重点文物保护单位——东岳庙内，是中华优秀传统文化的研究中心、展示中心和活动中心。每逢春节、端午节、中秋节等传统节日和二十四节气，博物馆都会举办各类传统民俗活动和专题展览，是国内外游客了解我国传统民俗、非遗文化、历史文物等的重要窗口。

开放时间： 周二至周日8:30—16:30（16：00停止入馆），周一闭馆。
地　　址： 北京市朝阳区朝阳门外大街141号
咨询电话： 010-65510151
预约方式： 通过"北京民俗博物馆"微信公众号预约。

首都图书馆

首都图书馆是北京市属大型公共图书馆，坐落于东南三环华威桥东侧，为全体社会大众提供文献借阅、信息咨询、讲座论坛、展览交流、文化休闲等全方位、多层次的文化信息服务，是北京市重要的知识信息枢纽和精神文明建设基地。作为北京市公共图书馆中心馆，首都图书馆在夯实基础业务、做强品牌服务的同时，着力推进全市图书馆服务体系建设，有效发挥中心图书馆的引领辐射作用和对城市经济社会发展的智力支撑作用，致力于成为首都先进文化的辐射源、学习型城市的策源地、市民学习休闲的目的地和文化之都的重要标志。

开放时间： 周二至周日9:00—19:30、B座2层9:00—21:00，周一闭馆，国家法定节假日照常开放（春节期间开放事宜另行通知）。春明簃阅读空间：9:00—23:00，全年无休。大兴机场分馆：8:00—20:00，全年无休。
地　　址： 北京市朝阳区东三环南路88号
咨询电话： 010-67358114-2102/8007
预约方式： 无须预约。

首都博物馆

　　首都博物馆成立于1981年,是北京市属大型综合性博物馆、国家一级博物馆、全国爱国主义教育基地、全国科普教育基地。博物馆总建筑面积6.4万平方米,于2006年5月18日正式开放运行。馆内收藏着北京50万年人居史、3000多年建城史、870年建都史的珍贵遗存12万余件(套),围绕解读灿烂中华、品鉴智慧北京、世界文明互鉴三大主题推出精品展览。当前基本陈列正在全面改陈提升,将于2023年12月底完成。

开放时间：周二至周日9:00—17:00（16:00停止入馆）,周一闭馆（节假日除外）。

地　　址：北京市西城区复兴门外大街16号

咨询电话：010-63370491/63370492

预约方式：通过"首都博物馆"微信公众号预约（对持有效证件的老年人、学龄前儿童、残障人士、现役军人或特殊群体可提供现场登记服务）。

北京奥运博物馆

　　北京奥运博物馆位于国家体育场南侧零层及负一层,承担着保护奥运遗产,传承奥林匹克文化和中国传统文化,以及弘扬奥林匹克精神的重要责任。作为2008年北京奥运会及2022年北京冬奥会的主体育场,博物馆见证了北京这个"双奥之城"的高光时刻。奥运会后这里成为北京市民广泛参与体育活动及享受体育娱乐的大型专业场所。

开放时间：周二至周日9:00—17:00（16:30停止换票）,周一闭馆（国家法定节假日除外）。

地　　址：北京市朝阳区国家体育馆南路1号

咨询电话：010-84378498

预约方式：通过北京奥运博物馆官网、官方微信公众号进行预约。

王府井书店

王府井书店始建于1949年,总面积约1.7万平方米。书店秉承"读者的需求就是我们的追求"的宗旨,成为首都建设社会主义精神文明,传播社会主义先进文化战线上的"排头兵",被社会各界和广大读者誉为新华书店"共和国第一店",连续多年被评为"首都文明单位"。书店积极参与文化惠民消费季、北京阅读季、北京十月文学月等品牌阅读推广活动,先后创立"书香致远·自在读行"等主题读书品牌,用文化惠民吸引更多群众关注阅读,每年组织阅读文化活动百余场,年接待读者200余万人次,成为推动全民阅读和书香社会建设的引领者。

开放时间:周一至周日10:00—22:00。
地　　址:北京市东城区王府井大街218号
咨询电话:010-65132842
预约方式:无须预约。

涵芬楼书店

涵芬楼书店是商务印书馆的旗舰店、形象店,人文气息浓厚,是首都文化地标之一。书店举办各类公益文化活动1000余场,获得国家及市区级奖励20余项,创办特色阅读空间"涵芬楼艺术馆",特设专厅陈列文津阁《四库全书》,展现古典瑰宝,传承学术薪火;设有"百年文脉厅",汇聚商务印书馆、中华书局等出版老字号的精品,并展出"汉译学术名著丛书""中华现代学术名著丛书"两大时代标志性丛书,展示中国出版界的优秀成果;积极承担国家和北京市重点文化任务,推广全民阅读,获得"书香中国·北京阅读季优秀合作机构"、"最北京"实体书店评选前十名、"北京出版物发行行业诚信企业"等荣誉。

开放时间:周一至周日9:00—21:00。
地　　址:北京市东城区王府井大街36号
咨询电话:13581813607
预约方式:无须预约。

中国宋庆龄青少年科技文化交流中心

中国宋庆龄青少年科技文化交流中心是弘扬宋庆龄的精神,引领和服务青少年成长的国家级实验性、示范性平台,内设体验中心(常规开放)、艺术中心、幼教中心、演艺中心、交流中心(后4个中心不定期举行活动,可关注微信公众号了解活动信息)5个业务部门,紧紧围绕培养青少年科技创新,弘扬中国优秀传统文化,搭建世界青少年交流互鉴平台的三项职能,积极开展各类交流实践活动。

开放时间(体验中心): 周二至周日9:15—12:15、14:00—17:00。周一(法定节假日除外)、春节期间闭馆。

地　　址: 北京市海淀区玉渊潭南路11号

咨询电话: 010-53931107/52808886

预约方式(体验中心): 通过"中国宋庆龄青少年科技文化交流中心"官网、微信公众号预约。

北京人民艺术剧院戏剧文化服务基地

北京人民艺术剧院戏剧文化服务基地位于北京市东城区王府井大街22号首都剧场四层,是国内第一家展示话剧艺术的专业博物馆,展区面积1300平方米,于2007年6月12日正式向公众开放。北京人民艺术剧院始建于1952年,建院以来共上演古今中外、不同风格的剧目300余部,形成了自己独特的演剧风格,积累了大量宝贵的艺术资料,北京人民艺术剧院戏剧博物馆正是在此基础上建成的。博物馆集馆藏、研究、展陈、教育功能于一体,包括序厅、历史厅、人物厅、剧目厅、舞美厅、综合厅,集中展示北京人民艺术剧院建院的历史、曹禺等剧院奠基人的生平和艺术成就、经典剧目、理论建设、舞台美术、人才培养等内容。

开放时间: 周二至周日10:30—19:00,周一闭馆。

地　　址: 北京市东城区王府井大街22号

咨询电话: 010-85120006

预约方式: 个人参观可通过"北京人民艺术剧院戏剧博物馆"微信公众号预约(暂不开放团体预约)。

门头沟区王平镇综合文化中心

门头沟区王平镇综合文化中心总建筑面积为2700余平方米,其中包含500余平方米的综合活动大厅,具备演出、会议、电影放映等功能。中心还包括镇级新时代文明实践所、图书馆、电子阅览室、排练室、儿童阅览室、室内体育活动室等场所,常年开展理论宣讲、市民教育、文化体育、科普宣传、法律服务等方面的活动,可以充分满足地区群众的精神文化需求,在学习实践科学理论、宣传宣讲党的政策、培育践行主流价值、丰富活跃文化生活等方面发挥了积极作用,成为山区精神文明建设和文化服务工作的标杆亮点。

开放时间:周一至周日9:00—17:00。
地　　址:北京市门头沟区王平镇西大街18号
咨询电话:010-61857611
预约方式:可拨打上述电话咨询预约事宜。

北京地铁展览厅与运营分公司模拟驾驶实训基地

北京地铁展览厅展示1953年北京市第一次规划建设地铁至今半个多世纪以来,北京地铁从无到有、从线到网的发展历程和创新实践,同时展现几代地铁人忠诚担当、奉献地铁事业的精神风貌。为增强文明实践基地的互动性,北京地铁公司将所属运营分公司的四个模拟驾驶实训基地纳入文明实践基地,在参观的基础上增加互动环节,使参观者切身体会驾驶地铁列车的乐趣。

开放时间:暂不对外开放。
地　　址:北京地铁展览厅:北京市西城区西直门外大街2号地铁大厦;运营一分公司模拟驾驶培训基地:北京地铁太平庄车辆段;运营二分公司模拟驾驶培训基地:北京地铁四惠车辆段;运营三分公司模拟驾驶培训基地:北京地铁太平湖车辆段;运营四分公司模拟驾驶培训基地:昌平线朱辛庄停车场
咨询电话:010-62293736
预约方式:可拨打上述电话咨询开放及预约事宜。

时尚控股铜牛电影产业园

时尚控股铜牛电影产业园是国家文化产业创新实验区的重点特色园区、市级文化产业园区、首批"北京市新时代文明实践基地",是利用铜牛集团所属建于20世纪70年代的物资公司厂库区改造转型而成的。园区以旧厂区原有建筑为主体,结合"大工业"风格进行改造更新,于2016年正式投入运营,形成了电影产业"一站式"服务、全产业链的电影产业园区。成立主旋律电影产业联盟,举行主旋律电影发展论坛,组织"文博会"、"首都国企开放日"、"时尚文化讲堂"、"星星相连"文化帮扶等正能量公益活动,积极践行社会主义核心价值观和国企责任,开展新时代文明实践创新,丰富活跃基层文化,受到了社会的广泛关注和市民的好评。

开放时间: 全年全天开放。
地　　址: 北京市朝阳区朝阳路85号
咨询电话: 010-85771899
预约方式: 无须预约。

怀柔区杨宋镇花园村文化活动中心

怀柔区杨宋镇花园村文化活动中心是宣传贯彻习近平新时代中国特色社会主义思想和党的二十大精神的重要抓手,是中国特色社会主义文化、社会主义道德牢牢占领农村的主要思想文化阵地。文化活动中心成立于2020年1月,配备LED电子显示屏、面光、射灯、音响,舞台面积60平方米,场地可容纳300余人观看演出和开展活动,具有新时代文明实践工作、理论武装、远程教育、党员教育、道德讲堂等多种功能。

开放时间: 周一至周五9:00—16:00(国家法定节假日不开放)。
地　　址: 北京市怀柔区杨宋镇花园村
咨询电话: 010-61678164
预约方式: 可拨打上述电话预约。

北京出版集团

北京出版集团是北京市属的大型综合性出版机构，前身为1948年成立的具有红色基因的北平大众书店。70多年来，集团始终坚持"为人民服务、为社会主义服务"的出版方向和"崇尚价值、以文化人"的出版理念，努力为社会奉献弘扬主旋律、反映时代精神的精品力作，在传播和弘扬社会主义先进文化、满足人民群众精神文化需求、促进首都经济社会发展等方面发挥了文化主力军作用，做出了重要贡献。集团积极践行新时代文明实践精神，整合优质作者、专家等资源，推出京版大众文化讲座、和谐家庭·幸福养育讲堂、儿童科普互动课及科普讲座文明实践项目，传播先进文化、科学育儿理念与知识，服务社会、服务大众。

开放时间：关注"北京出版集团"微信公众号查看京版大众文化讲座、和谐家庭·幸福养育讲堂、儿童科普互动课及科普讲座活动时间、地点。

地　　址：北京市西城区北三环中路6号

咨询电话：010-58572876（京版大众文化讲座）；010-58572430（和谐家庭·幸福养育讲堂、儿童科普互动课及科普讲座）

预约方式：通过"北京出版集团"微信公众号预约京版大众文化讲座；拨打电话010-58572430预约和谐家庭·幸福养育讲堂、儿童科普互动课及科普讲座。

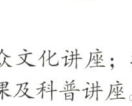

殷金凤工作室

殷金凤工作室是北京市首个以社区工作者名字命名的工作室，是集学习培养、交流互动、基层实操、社区党建、基层治理等新探索、新实践成果推广复制功能于一体的多功能综合发展平台，占地面积485平方米，于2018年7月16日开始运行。

开放时间：周一至周五9:00—11:30、14:00—17:30。

地　　址：北京市朝阳区呼家楼北里平房甲1号

咨询电话：010-65030626

预约方式：可拨打上述电话预约。

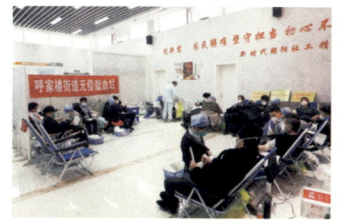

房山区窦店民族文化宫

房山区窦店民族文化宫位于窦店村村委会东侧，是窦店村民族特色城市化建设规划中的重大工程和民生项目，设计古朴典雅、美观大方、民族特色浓郁。文化宫于2012年9月22日开工建设，占地面积8000平方米，建筑面积13400平方米。文化宫具备民族文化展示、排练演出、会议、数字多媒体、茶艺、健身、购物、餐饮等功能，中心双层剧场可同时容纳1200人观看演出。文化宫为各民族共居、共学、共事、共乐提供了场地，有力促进了窦店地区群众文化和体育活动的开展，对提高群众素质、弘扬民族文化起到了重要作用，同时为北京高端制造业基地的规模发展提供了更加良好的服务。

开放时间： 周一至周日9:00—17:30。
地　　址： 北京市房山区窦店镇窦店村大窦路甲8号
咨询电话： 010-69390002
预约方式： 可拨打上述电话咨询预约事宜。

首创·郎园Park文化产业园

首创·郎园Park文化产业园位于北京市石景山区上庄大街东侧，建筑面积约3.5万平方米，以中式仿古建筑群整体规划低密度、围合式院落街区。首创·郎园Park文化产业园着眼于石景山区地域特色，秉承"用文化点亮城市"的运营理念，推出"空间运营+内容运营"的特色运营模式，以"公民美育"和"青少年素养"提升为蓝本，开展"公民美育计划"，并逐步升级为石景山区公共文化服务和京西文旅融合的双标杆性项目。2018年9月试运营至今，园区目前已进驻泛体验性商业60余家，涵盖公共文化空间、生活美学体验、美育教育、格调餐饮、运动休闲体验、生态办公等六大业态。

开放时间： 周一至周日9:00—23:00，国家法定节假日照常开放。
地　　址： 北京市石景山区上庄大街18号
咨询电话： 010-68211150/010-85806576
预约方式： 无须预约。

北京考古遗址博物馆

北京考古遗址博物馆由琉璃河遗址、大葆台西汉墓遗址和金中都水关遗址组成。博物馆在做好遗址保护的基础上，充分发掘遗址的文化内涵，讲好遗址故事，同时向公众展示考古发掘过程、考古人的工作生活，建设北京地区考古文化展示、交流中心，打造公众考古教育基地。博物馆先后被评为"北京市爱国主义教育基地""北京市中小学生社会大课堂资源单位名单""丰台区科普基地"。

开放时间：金中都水关遗址馆区、琉璃河遗址馆区：周二至周日9:00—17:00（16:30停止入馆），周一闭馆（法定假日除外）；大葆台西汉墓遗址馆区因进行改建，暂不对外开放。

地　　址：琉璃河遗址：北京市房山区琉璃河镇董家林村；大葆台西汉墓遗址：北京市丰台区郭公庄南707号；金中都水关遗址：北京市丰台区右安门外玉林小区甲40号

咨询电话：金中都水关遗址：010-63054992/63054990；琉璃河遗址：010-61393049

预约方式：通过"北京考古遗址博物馆"或"北京文博"微信公众号预约。

密云区北庄镇文化中心

密云区北庄镇文化中心是全镇开展文化、体育活动，进行党史学习教育的重要场所，是新时代文明实践工作和创建全国文明城区工作开展的重要抓手，是加强精神文明建设和宣传思想教育工作的重要载体。中心建筑面积为3000平方米，可同时接待400人，于2017年正式向公众开放。中心配备多功能活动室、图书室、电子阅览室、培训教室、健身活动室、棋牌室、舞蹈教室等，拥有完备的设施、干净整洁的环境，为北庄镇域内各项工作的开展提供了强有力的保障。

开放时间：周一至周日9:00—16:00。

地　　址：北京市密云区北庄镇北庄村华盛路143号

咨询电话：010-81001648

预约方式：可拨打上述电话预约。

朝阳区非物质文化遗产保护传承中心

朝阳区非物质文化遗产保护传承中心（以下简称"非遗中心"）位于北京市朝阳区豆各庄，总面积近2000平方米，设有地上两层、地下一层，2021年正式对外开放。非遗中心共有藏品一万余件，含国家级非遗藏品10件、市级非遗藏品20件、区级非遗藏品97件，设置"日坛礼记""意匠制造""邻家学堂""锦绣人间""绵绵瓜瓞""惠而好我""本土名物""金铃敢当""万镜之屋""齐化礼物"10个展陈单元，生动讲述朝阳区独特的文化发展历史与成果，探索非遗文化的传承与保护，推动传统文化技艺与当代语境融合创新，成为朝阳区文化传承的重要阵地，年均开展活动90余场。

开放时间： 周二至周日10:00—12:00、13:30—16:30（15:30后停止入场）。
地　　址： 北京市朝阳区豆各庄恒大御景湾中区9号楼
咨询电话： 17600512700
预约方式： 请将参观人的姓名、电话、身份证号以短信的方式发送至17600512700，中心会将活动信息以短信的方式发送给您，收到信息即为预约成功。

模式口历史文化街区

模式口历史文化街区作为市、区两级重点项目，始终坚持"文物保护是核心，环境整治是前提，有机更新是遵循，民生改善是重点，业态提升是关键"的核心理念，高水平推动基础设施建设、院落改造、环境整治、业态提升等各方面工作，成为石景山区风貌保护、文明传承、生态宜居的有机更新亮点示范项目。自2021年开街以来，街区成为"打卡"新地标，形成了独特的品牌影响力。

开放时间： 全天开放（10:00—22:00部分管控区域禁止机动车辆入内）。
地　　址： 北京市石景山区金顶街街道模式口大街
咨询电话： 010-88712441
预约方式： 无须预约。

石景山区青少年活动中心

石景山区青少年活动中心隶属石景山区教委，是全额拨款事业单位、公益一类单位。中心坚持"绿含万叶 心赏花开"的办学理念，以策划开展各类区域性艺术教育活动和兴趣小组教学为工作主线，以艺术、科技和体育为主要活动内容，为区域青少年全面健康成长提供优质的服务。中心设有剧场、录音棚、民乐排练厅和兴趣小组等专业活动室60多个，成立民乐、舞蹈、现代乐团和合唱、朗诵、武术等七大公益社团，每学年组织艺术、科技、体育等兴趣小组近400班次、培训学员近10000人次。

开放时间：周六、周日8:30—17:00（寒暑假期间闭校）。
地　　址：北京市石景山区鲁谷南路11号
咨询电话：010-68637742
预约方式：无须预约。

房山区文化活动中心

房山区文化活动中心是整合区文化馆、图书馆、电影放映中心的服务职能，集现代化、数字化、综合化于一体的区级公共文化服务设施，于2017年1月1日投入使用。中心大楼分A、B两座。A座为图书馆，为读者提供借阅服务，设有阅览座席、康复阅览室、特色展区、活动厅等；B座为文化馆，设有梦想剧场、非遗展厅、书画展厅、数字体验区、房山历代文化名人馆、培训教室等。中心提供内容丰富、形式多样、健康有益的公共文化服务，满足群众精神文化需求。

开放时间：周一至周日9:00—20:30（春节期间开放时间另行通知）。
地　　址：北京市房山区长阳镇昊天北大街8号院
咨询电话：010-80391821/010-60381966
预约方式：通过房山区文化活动中心官网、官方微信小程序预约。

通州区档案馆

通州区档案馆是集中展示通州区历史文化的重要场馆，是保护弘扬地方文化的重要抓手，是加强爱国主义教育的重要载体。自1990年开始，档案馆在全市乃至全国范围寻访征集与通州、与大运河血肉相连的文化名人的档案资料，1992年5月，档案馆正式向公众开放，设立6个名人文库和1个书画馆，收集并展出刘绍棠、王梓夫、高占祥、"面人汤"、张源、孟宪峰等通州籍名人档案资料12000多卷（册），展现出通州区丰厚的历史文化底蕴。

开放时间： 周一至周五9:00—11:30、13:30—17:30（节假日除外）。
地　　址： 北京市通州区新华北路161号院内
咨询电话： 010-69536708
预约方式： 可拨打上述电话预约。

通州区图书馆

通州区图书馆是由政府投资兴建的综合性中型图书馆，是国家地市级一级公共图书馆，是提供公共文化服务和丰富活跃群众文化生活的重要抓手，是推动社会主义文化繁荣发展的重要载体。通州区图书馆的前身可追溯到1916年成立的京兆通县通俗图书馆及1929年成立的河北省通县县立通俗图书馆。2013年10月通州区图书馆迁至通州区通胡大街76-1，馆内设有总服务台、新书快借、少儿借阅、中文借阅、期刊借阅、数字阅览、运河文献资源中心等多个服务窗口，所有阅览区及公共空间的全部设施设备免费向公众开放，同时提供文献借阅、讲座论坛、展览交流、信息咨询、青少年活动、文化休闲等文化信息服务。

开放时间： 周二至周日8:30—18:00（日间开放）；周二至周日18:00-22:00（夜间开放，仅限一层大厅）；周一全天闭馆。
地　　址： 北京市通州区通胡大街76-1号
咨询电话： 010-56946717
预约方式： 无须预约。

北京工业大学耿丹学院图书馆

北京工业大学耿丹学院以中国早期教育家、革命家、留英博士——耿丹烈士的名字命名，是北京市第一家面向社会开放的大学图书馆。依托"耿丹红色资料馆""首都图书馆耿丹分馆""耿丹绘本馆"等丰富的文献资源和高校的人才资源，图书馆面向社会读者及中小学生持续开展"耿耿丹心 为国为民——红色宣传教育活动""青少年经典图书导读活动""大学图书馆里的中小学阅读课"等，是红色教育及全民阅读的重要阵地。

开放时间：周一至周五9:00—17:00（寒、暑假及国家法定节假日闭馆）。
地　　址：北京市顺义区牛栏山镇
咨询电话：010-60411059/010-61427323/010-61427530
预约方式：个人读者无须预约，集体参观或开展活动可拨打上述电话预约。

天通苑文化艺术中心

天通苑文化艺术中心位于天通苑北街道立水桥北路与太平庄中一街交会处东南侧，建筑面积3万多平方米，是一个集阅读、展览、演艺、休闲、社交等于一体的大型多功能公共文化艺术空间，是回龙观、天通苑重要的地区公共配套设施和文化地标。中心包含实体书店、图书馆、艺术培训中心、展厅、美术馆、中大型影剧院、文创孵化园等主要业态。空间功能布局上，一层为新华书店，二层为共读图书馆，三层为艺术培训中心，四层为影剧艺术区。

开放时间：周一至周日9:00—18:00。
地　　址：北京市昌平区天通苑北街道立水桥北路与太平庄中一街交会处东南侧
咨询电话：010-56081690
预约方式：通过"天通苑文化艺术中心"微信公众号预约（每周四有活动预告）。

平谷区文化馆

平谷区文化馆始建于1949年，现坐落于平谷区府前西街1号。平谷区文化馆内设有多个免费开放空间场地，包含书画影大展厅、非遗展厅、戏迷俱乐部（无障碍活动室）、数字化体验厅、展廊等，同时还设有免费开放服务项目，如定期面向乡镇、街道文化工作者、群众及暑期未成年人开设艺术培训服务；在一层数字文化体验厅设有Mini点唱吧、电子书法桌、文化云一体机、试听椅等供群众免费体验；全年在书画影大展厅、非遗展厅、展廊和戏迷俱乐部（无障碍活动室）免费提供艺术欣赏及活动设施设备使用服务。

开放时间：周一至周日8:30—18:30。

地　　址：北京市平谷区府前西街1号

咨询电话：010-69961101

预约方式：可拨打上述电话预约。

密云水库文化展览展示中心

2020年6月，北京市密云区将白河城市森林公园游客服务中心改建为密云水库文化展览展示中心，并于9月1日正式开馆。展馆整体展览以水库建设发展为主线，通过老照片、场景还原、多媒体互动、声光电配合等多种手段，讲述密云水库的前世今生，展示密云人民建设和守护密云水库的奋斗华章，向水库的建设者和守护者致敬，弘扬不忘初心、接续奋斗，不畏艰险、战天斗地，勤俭节约、开拓创新，讲政治、顾大局、无私奉献，遵纪律、守规矩、听指挥，干部群众同吃同住同劳动等"密云水库精神"。

开放时间：周二至周六9:00—16:30（16:00停止入馆），周日、周一闭馆检修（国家法定节假日和特殊情况除外）。

地　　址：北京市密云区白河城市森林公园西南门内

咨询电话：010-69055605/010-69055606

预约方式：可拨打上述电话预约。

北京经济技术开发区区史馆

北京经济技术开发区区史馆（以下简称"区史馆"）于2020年8月25日开馆，既是北京经济技术开发区（以下简称"北京经开区"）艰苦奋斗、改革创新、科创研发成果的"记录员"，也是面向国际宣传北京经开区科创精神的"主阵地"。从"缩影"变"指引"、从"回望"变"探寻"、从"铭记"变"逐梦"，区史馆已成为北京经开区名副其实的党史学习"必选课"，是集北京经开区历史展示中心、党员活动中心、文化交流中心和城市精神中心于一体的新地标。区史馆充分发挥资源优势，为每一个到区史馆学习党史、区史的群众详细讲解北京经开区由诞生到成为产业新城的历史变迁，串联起北京经开区的过去、现在、未来。

开放时间： 周一至周日9:00—17:00（国家法定节假日及春节期间开放事宜另行通知）。
地　　址： 北京市经济技术开发区万源北小街16号
咨询电话： 010-81215975
预约方式： 可拨打上述电话预约，也可通过"尚亦城"App预约。

顺义区马坡镇电影公益放映点

顺义区马坡镇电影公益放映点是集中宣传红色革命文化的重要抓手，是加强爱国主义教育和革命传统教育的重要载体，于2016年正式向公众开放。放映点占地面积700平方米，可一次性容纳500人，内部设备设施齐全。放映点通过每周两场红色主题电影的放映，全面弘扬历史文化及伟大革命精神。放映点每年接待人次5000余人。

开放时间： 周日8:00—11:00、14:00—17:00。
地　　址： 北京市顺义区马坡镇石家营村光明大街1号（西院内）
咨询电话： 18519203718
预约方式： 无须预约。

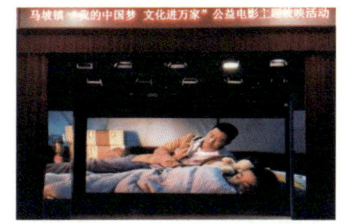

科技与科普服务类

北京天文馆

北京天文馆于1957年正式对外开放，是我国第一座大型天文馆。经过60余年的发展，北京天文馆先后被评为全国4A级旅游景区，国家一级博物馆，国家和市、区级科普教育基地，青少年爱国主义教育基地。北京天文馆通过播放科普节目、举办天文知识展览、开展天文科普活动、组织中学生天文知识竞赛、编辑出版和发行天文科普书刊《天文爱好者》、组织公众观测等众多科普活动，向公众宣传普及科学知识，吸引了一代又一代的观众。

开放时间：周三至周日9:00—16:30（16:00停止入馆），周一、周二闭馆（法定节假日及寒暑假除外）。
地　　址：北京市西城区西直门外大街138号
咨询电话：010-68312517
预约方式：通过"北京天文馆"微信公众号预约。

北京科学中心

北京科学中心坐落于北京市西城区安华桥西北角，于2018年9月15日正式面向公众开放。中心由1号楼特效影院、2号楼"生命·生活·生存"主题馆（通过主题化设计，引导公众科学审视生命的价值，追求生活的品质，思考生态的和谐）、3号楼科技教育专区、4号楼儿童乐园组成，占地面积共5.7万平方米，建筑面积约4.35万平方米，展览展示面积近1.9万平方米，是面向公众的大型科技场馆。

开放时间：周三至周日开放，主场馆9:30—17:00（16:00停止入场）；儿童乐园9:30—12:00（11:30停止入场）、13:30—16:00（15:30停止入场）。周一、周二闭馆。
地　　址：北京市西城区北辰路9号院
咨询电话：010-83059999
预约方式：通过北京科学中心官网或"数字北京科学中心"微信公众号预约。

北京自然博物馆

　　北京自然博物馆位于北京市东城区天桥南大街126号，是新中国依靠自己的力量筹建的第一座大型自然历史博物馆，建筑面积2.4万平方米，展览面积超过1万平方米，馆藏标本超过29万件。博物馆主要从事古生物、动物、植物和人类学等领域的标本收藏、科学研究和科学普及工作，曾先后被中宣部和北京市政府命名为"全国爱国主义教育示范基地""全国青少年科技教育基地""北京市爱国主义教育基地"，被联合国教科文组织中国组委会命名为"科学与和平教育基地"，2009年被国家文物局评定为国家一级博物馆。

开放时间：周二至周日9:00—17:00（周一闭馆）。
地　　址：北京市东城区天桥南大街126号
咨询电话：010-67027702
预约方式：通过"北京自然博物馆"官方网站或微信公众号预约。

中国古动物馆

　　中国古动物馆隶属中国科学院古脊椎动物与古人类研究所，是该所于1994年创建的中国第一家以古生物化石为载体，系统普及古生物学、古生态学、古人类学及进化论知识的国家级自然科学类专题博物馆。中国古动物馆是全国科普教育基地、北京市科普教育基地、中国古生物学会科普教育基地和国家中央机关思想教育基地。

开放时间：周二至周日9:00—16:30（16:00停止入馆，周末及节假日不接待团体预约），周一闭馆。
地　　址：北京市西城区西直门外大街142号
咨询电话：010-88369210/010-88369280
预约方式：通过"中国古动物馆票务平台"微信公众号购买门票（未成年人门票免费，但须预约）；电影票于放映当日开放购买。

北京自来水博物馆

北京自来水博物馆成立于2000年，位于北京市东城区东直门外香河园街3号，占地面积约30000平方米，集文物收藏、展陈、保护、研究、教育功能于一体，由科普馆、通史馆、印章展和清末自来水厂旧址4个展区组成，为广大市民提供了一个学习百余年京水文化、感受民族工业发展历史的现代化爱国科普教育平台，引导大家树立艰苦奋斗、节约用水的自觉意识。博物馆打造"自来水科普大讲堂""自来水探秘之旅""我是小小讲解员"三大品牌活动，组织开展各类社教宣传活动近300期，参与人数8万余人，取得了很好的社会反响。目前，博物馆已荣获"国家水情教育基地""全国科普教育基地""北京市科普教育基地""北京市青少年节水教育宣传基地"等称号。

参观时间：周三至周日9:00—16:00（周一、周二闭馆）。
地　　址：北京市东城区东直门外香河园街3号
咨询电话：010-64650787
预约方式：通过"北京文博"微信公众号预约，或拨打上述电话预约。

欢乐蜂场（北京野馨科技发展有限公司）

欢乐蜂场位于北京市平谷区峪口镇，基地是集蜜蜂育种、先进养蜂技术及蜂具开发引进、蜂农培训，以及蜜蜂文化科普于一体的综合基地，基地将传统养蜂和现代养蜂相结合，以丰富的专业知识开发了"走进神奇的蜜蜂王国"等10多个学生、亲子等团体体验项目，将蜜蜂精神传播给更多的人。

开放时间：周一至周日9:00—17:30（国家法定节假日照常开放，春节期间开放事宜另行通知）。
地　　址：北京市平谷区峪口镇峪旺路8号
咨询电话：010-89959885
预约方式：可拨打上述电话预约。

北京园博园

北京园博园是第九届中国（北京）国际园林博览会永久性会址，2014年4月重装开放。北京园博园秉承"文化传承、生态优先、服务民生、永续发展"的理念，利用绿色科技在垃圾填埋场上进行生态修复建园，是一个集园林艺术、文化景观、生态休闲、科普教育于一体的大型公益性公园。

开放时间：3月15日至10月31日6:30—19:00（17:30停止入园）；11月1日至次年3月14日7:30—18:00（16:30停止入园）。
地　　址：北京市丰台区北宫镇射击场路15号
咨询电话：010-63915561/010-63915564
预约方式：通过"北京园博园"官方微信公众号预约。

北京首钢生物质能源科技有限公司

北京首钢生物质能源科技有限公司主要运营北京首钢生物质能源项目、北京首钢餐厨垃圾收运处一体化项目等重大项目，在践行"绿色"发展理念上始终走在国有企业的前列。公司宣教中心科普基地作为北京市中小学生节能减排和循环经济实践教育基地，践行绿色发展理念、坚持人与自然和谐共生，通过建设环保宣教长廊，结合电子宣传设备为学生讲解其他垃圾、厨余垃圾无害化、减量化、资源化处理前后过程和环保知识，打造集"教育、体验、互动"于一体的循环经济展示窗口，传播环保理念，共筑美丽中国！

开放时间：周四9:00—11:00、14:00—16:00。
地　　址：北京市门头沟区潭柘寺镇鲁家滩村南
咨询电话：010-69858585
预约方式：可拨打上述电话预约，或通过"环保设施向公众开放"微信小程序预约。

北京汽车博物馆

北京汽车博物馆于2011年建成开放，是中国国家公益性汽车主题博物馆，集博物馆、展览馆、科技馆功能于一体。馆内按照"科学—技术—社会"选题方式，设立三馆一区，打破国家与品牌的界限，展现世界汽车百年发展的历史，以及中国汽车工业的起步、发展与壮大，用"车"的视角看历史、科技、人文、城市变迁、社会进步，倡导"人—车—社会"的和谐与美好。

开放时间：周二至周日9:00—17:00（16:30停止入馆），周一闭馆（法定节假日除外）。
地　　址：北京市丰台区南四环西路126号
咨询电话：010-63756666
预约方式：通过"北京汽车博物馆"微信公众号预约。

北京鹿世界牧场科普教育基地

北京鹿世界牧场科普教育基地位于北京市怀柔区杨宋镇，建于2015年，占地面积约21万平方米，以艺术研学、亲子互动为主题，聚焦学生营地、亲子乐园。夏季以萌宠乐园为主，有彩虹滑道、小火车、充气城堡、秋千、人力过山车、儿童挖掘机等10多个游乐项目。冬季以鹿世界冰雪嘉年华为主，通过人工造雪开展高山滑雪圈、悠波球、雪地坦克、旋转雪圈、雪地卡丁车、雪地小火车、滑冰车等冰雪游乐项目。园区内还建有杨宋镇史馆，通过图文资料和实物展示，完整记录杨宋人从发展传统农业到小城镇建设、开发区建设，再到发展影视产业的完整历史轨迹。

开放时间：周一至周日8:30—17:00（16:30停止入园）。
地　　址：北京市怀柔区杨宋镇安乐庄村312号
咨询电话：010-60684757
预约方式：可拨打上述电话预约。

北京百花山国家级自然保护区

　　北京百花山国家级自然保护区位于北京市西部，总面积约2.17亿平方米，是北京市面积最大的自然保护区。境内有北京市第一高峰东灵山（海拔2303米）及北京市第三高峰白草畔（海拔2049米）。保护区以遗传多样性、物种多样性、群落多样性和自然景观多样性著称，目前已知分布有高等植物135科572属1292种，野生脊椎动物26目80科271种。保护区是践行新时代生态文明思想，贯彻创新、协调、绿色、开放、共享的新发展理念的重要实践基地。

开放时间：周一至周日8:00—17:00（16:30停止售票）。
地　　址：北京市门头沟区清水镇百花山路张家铺路段102号
咨询电话：010-61826110
预约方式：通过美团、大众点评、抖音、"门头沟百花山景区"微信公众号预约。

北京麋鹿生态实验中心

　　北京麋鹿生态实验中心是隶属北京市科学技术研究院的科研科普公益单位，成立于1985年，占地面积约53万平方米。中心主要从事国家一级保护动物麋鹿的保护研究，麋鹿栖息地湿地生态建设研究、麋鹿栖息地保护种群建设研究、北京生物多样性保护研究，开展生态环境保护与生物多样性保护教育工作，是国家林业与草原长期科研基地、国家二级博物馆、国家3A级景区、全国科普教育基地、北京市科普教育基地、中国生物多样性保护示范基地、北京市文明单位、北京市生态文明教育基地、北京市中小学生社会大课堂优质资源单位、首都绿化美化先进单位。

开放时间：周二至周日9:00—16:00，周一闭馆（法定节假日除外）。
地　　址：北京市大兴区南海子麋鹿苑
咨询电话：010-69280670
预约方式：通过"麋鹿苑"微信公众号预约。

北京密云蜜蜂大世界

　　北京密云蜜蜂大世界产业园科技有限责任公司坐落于北京市密云区，分为科普馆、生产区、标准化养蜂体验区、登山游览采摘区、游客接待区、餐饮区、住宿接待区7大功能区。蜜蜂大世界开设蜂场参观、生产车间参观、科普馆、蜜蜂电影、蜂产品DIY、蜂人表演、互动游戏、爬山、蜜源植物识别等活动，让人们在轻松愉快的环境中学习蜜蜂的精神、蜜蜂相关知识。蜜蜂大世界先后获得"北京市休闲农业五星级园区""北京园林绿化科普基地""北京市中小学生社会大课堂资源单位"等称号，并成功举办"5.20世界蜜蜂日"暨第二届北京蜂产业发展高峰论坛。

开放时间： 周一至周日8:00—17:00（国家法定节假日照常开放，春节期间开放事宜另行通知）。
地　　址： 北京市密云区太师屯镇白龙潭村
咨询电话： 010-69038812/010-69039276
预约方式： 通过"京纯蜜蜂大世界"微信公众号预约。

京西热电科普体验基地

　　京西热电科普体验基地位于北京京西燃气热电有限公司（以下简称"京西热电"）内，依托燃气电厂实际生产经营大环境，利用职工创新工作室的设备、实体实物展览等资源，以电力和热力的生产供应为主要内容，围绕电力工业发展史、电的科学史、电磁学与发电机、热力循环与能量变化、水的物理状态变化、环保与低碳、消防与安全等内容开展科技与科普主题活动。京西热电是北京西北热电中心的重要组成部分，占地面积9.8万平方米，装机容量为1307兆瓦，供热能力919兆瓦（供热面积1800万平方米），每年可为200多万户家庭提供清洁电力，满足20万户家庭的供热需求。

开放时间： 暂不对外开放。
地　　址： 北京市石景山区双峪路1号
咨询电话： 010-57715121
预约方式： 可拨打上述电话咨询开放及预约事宜。

北京环卫集团阿苏卫科普宣教展厅

北京环卫集团阿苏卫科普宣教展厅是北京环卫集团阿苏卫生活垃圾焚烧发电厂进行科普教育的窗口，针对大、中、小学生及社会公众提供环保教学，普及垃圾分类与焚烧技术知识。展厅约1200平方米，分中厅、南厅、北厅3个展厅，其中包含以"垃圾危机""垃圾焚烧的发展历程"等为主题的短片介绍、VR振动设备进行生产厂房漫游等一系列互动体验操作，让公众更加直观地了解垃圾分类、垃圾焚烧处理知识，进一步增强垃圾分类的意识，提升对垃圾处理工作的认同与支持。

开放时间： 周二至周四9:00—16:00（15:00停止入园）。
地　　址： 北京市昌平区小汤山镇阿苏卫循环经济园生活垃圾焚烧发电厂院内
咨询电话： 010-56820184-8020
预约方式： 通过"环保设施向公众开放"小程序首页查找北京华源惠众环保科技有限公司—阿苏卫垃圾焚烧发电厂，进行门票预约。

北汽历史文化展厅

北汽历史文化展厅建于2013年，全面展示了北汽60多年的发展成果，立体呈现北京汽车工业60多年的文化积淀。其中，"车轮上的'北京'——首都汽车工业发展之旅"是以北汽历史文化展厅为主体，配套北京汽车研发基地及北汽集团自主品牌、新能源乘用车最新车型展示于一体的展览项目。项目以实地参观、现场讲解、实物展览、观看视频等多种形式，让观众全方位了解首都汽车工业的发展路径、创新能力、发展趋势，了解"双碳时代"新能源汽车发展的趋势等。

开放时间： 周一至周五9:00—17:00。
地　　址： 北京市顺义区双河大街99号
咨询电话： 010-56636713
预约方式： 展厅暂不接待个人参观。集体参观可通过以下网址预约：https://forms.ebdan.net/ls/z5i1auVY?eqrcode=1。

北京城市排水集团有限责任公司槐房再生水厂

北京城市排水集团有限责任公司槐房再生水厂位于北京市区西南部，是亚洲最大的地下再生水厂，污水处理设计规模为60万立方米/日，污泥处理设计规模为1220吨/日，全方面打造绿色低碳、环境友好、社会和谐的生态再生水厂。地上建造约15.6万平方米的人工湿地公园，恢复曾经的"一亩泉"湿地景观。

开放时间：周一至周三上午面向个人开放，周五面向团体开放。

地　　址：北京市丰台区槐房西路与通久路交叉路口向北100米

咨询电话：010-67966731

预约方式：可拨打上述电话预约。

首发生态环保研发中心

作为北京市首都公路发展集团有限公司科技创新中心子中心，首发生态环保研发中心致力于打造以绿色低碳交通为主线，集生态节能环保核心技术、生态节能环保产品研发、碳中和系统应用于一体的促进研发成果转化与落地创新的平台，可为公众提供近自然生态修复理念及实践应用、碳达峰碳中和等生态修复技术、产品科普、智慧海绵城市模型、人工模拟降雨试验等科普场景。基地拥有国际生态修复行业最先进的EL-RS5槽式人工模拟降雨系统，降雨实验区域450平方米，拥有土壤侵蚀槽、离子色谱仪、原子荧光光度计等30余台设备，建有成果展示大厅、教学实习室及办公室、实验室20余间。

开放时间：周一至周五9:00—16:30（周末及国家法定节假日闭馆）。

地　　址：北京市延庆区八达岭镇京礼高速大浮坨收费站首发生态环保研发中心

咨询电话：010-60281190

预约方式：可拨打上述电话预约。

中国园林博物馆

中国园林博物馆是中国第一座以园林为主题的国家级博物馆，占地面积6.5万平方米，以"中国园林——我们的理想家园"为建馆理念，被誉为"有生命"的博物馆。馆内展示各类植物200余种、山石10余类，收藏陶器、瓷器、木器、古籍等16类藏品，较为完整地展示了中国园林和中华民族园林文化的发展脉络。馆内设有秘密花园园林生态体验区、科学创意实验室、公众教育中心、园林创艺工坊4处教学专区。博物馆被评为全国科普教育基地、全国中小学生研学实践教育基地、北京市科普基地、首都科普主题研学基地、"红领巾爱首都"北京市少先队校外实践教育基地和北京市民终身学习示范基地。

开放时间：周二至周日9:00—17:00（15:30停止入馆，16:30关闭室内区域），周一闭馆（法定节假日除外）。

地　　址：北京市丰台区射击场路15号

咨询电话：010-63915025/010-63915017

预约方式：通过"中国园林博物馆"微信公众号预约。

北京朝阳环境集团有限公司文明实践基地

北京朝阳环境集团有限公司文明实践基地自2009年起免费向公众开放。作为北京市首个对外开放垃圾处理设施单位，北京朝阳环境集团有限公司积极践行科普教育的社会责任，建设有科普展厅、焚烧中心、餐厨垃圾处理厂和示范园户外活动区等对外开放点位，对外开放面积达5万多平方米，既展示了垃圾处理行业的发展变革和垃圾处理的科普知识，又可让参观者现场观看垃圾变废为宝的神奇过程。

开放时间：周三9:00—11:30。

地　　址：北京市朝阳区金盏乡高安屯北街北京朝阳环境集团有限公司

咨询电话：010-65417429

预约方式：可拨打上述电话预约。

国家植物园（北园）

国家植物园于2022年4月18日正式挂牌。国家植物园北园（原北京市植物园）内建有14个专类园和中国北方最大的珍稀植物水杉保育区及展览温室和科普馆，以植物迁地保护为重点，兼具科学研究、科普教育、园林园艺、文化休闲等功能，体现国家代表性和社会公益性。国家植物园科普馆500余件（套）实体展品，配备图文、多媒体交互方式，点面结合阐述植物如何改变人类生活，重点突出中国丰富的特有植物对世界的影响，综合全面勾勒植物让人类生活更美好，系统宏观地展示植物的科学性、艺术性及在社会可持续发展过程中的重要作用。

开放时间： 园区：3月16日至11月15日：6:00—21:00（20:00停止入园）；11月16日至次年3月15日：6:30—19:00（18:00停止入园）。展览温室、盆景园、卧佛寺、曹雪芹纪念馆、科普馆：3月16日至11月15日：8:00—17:30（17:00停止入园）；11月16日至次年3月15日：8:30—17:00（16:30停止入园）。展览温室、盆景园、卧佛寺、科普馆星期一闭馆（法定节假日除外）。

地　　址： 北京市海淀区香山路与卧佛寺路交叉口

咨询电话： 010-62591283

预约方式： 通过"国家植物园购票平台"微信公众号预约。

健康健身类

同仁堂健康零号店

同仁堂健康零号店共3层，营业面积4700平方米，是同仁堂健康集团打造的超级概念店，以互联网能力为基础，发挥全产业链优势，为群众提供全生命周期、全健康历程的精准健康服务。为发挥中华老字号品牌的社会影响力，弘扬中国中医药传统文化、普及中医药康养健康理念，同仁堂健康零号店开发了系列文明实践养生课堂，包括24节气养生、中医运动处方、药食同源、中药香囊制作等。

开放时间：周一至周日9:00—17:00（国家法定节假日照常开放，春节期间开放事宜另行通知）。
地　　址：北京市大兴区思邈路39号
咨询电话：15311956899
预约方式：可拨打上述电话预约。

北京中医药大学中医药体验馆

北京中医药大学中医药体验馆隶属北京中医药大学国家中医国际传播中心，开创了国内中医药文化互动体验式办馆、沉浸式感知中医药文化的先河，针对不同层次的中医爱好者的需求，提供多种感知中医的活动方案，努力做到讲好中医药故事，有效地传播中医药文化。此外，体验馆还积极通过各种多媒体方式拓宽中医药国际传播的宣传渠道，搭建了宣传和推广中医药文化和健康知识的海内外新媒体矩阵；选取海内外受众感兴趣的话题，深入挖掘中医药文化精髓，对中医药文化内涵进行时代化、大众化、创新性的阐释，制作了一批深受欢迎、优秀的中医药文化及健康知识普及的双语音频及视频作品。

开放时间：暂不对外开放（预约制）
地　　址：北京市朝阳区北三环东路11号北京中医药大学内
咨询电话：010-64286190
预约方式：仅接待团体，电话预约。

北京市体检中心社区健康促进中心

北京市体检中心社区健康促进中心位于北京市东城区朝阳门社区内务部街19号,是以健康体检为基础,向健康管理转型的医疗服务机构。中心占地面积492平方米,分为健康评估、体适能测评、运动干预指导、血管风险筛查及评估4个主要部分,主要从事慢性病预防、运动促进健康的研究和实施工作,为广大群众提供科学有效的运动处方,让他们找到适合自身条件和需求的生活方式。

开放时间:周二、周四、周六13:30—16:30。
地　　址:北京市东城区朝阳门社区内务部街19号
咨询电话:010-65282133
预约方式:通过"北纬康健"官方微信小程序预约。

北京国际温泉体育健身中心

北京国际温泉体育健身中心(北京国际温泉酒店)集住宿、餐饮、会议培训、体育健身、微度假温泉、休闲娱乐等服务于一体,总面积约4万平方米,拥有近万平方米的体育健身设施,长年面向市民开展体育休闲健身、大众体育科学指导、体育项目培训、体育项目旅游、体育文化交流、体育文化沙龙、青少年竞赛和群众公益赛事等多种体育文化活动,并承担国家体育总局、北京市体育局、北京市总工会等单位委托开展的各类体育赛事、活动、培训等。

开放时间:网球馆、羽毛球馆、游泳馆、室外足球场8:00—22:00;游泳馆10:00—20:00;溪溪里汤泉、北京国际温泉酒店24小时营业。
地　　址:北京市昌平区枫丹丽舍西路1号
咨询电话:010-82583366/010-82583322
预约方式:可拨打上述电话预约。

丰台区红十字青少年活动中心

2018年5月7日，位于北京市第十中学教育集团高中校区的丰台区红十字青少年活动中心正式建成使用，这是北京市第一个红十字主题的青少年活动中心。中心内建有包括国际红十字发展史、中国红十字发展史和北京市第十中学红十字发展史在内的红十字历史展区，有先进的沉浸交互式VR红十字情境体验区，有红十字历史和急救知识互动问答区，还有应急救护和教学展示相结合的活动区。

开放时间：周一至周五9:00—17:00.
地　　址：北京市丰台区长辛店南关东里1号
咨询电话：010-83881591
预约方式：暂不接受个人参观，团体参观可拨打上述电话预约。

北京市健康科普传播教育基地

北京市健康科普传播教育基地位于北京市东城区和平里中街16号，隶属北京市疾病预防控制中心，自2019年设立以来，先后接待团市委、市志联以及商务部国际经济合作事务局等参观见学和共建活动。基地参观项目有传染病检测实验室、联合国放射性核素监测台站、食品安全检测实验室、有害生物标本室、国家卫生应急队装备等，并可视情况安排健康科普微讲座，疾控专家讲授科学权威、贴近生活、短小实用的健康知识。

参观时间：周一至周五9:00—17:00。
地　　址：北京市东城区和平里中街16号
咨询电话：010-64407358
预约方式：可拨打上述电话预约。

北京金风体育文化有限公司

北京金风体育文化有限公司是集青培青赛、赛事活动、场馆运营和数字创新于一体的全产业运营模式的智慧体育服务公司。2017年1月,公司从仅服务于员工体育活动的金风科技文体部独立为子公司,从员工健康文化到体育文化的市场化发展,都是基于对未来健康生活模式的理解与创造,并着眼于为母公司所在的风电行业、能源行业,以及周边企事业和社区,打造智慧、绿色和健康的智慧体育生态圈而奋斗。金风体育文化总部位于北京经济技术开发区金风科技智慧园区,目前在北京和江苏大丰共拥有4处自运营、近3万平方米的体育场馆综合体,服务于周边政府、企业和社区居民。

开放时间: 周一至周日9:00—21:30,国家法定节假日照常开放(春节期间开放事宜另行通知)。
地　　址: 北京市经济技术开发区博兴一路8号
咨询电话: 18811079726
预约方式: 可拨打上述电话预约。